FONCTIONNEMENT COGNITIF
ET INDIVIDUALITE

 *PSYCHOLOGIE ET SCIENCES HUMAINES*

J. Drevillon / M. Huteau / F. Longeot /
M. Moscato / T. Ohlmann

fonctionnement cognitif et individualité

PIERRE MARDAGA, EDITEUR
2, GALERIE DES PRINCES, 1000 BRUXELLES

© Pierre Margada, éditeur
37, rue de la Province, 4020 Liège
2, Galerie des Princes, 1000 Bruxelles
D. 1985-0024-32

Introduction

Signification de la différence
Problèmes généraux

Jean DREVILLON
Université de Caen

Fonctionnement cognitif et individualité : un tel titre évoque un nombre considérable de problèmes qui, à notre époque, retiennent l'attention des psychologues tant chercheurs que praticiens. Il marque une orientation de recherche, certes pas tout à fait nouvelle, mais dont l'accentuation témoigne d'un changement dans les perspectives de la psychologie. Depuis quelques années, une sorte de *consensus* s'établit autour de la nécessité de centrer la recherche, cognitiviste assurément mais également développementaliste, psychosociale et éducative, etc., sur le processus d'individuation du fonctionnement psychique.

C'est le sens qu'il faut donner à l'adresse de P. Fraisse lors du congrès mondial de l'U.I.P.S. à Paris en 1976; c'est également une des raisons du succès d'un colloque comme celui organisé par la Société Française de Psychologie du 27 au 29 janvier 1983 sur le thème «L'utilisation des variables différentielles dans la recherche fondamentale», journées au cours desquelles des psychologues différentialistes bien entendu, mais aussi expérimentalistes, éthologistes et psychophysiologistes, psychologues sociaux, développementalistes et psychologues de l'éducation ont partagé les mêmes préoccupations.

Pour ne pas en rester à des indications sur des manifestations exemplaires en zone européenne, il est possible de faire référence à l'ouvrage de L.E. Tyler, *Individuality: Human Possibilities and Personal choice in the psychological development of Men and Women* (1978), dont le rententissement de la réflexion introductive (1-18) et conclusive

(The Plural individual 220-232 and Implications and Applications 233-238) n'a pas fini de s'éteindre.

Rapportées à d'autres événements et références dont il serait sans doute vain de tenter un recensement exhaustif, ces quelques notations paraissent suffisantes pour pouvoir poser une problématique en termes actuels.

Sans doute n'y a-t-il de science que du général et, pendant des décennies, la psychologie, science naissante, s'est donné pour objectif de dégager des lois générales de la conduite animale et humaine, afin de mieux la comprendre dans ses tenants et aboutissants avec souvent le souci de la prévoir.

Un tel objectif est poursuivi à la fois par l'éternelle psychologie implicite, en quête d'explications définitives directement utilisables au plan du quotidien et par la psychologie scientifique à la recherche de modèles généraux de la conduite, modèles ayant certes une valeur plus heuristique qu'herméneutique.

Mais en même temps que se développe une quête d'explications générales de la conduite d'un être «idéal», s'affirme en contrepoint le caractère irréductible à toute analyse de l'être singulier. Prisonnière de ses contradictions, la psychologie implicite, même étayée par une réflexion philosophique, à longtemps fonctionné et continue de fonctionner selon la dialectique du même et du différent. Elle affirme simultanément l'universalité des conduites et de leurs relations ainsi que la spécificité de l'individu dont il convient de distinguer l'individualité et la personnalité. En parlant d'*individualité*, on se réfère aux caractères qui font qu'un individu diffère des autres de son espèce; la différence peut être posée en termes quantitatifs mais également en termes qualitatifs et surtout structuraux. Ceci suppose encore que la spécificité d'agencement de ces traits, leurs interactions particulières soient dégagées.

Si l'individualité est impliquée dans la personnalité et qu'elle en est même une condition nécessaire encore que non suffisante (d'après M. Blondel in Lalande, *Vocabulaire de la Philosophie*, p. 503), il peut néanmoins être fécond de la distinguer de la personnalité. Sans viser une définition exhaustive du terme personnalité sur laquelle un accord ne pourrait aisément se faire, il est possible d'avancer que la *personnalité* est un mode d'intégration des conduites qui confère à ces dernières une unité; serait-elle illusion, cette unité interne conforte le sentiment d'identité, affirmation d'un Moi.

La psychologie implicite, soigneusement analysée par Guillaume, ne parvient pas à dépasser ses paradoxes dans la mesure où elle veut à la fois cerner le singulier (qu'elle reconnaît pourtant comme ineffable) et affirmer des lois générales au nom de régularités constatées «vérifiant» des théories implicites de la personnalité dont le fondement est à l'évidence idéologique (J.L. Beauvois, 1981, 1984).

D'une certaine manière, la psychologie dite clinique reprend la même problématique puisqu'elle vise à repérer la structure originale d'une personnalité, en dégageant la différence spécifique. Finalement, il est fait référence à un arrière-plan de fréquences d'apparition de traits, arrière-plan le plus souvent implicite et que d'aucuns tentent de rendre explicite. C'est une façon de faire état de régularités, de concomitances et de filiations susceptibles d'être théorisées voire modélisées. Et par un processus bouclé, ces modèles fournissent de nouveaux cadres à l'observation. Un tel mouvement cyclique peut même devenir pervers, dans la mesure où les observations sont orientées de façon à vérifier le modèle, à légitimer une métapsychologie. L'objectif que s'est assigné la psychologie risque alors d'être perdu de vue : cerner une personnalité dont la structure relève à la fois du général et du différentiel ou au moins, si on renonce à vouloir saisir l'ineffable et si on accepte donc de simplement tourner autour d'une opacité, repérer les caractères d'une individualité. Périodiquement d'ailleurs, la psychologie dynamique, s'appuyant sur une méthode clinique, est traversée de courants de pensée critique tant épistémologique que conceptuelle au nom des différences interindividuelles ou/et intersituationnelles rencontrées au fil des jours. «Il n'y a de psychologique que l'individuel» constitue alors une formule de rappel à l'essentiel.

Sans être exempte de contradictions et d'affrontements de points de vue, la psychologie scientifique, tout au moins à vocation scientifique, s'est d'abord consacrée à la recherche de lois générales permettant de rendre compte du fonctionnement psychique d'un être idéal, au nom du principe scientifique qu'il n'y a de science que de général. Au prix d'une restriction du champ des investigations, d'un contrôle aussi strict que possible des conditions d'expérience et des variations «parasites», les recherches ont visé à fonder une psychologie générale et à vérifier les régularités, les chaînes de causalité jusqu'à pouvoir poser des lois générales du fonctionnement psychique. En acceptant le risque de perte d'informations du fait de la simplification nécessaire, il devient même possible de construire des modèles permettant des prévisions de conduites.

De façon moins ambitieuse, la psychologie générale peut repérer des associations régulières entre des variations dans les situations et des changements dans les conduites des individus. Ces covariations constatées peuvent tenir lieu de formules descriptives du fonctionnement psychique et même par extension de lois naturelles. L'étude des combinaisons et des relations entre les variations des situations et des conduites peut conduire à la mise en évidence de structures.

Conformément au système de pensée scientifique en usage au siècle dernier et qui continue de légitimer la recherche en sciences exactes ou tout au moins en sciences de l'ingénieur, la relation légale entre les phénomènes est posée «toutes choses égales par ailleurs». L'idéal à atteindre est le contrôle des facteurs parasites susceptibles d'altérer le jeu de la loi. Ce contrôle étant toujours imparfait, une marge d'erreur subsiste. Les fluctuations des phénomènes sont assimilées à des erreurs. Le temps est traité soit comme un paramètre, soit comme variable parasite; en effet le paradigme veut que la loi affirmée soit intemporelle (au moins tende à l'être). Même l'apprentissage et plus globalement le développement sont réputés obéir à des constantes.

Toutefois il est aisé d'admettre que ces lois de la psychologie sont vérifiables à la condition de se placer à un certain niveau de généralité et, comme déjà dit, d'accepter le risque de perte d'information. Elles finissent à la limite par concerner le fonctionnement psychique d'un être idéal, tellement idéal qu'il n'existe peut-être pas et qu'il n'a finalement nul besoin d'exister. Si un risque existe pour la psychologie scientifique, c'est bien de passer à côté de son objet.

Pour continuer d'être une psychologie, elle est amenée à prendre en considération les modulations des lois de fonctionnement introduites par les personnalités.

Un fort courant de pensée à consisté à considérer les variations introduites par les personnalités comme imputables essentiellement à des variantes de motivation et à une problématique affective puis ultérieurement socio-affective. Une telle démarche a eu pour conséquence de conserver leur pureté initiale aux modèles proposés par la psychologie générale et de confier à la psychologie clinique, pathologique, plus généralement dynamique, le soin d'élucider le jeu des facteurs qui expliquerait les orientations privilégiées des conduites, les choix, les blocages, les pulsions et tensions donnant un style comportemental. Là encore des ressemblances dans les différences apparaissent et d'une typologie descriptive, on peut passer à une théorie générale de la personnalité, voire à une métapsychologie de la personnalité qui laissent quasiment intact le champ (cognitif, langagier, etc...) exploré par la psychologie générale, lui apportant même de ce fait une légitimité supplémentaire.

Ainsi pendant une longue période (qu'il est impossible de dater précisément mais qui semble se prolonger jusqu'aux années 1960), la psychologie générale explorant de façon préférentielle le champ cognitif (au sens large), a tenté de proposer à la communauté scientifique des systèmes explicatifs, voire des modèles généraux de l'activité cognitive. S'appuyant sur des méthodes expérimentales mais aussi des méthodes cliniques suffisamment flexibles pour épouser le fonctionnement cognitif en réduisant le jeu des variables circonstancielles susceptibles de générer des différences, la psychologie générale a construit des modèles nomothétiques de la cognition, nécessaires dans l'état d'avancement de cette jeune science; ainsi les covariations repérées, les filiations (surtout les filiations de structures, lorsque la perspective était de caractère psychogénétique) — les imputations causales elles-mêmes, pouvaient être signifiées.

Toutefois, la multiplication des recherches menées avec le souci de contrôler les caractères des situations, oblige les psychologues à prendre en considération les différences de comportement entre les individus et les catégories de sujets. Ce type de problème a longtemps reçu la réponse qui consiste à déléguer le soin d'analyser les variations interindividuelles à la psychologie différentielle.

M. Reuchlin (1969, 1974, 1981) souligne que les deux perspectives, généraliste expérimentale et différentielle, sont appelées à se coordonner mais il faut qu'auparavant bien des ambiguïtés soient levées.

La psychologie différentielle n'est pas qu'une psychologie appliquée qui serait chargée grâce à ses méthodes d'observation fine des différences et de traitement des données, d'illustrer sur des populations variées les conclusions d'une psychologie générale. Si applications il y a, d'autres voies sont possibles. La psychologie différentielle n'est pas qu'une pratique sociale, même s'il est vrai que l'intérêt de l'étude des différences a été accentué à l'occasion d'applications de la psychologie à des problèmes sociaux d'actualité.

La psychologie différentielle n'est pas non plus essentiellement une psychologie de la personnalité, même si elle a contribué à la mise en évidence de structures de conduites, en repérant des corrélations significatives entre performances, entre comportements, en dégageant des facteurs d'organisation des conduites et des types. Elle a apporté et continue d'apporter de puissants moyens d'investigation et d'évaluation des composantes de l'individualité, sans prétendre se poser fondamentalement comme une psychologie de la personnalité, une psychologie individuelle. Elle vise essentiellement à spécifier et à signifier la différence.

Mieux encore, la psychologie différentielle s'interroge sur l'origine des différences. Elle considère la diversité comportementale et la variabilité non seulement interindividuelle mais encore et surtout intra-individuelle, comme des phénomènes fondamentaux qui nécessitent une explication théorique générale. Depuis un peu plus d'une décennie, des réflexions et des recherches se développent en ce sens. C'est le cas dans les domaines de la psychologie appliquée aux problèmes sociaux, de la psychologie sociale elle-même mais également de la psychologie du développement qui, plus que n'importe quelle autre approche, est profondément impliquée dans l'analyse de la variabilité intra-individuelle dans le temps. La psychologie du développement a à proposer une explication des processus de différenciation et d'intégration, surtout dans la sphère cognitive.

Or dans leur ensemble, les grands modèles tant du fonctionnement que du développement cognitif proposés par les théories générales du psychisme se révèlent et continuent d'être impropres à rendre compte de la variabilité, phénomène incontournable s'imposant à l'observateur scientifique. Les variations peuvent difficilement être signifiées dans le cadre d'une théorie générale tant qu'elles sont considérées comme le résultat de facteurs parasites mal contrôlés, comme des imperfections, voire des erreurs. Dans les conceptions «classiques» (et toujours en vigueur) de la psychologie et plus généralement de la science, l'objectif principal de la recherche reste l'élaboration d'un corps structuré de concepts reposant sur un nombre optimum, c'est-à-dire minimum de principes simples; ce corps de concepts doit pouvoir être réputé nomothétique et intemporel: il est de ce fait impropre à expliquer la variabilité et la complexité; il n'a d'ailleurs pas été fait pour cela et ne peut traiter la différence qu'en termes de résidu et d'imperfection.

Et pourtant, devant l'accumulation des faits de différence dont la répétition peut conduire à la réfutation, la question se pose de savoir si un modèle théorique est encore pertinent lorsqu'il ne peut prendre en compte les variations de phénomènes qu'il entend expliquer et prévoir.

Or l'évolution des conceptions scientifiques dans le courant du XXe siècle a été telle que la complexité et la variabilité ont été réintroduites dans les problématiques de recherche. Une certaine distanciation s'est manifestée à l'égard du déterminisme expérimental bernardien, sans que le paradigme de l'analyse scientifique soit modifié pour autant. L'introduction d'une conception probabiliste de la causalité et des relations entre phénomènes permettait théoriquement d'introduire la notion d'indétermination mais finalement a conduit à l'affirmation d'un déterminisme statistique, portant sur les ensembles mais concernant finalement les éléments. En fait ce qui est le plus souvent évoqué est une régularité statistique : la complexité des phénomènes est posée mais, au bout du compte, la composition des causes de variation, les unes régulières et les autres fortuites, fait que leurs effets s'annulent et disparaissent dans un « être » moyen, sujet idéal longtemps tenu pour objet de science comme l'a bien montré J. Lautrey (1984).

Toutefois, l'évolution des sciences permet d'espérer un changement de paradigme. Si la psychologie scientifique et surtout cognitive suit ce courant, on peut attendre une rencontre, autre que circonstancielle, entre une psychologie générale et une psychologie différentielle. Cette rencontre pourrait se faire autour de la problématique fondamentale de l'élucidation des processus de différenciation et d'intégration individuée dans le cadre d'une fonction générale de régulation. On pourrait espérer mieux comprendre le fonctionnement cognitif et plus globalement le développement humain.

L'impulsion est donnée par les sciences de la matière et de la nature, traversées par des courants de rénovation épistémologique. Et, en accord avec ce qu'en dit J. Lautrey (1984), il est possible d'avancer que les conceptions d'Ilya Prigogine, Prix Nobel de physico-chimie en 1977, soient susceptibles de provoquer l'émergence d'un nouveau paradigme pour la psychologie, si tout au moins celle-ci est apte à muter.

Ilya Prigogine, s'appuyant sur les travaux d'Henri Janne (1963) est convaincu de l'intérêt de cette nouvelle approche pour les sciences sociales et les sciences humaines, au moins la sociologie. Il reste à voir comment la psychologie peut s'inscrire dans ce courant. Il nous paraît intéressant de remarquer ici que d'une certaine manière, Henri Wallon a joué à cet égard un rôle de précurseur.

L'idée centrale est qu'il est nécessaire d'introduire une dimension temporelle dans l'étude des phénomènes de la nature, qu'il s'agisse des phénomènes affectant des objets ou plus encore des phénomènes humains et sociaux. Une notion clé est en effet que les structures repérées à différents niveaux dans la nature sont construites selon des processus irréversibles. Il est alors vain, sauf à un certain degré d'approximation, de rechercher des lois et structures intemporelles. En contrôlant le paramètre temps, la science classique continue de se référer à l'idéal d'un univers statique, incluant à la limite des variations dont il convient d'expliquer la périodicité en s'appuyant sur les principes du déterminisme et de la réversibilité des transformations. Or la science moderne ne peut pas se satisfaire du recours aux principes d'ordre et d'équilibre. Elle est contrainte de traiter de l'irréversibilité des processus constructifs. Si structures il y a, elles ont une capacité évolutive; elles ne peuvent être que «dissipatives» car elles sont sous la dépendance des fluctuations des phénomènes. Assurément les fluctuations peuvent être de différents niveaux à déterminer. Au-dessous d'un premier seuil critique, on peut effectivement constater des régulations des fluctuations qui, obéissant aux principes de l'équilibre, peuvent être considérées comme des correctifs à la moyenne. On peut avoir l'illusion de la stabilité des phénomènes. Mais que les fluctuations s'amplifient et on atteint des points de bifurcation; les transformations de ces états proches de l'équilibre, voire de non-équilibre peuvent donner lieu au tracé de chemins énergétiques différents et à l'élaboration de systèmes vicariants d'évolution. Lorsqu'un deuxième seuil est dépassé, les fluctuations «géantes» peuvent susciter de nouvelles structures dissipatives, de nouveaux «états cohérents loin de l'équilibre», c'est-à-dire eux-mêmes dissipatifs. Cela ne signifie pas que la réalité soit illusion mais essentiellement qu'elle est mouvance. L'enjeu de la science est de proposer des lois du changement en dégageant les styles et règles des transformations. Ces transformations se font dans le sens de la complexification des «organismes» et en même temps de leur individuation, marquée davantage à chaque point de bifurcation. A ce compte, en s'inscrivant dans le temps des systèmes et non plus seulement dans le temps historique des structures ou le temps directionnel de l'entropie, la science doit pouvoir signifier la succession des instabilités et des différenciations.

Il serait dommage que la psychologie ne se sente pas concernée par ce débat épistémologique et ne trouve pas dans ce paradigme d'un nouveau naturalisme, un support à ses problématiques. Il serait révolu le temps de la «double culture» qui, selon Lord Snow, clivait la culture scientifique et celle des sciences humaines précisément préoccupées des lois du changement.

En quoi donc ce nouveau paradigme serait-il susceptible de légitimer les entreprises d'une psychologie cognitive à la fois générale et différentielle et peut-être même générale parce que différentielle?

Tout d'abord, il paraîtrait nécessaire de mieux élucider les liens entre les fluctuations et l'espace temps; ceci permettrait de signifier les bifurcations, en d'autres termes les différenciations interindividuelles (au sens large du terme).

Ensuite il conviendrait de caractériser les évolutions selon les divers chemins énergétiques, c'est-à-dire ici les filières du développement (F. Longeot) ou les systèmes vicariants de fonctionnement (M. Reuchlin).

Finalement, il serait cohérent de rechercher précisément les lois de fonctionnement qui, dans le cadre de cette orientation de pensée scientifique, pourraient être de nature non linéaire. Ces études fonctionnelles qui s'imposent d'évidence ont donc à prendre en compte la variabilité intra-individuelle (au sens large du terme) ou intrasystème.

Il est alors peut-être possible de rêver, non pas d'une unité factice de la psychologie, décalque d'une unité idéale de la science, mais selon les termes de I. Prigogine, d'une science de la connexion, qui reconnaîtrait une unité dans la diversité.

La psychologie aurait alors à déchiffrer le processus interne de la différenciation en admettant une pluralité de développements et en repérant des orientations révélatrices de l'individualité, texture transitoire de modes de fonctionnement.

La psychologie d'inspiration scientifique se trouve donc confrontée à deux séries de faits incontournables : le fait de la différence et le fait de l'intégration. Ces faits n'ont rien de contradictoire dans la mesure où ils représentent les deux aspects d'un processus irréversible d'individualisation des conduites qui s'inscrit dans la durée. La différenciation est certes interindividuelle ou au moins intercatégorielle. Mais elle est tout autant, sinon davantage, intra-individuelle, par exemple intertâches ou intermodale intra-tâche. De plus comme il n'est pas évident qu'une conduite et particulièrement un processus cognitif soit homogène dans le temps, la variabilité intra-individuelle temporelle peut concerner les fluctuations dans l'usage de registres de fonctionnement dans le cadre de la résolution de problèmes donnés. Mais plus largement cette variabilité intra-individuelle dans le temps peut renvoyer à des thématiques de développement dans la mesure où pour l'individu se développer c'est changer et ce d'une façon irréversible.

Plus encore, la différenciation peut concerner le mode original d'articulation des conduites, le type de relations qu'elles entretiennent. Cet ensemble de caractéristiques individuées permet de définir des intégrons; les intégrons, structures d'interface permettant l'emboîtement hiérarchique dans un système englobant, comportent un réseau de relations entre leurs constituants. Ce réseau de connectivité peut être lu en termes structurels ou/et en termes fonctionnels.

Finalement, si l'on prend en considération le caractère évolutif ou dissipatif de ces structures donc leurs changements, on peut tenter de repérer des structures à polarité variable : la polarité représentant les constituants ou encore les fonctions dominantes, jouant le rôle d'intégrateurs provisoires à certaines phases du développement de l'organisme.

Une psychologie qui se donne pour objet la compréhension et l'explication de l'individualité du fonctionnement psychique et particulièrement du fonctionnement cognitif se doit donc de mettre en évidence un processus de différenciation irréversible et fluctuant, jamais achevé.

Cette différenciation s'inscrit dans le développement du sujet et en est même une manifestation exemplaire. Elle se traduit certes par des différences interindividuelles et intercatégorielles dont il convient de discriminer les caractères initial et évolutif. Mais à tous égards, la variabilité intra-individuelle inter et intra-tâches en situation et surtout la variabilité dans le temps ont, dans cette perspective, la plus grande importance. Et c'est ce réseau de différences multi-référenciées qui réclame explication.

Conjointement, cette psychologie se donne pour objectif de rendre compte du processus d'intégration. Cette intégration est probablement plus qu'une simple coordination des conduites à un premier niveau d'interaction sujet-objet que G. Noelting appelle objectal (1982, p. 315), l'analyse se plaçant au plan de l'empirique, du manifeste. Elle est plus encore qu'une composition des schèmes (au sens large) tels qu'ils fonctionnent au deuxième niveau dit opératif, situé au plan du logique, du latent. Elle ne se résume même pas à l'agencement de ces niveaux d'interaction. L'intégration est sans doute essentiellement structuration originale d'un ensemble de conduites; la structure émergente est alors à définir en termes de classes de conduites et de niveaux d'objet ainsi qu'en termes de relations d'ordre. Plus encore dans ces structures, des éléments ou/et des fonctions sont plus intégrateurs que d'autres parce que peut-être plus significatifs pour le sujet et partant plus opérants. Lorsque l'on dépasse le plan de la recherche de structures communes même évolutives pour s'attacher à l'étude des pôles intégrateurs au sens quasiment wallonnien des termes, on est conduit à poser la différence entre les formes d'intégration. C'est un pas important dans la promotion d'une psychologie de l'individualité.

Il faut convenir que l'entreprise est ambitieuse et peut être hasardeuse tant sur le plan conceptuel que sur le plan méthodologique. Elle vaut au moins intention et orientation de recherche, même si, par prudence, elle se maintient au niveau de l'étude de styles cognitifs ou de typologies à fonction heuristique. Elle s'essaye parfois à l'analyse de processus d'individuation, sans jamais prétendre accéder à la singularité du sujet qui, légitimement sans doute, conserve son opacité, réduisant à néant les tentatives imprudentes des réductionnismes aliénants. Un tel courant de recherche et de théorisation se donne pour objectif limité de cerner l'individualité, particulièrement dans le domaine de l'activité cognitive. Sans céder à un holisme qui serait d'une certaine façon également réducteur, cette recherche psychologique considère que l'individualité se discrimine et s'affirme dans des domaines spécifiques. Sans nier que l'ensemble de la personnalité participe sans doute à l'ensemble des activités de l'homme, elle pose qu'il est possible de repérer des spécificités individuées dans des secteurs d'activité donnés. Elle tente de les opérationnaliser afin de soumettre ces indicateurs à analyse et contrôle systématiques et donc de garantir la transparence du savoir dans la communauté scientifique.

Chapitre I
Différenciation cognitive et individuation

Jean DREVILLON
Université de Caen

Poser le terme de différenciation revient à évoquer un processus caractéristique du développement du sujet. Il est donc légitime d'interroger la psychologie du développement, et précisément la psychologie génétique, sur le déroulement de ce processus.

I. DIFFERENCIATION EPIGENETIQUE

Or un certain *consensus* semble s'être fait sur le sens général du développement conduisant à des différenciations. Le courant néo-nativiste leur assigne une origine précoce mais convient de la spécification progressive des réalisations des systèmes précâblés. Les tenants du behaviorisme traitent du développement en termes d'accroissement dans l'exactitude des performances, c'est-à-dire l'adéquation des réponses aux stimulations diverses fournies par la réalité extérieure. Le développement conduit à l'élargissement du champ des compétences et à leur diversification. C'est une idée commune à Skinner (1971), Gibson (1972) et Horn (1975) par exemple. Si le développement fait que l'action est plus efficiente et plus économique, c'est parce que se réalisent des ajustements entre stimuli de plus en plus sélectifs (l'environnement jouant un rôle non négligeable dans cette sélection) et des réponses de plus en plus discriminatives. Les progrès adaptatifs ainsi obtenus ne sont pas seulement cumulatifs mais entraînent des modifications qualitatives suscitant de nouvelles régulations prenant en compte de nouveaux aspects de la réalité (Gibson, 1974, 1975, 1979). Dans cette évolution, des différenciations émergent, même si elles sont circonstancielles et en rapport avec le contexte des actions. Comme le souligne Elkind (1979), le développement cognitif comporte de telles fluctuations et suppose des régulations différenciatrices. Les behavioristes avec Skinner le concèdent et des psychométriciens comme Horn (1975) discriminent plusieurs modes de fonctionnement de l'intelligence (au moins deux).

D'une façon plus générale, Heinz Werner disait déjà en 1948 que le développement, quel qu'il soit, est explicable par un simple principe orthogénétique qui gouverne le passage d'un état de relative globalité et d'absence de différenciation à un stade de différenciation croissante, d'articulation et d'intégration hiérarchique (1957).

Mais cette différenciation ici évoquée et qui est reprise par bien des chercheurs, concerne des aspects du psychisme et des domaines d'activité; elle marque une possible et relative indépendance dans le déroulement de processus distincts. Pour illustrer, c'est, par exemple, la distinction dans le fonctionnement des processus sensoriels et des processus moteurs selon T.G.R. Bower. Cette différenciation peut d'ailleurs se présenter comme une période préalable nécessaire avant une structuration d'un niveau réputé supérieur. Dans le droit fil de l'exemple, ce sera le nouvel ordre hiérarchique qui s'établira entre le sensoriel et le moteur, selon Birch et Belmont.

Même si des variantes peuvent apparaître dans la recombinaison des aspects discriminés, la notion de différenciation ainsi avancée ne semble pas faite pour traiter des différences interindividuelles et des variations intra-individuelles temporelles. En effet, les recherches menées selon ces orientations théoriques visent à construire des «modèles» du développement cognitif et se situent à un niveau de généralité tel que les différences ne peuvent être traitées que comme des exceptions, sauf lorsqu'elles sont trop nombreuses et remettent alors en question le caractère nomothétique du modèle.

On serait donc amené à distinguer deux plans de différenciation; dans le cadre d'une épigénèse structurale, il pourrait même s'agir de deux niveaux. Une première différenciation permettrait de distinguer des éléments initialement confondus et de constituer un réseau d'interconnexion réalisant une protostructure. La seconde mettrait en évidence des variantes tant dans le nombre et la nature des éléments que dans la composition structurale décrite en termes de «forme» et de relations.

II. VARIATIONS AUTOUR D'UN MODELE GENERAL DE L'ACTIVITE COGNITIVE

C'est à ce second plan ou niveau que les différences individuelles peuvent être spécifiées. Pour pouvoir être simplement identifiées et *a fortiori* signifiées, ces différences doivent être posées par référence à un modèle général qui sert de critère et permet de fournir des mesures de gradients. Certes, il est possible d'évaluer des différences interindividuelles à l'intérieur d'une population à partir d'une variable quelconque, choisie *a priori* — encore qu'il soit possible de discuter du caractère *a priori* du choix. Mais pour signifier les différences individuelles en termes de variantes de fonctionnement cognitif et plus encore de variantes de développement, il faut pouvoir disposer au moins d'un arrière-plan explicite de fréquences et mieux d'un modèle général du fonctionnement ou/et du développement.

D'ailleurs, l'histoire de la psychologie comporte une longue période pendant laquelle les chercheurs se sont consacrés à l'élaboration de tels modèles généraux du fonctionnement cognitif. Selon leurs options théoriques plus ou moins explicites — même quand ils se méfiaient et se méfient encore de toute construction théorique — selon leur sensibilité et peut-être leur culture, ils ont les uns majoré les processus mis en œuvre, les autres les composantes de l'activité cognitive. Les développementalistes, à la recherche d'une psychologie génétique cognitiviste ont accentué les alternances fonctionnelles de différenciation et d'intégration individuante ou encore les structurations par paliers. Il est sans doute vain de tenter un recensement de ces thèses, recensement qui ne pourrait être exhaustif et serait donc injuste.

Il est toutefois possible de faire une remarque générale et d'illustrer le propos par quelques exemples. Lorsque ces modèles présentatifs sinon explicatifs du fonctionnement de l'activité cognitive en développement ne sont plus exploités à un haut niveau de généralité mais sont utilisés pour analyser les processus mentaux, propriétés d'individus donnés agissant dans un certain contexte, ils sont transformés en s'enrichissant de distinctions internes tout en acceptant une restriction du champ d'application. A l'extrême limite, le souci de rester très proche des «réalités» comportementales, dans un contexte donné, conduit à construire des modèles locaux. Toujours à l'extrême limite, il n'est plus possible de parler de différence puisque chaque ensemble d'éléments repérés est une entité spécifique donc incomparable. Il n'y a plus de différence, simplement une altérité.

C'est donc à un certain degré de généralité qu'il est possible de reconnaître des différences tant interindividuelles qu'intra-individuelles. Or les grands modèles généraux en se raffinant par le jeu des applications, des mises à l'épreuve qu'ils suscitent, révèlent les sous-systèmes qui les composent. L'explication des ces sous-systèmes, des conditions de leur fonctionnement et surtout des interactions qu'ils entretiennent donne des occasions de mettre en évidence des différences inter- et intra-individuelles dont il faut alors dégager le sens.

Pour illustrer ce qu'il est convenu d'appeler la psychologie soviétique — encore qu'un tel terme générique soit probablement impropre — professe une doctrine réaliste et propose une anthropologie génétique. Ainsi la réalité est dite première, antécédante à la connaissance et à la conscience individuelle. L'appropriation d'une part de cette réalité objective et sociale se fait grâce à un processus d'internalisation par étapes, au point d'aboutir à la construction de processus mentaux. L'internalisation est rendue possible par le jeu d'instruments cognitifs fournis par l'éducation et la vie en commun. Dans ces conditions, le développement individuel serait exodéterminé.

Pourtant, le concept d'internalisation serait peut-être trop spécifique et ne couvrirait pas tous les aspects du développement. Par exemple, comme le souligne Elkind (1975), tant la conception que les stratégies complexes de la mémoire chez les enfants âgés et les adultes sont marquées d'externalisation (Niemark). En ce qui concerne le langage, les thèses inspirées de Vygotsky majorent l'importance du processus d'internalisation permettant la maîtrise de certaines réalités extérieures par condensation, par miniaturisation. Or les travaux sur l'acquisition du langage conduisent à se demander si ce n'est pas la miniaturisation, capacité propre au sujet, qui permet l'internalisation. En ce qui concerne les concepts, P. Galperin (1968) propose un modèle de formation des concepts par étapes. La gradation en cinq étapes traduit l'internalisation. Mais quand il s'agit d'étudier la mise en œuvre de ces concepts, leur organisation en systèmes, il convient, comme le suggère N. Mentchinskaïa, de noter l'action d'un processus d'externalisation qui est le fait du sujet. L'abstraction qu'elle appelle secondaire semble obéir à des lois de construction inverses de celles qui ont permis l'appropriation de concepts. C'est dire que, dans le cadre de ce modèle général, nous serions en présence de deux types de processus constructifs qui se succèderaient par alternances. Or s'ils sont de sens inverse, ils ne sont pas pour autant indépendants; ils entretiennent des relations et les combinaisons de leurs interactions peuvent être fort différentes selon les domaines concernés, les niveaux d'activité et l'étape du développement des individus. P. Galperin (1968), au moins en ce qui concerne la «base d'orientation», note combien l'approche différentielle peut alors être féconde.

En tout état de cause, la construction théorique raffinée fournit les concepts nécessaires pour établir et signifier les différences. Tant que le souci du chercheur est de saisir la macrogénèse des formes de la cognition, le problème de la différenciation ne se pose pas, les structures ou formes dégagées ayant vocation d'être nomothétiques. Quand la préoccupation de savoir «comment cela fonctionne» se fait jour, l'intérêt se porte sur la microgénèse des systèmes fonctionnels, des réseaux stratégiques et les recherches visent à repérer les processus d'individuation du fonctionnement cognitif.

Les plans d'analyse sont différents mais entretiennent des relations, autrement dit offrent des complémentarités.

C'est tout à fait le cas pour une conception majeure du développement cognitif, celle qui a été construite par J. Piaget. L'épistémologie génétique fournit les formes de la connaissance, souligne les étapes de leur construction, leurs filiations et leurs ouvertures en se référant aux principes de nécessité et d'universalité. De telles recherches structurales visent au plus général, l'universalité étant toutefois invérifiable, tout au plus inférée avec une marge d'erreurs conséquente. De même la nécessité reconnue par l'expérimentateur psychologue, l'est-elle pour le sujet en action, voire en réflexion sur son action ? L'interrogation posée par B. Inhelder *et al.* (1976) n'appelle pas de réponse évidente.

Les recherches procédurales sur les processus de découverte, d'invention et de réalisation mis en œuvre par les sujets, visent pour l'essentiel à l'individuel. Il faut préciser, par exemple, non seulement les mécanismes régulateurs généraux mais encore les processus de rééquilibration en jeu pour le sujet. Il faut alors tenir compte de l'orientation de la conduite du sujet. Et B. Inhelder distingue aux moins deux ordres de la conduite, un ordre téléonomique et un ordre constructif ou causal. Or ces deux ordres de la conduite, s'ils sont posés comme «distincts», entretiennent entre eux un ensemble complexe de relations. Reconnus d'abord comme indépendants, ils entrent en interaction du fait de l'activité du sujet et particulièrement par le jeu de réfléchissements et réflexions, même à des paliers élémentaires. Finalement, leur mise en composition assure une interdépendance. Tel est au moins le sens général de l'évolution proposé par l'école piagétienne et surtout B. Inhelder.

Le même type de remarques convient également à l'étude des rapports qui s'établissent entre les deux systèmes de pensée distingués par J. Piaget.

En se plaçant à un haut niveau de généralité, il est assurément possible de reconnaître une vection du développement; cette orientation générale de la construction des pouvoirs cognitifs peut être donnée en considérant d'une part une préséance génétique d'un système par rapport à l'autre et d'autre part une évolution asymétrique des processus constructifs: par exemple, au cours de l'évolution, les rapports entre les formes d'abstraction (empirique et réfléchissante) vont s'inverser. Il peut être admis que le sens général de la construction des structures cognitives, tel que donné par J. Piaget, a reçu une confirmation suffisante pour être tenu comme un modèle à la fois descriptif et explicatif du développement cognitif: ceci à la condition de considérer le caractère séquentiel des grandes phases de l'évolution et les processus généraux d'équilibration.

Mais des différenciations inter et intra-individuelles notables sont repérées lorsque l'attention se porte sur les caractères propres aux sujets opérants. Déjà des variantes importantes apparaissent lorsque l'analyse du développement se fait plus fine et que l'on essaye de discriminer des mini-stades, ne serait-ce que pour étudier les transformations. D'ailleurs, comme le dit Hunt (1977), la notion de séquence devient alors plus pertinente que celle de stade. Plus encore, on peut se demander avec P. Mounoud (1975) si le développement ne consiste pas en séries de «révolutions» avec dislocation des organisations initiales, à la mesure de l'individualisation des conduites et de la dissociation de certaines propriétés des objets. Ce processus de différenciation précéderait et même générerait une nouvelle organisation avec de nouvelles propriétés. Cette position, distanciée par rapport au modèle piagétien cité, souligne que les restructurations ne sont pas seulement des décalages verticaux mais des remaniements spécifiques et individués.

III. MODALITES DU FONCTIONNEMENT COGNITIF

La différenciation est encore plus marquée lorsque l'intérêt se porte sur les aspects fonctionnels de la cognition. Tout d'abord, selon la formule de B. Inhelder (1976), les procédures de fonctionnement ne sont sans doute jamais dissociables des significations de la situation et de l'objet pour le sujet, plus précisément des moyens choisis pour atteindre un but. Elles sont initialement inscrites dans les théories implicites des sujets. C'est là une première source de différenciation.

En fonction certes de la phase de développement atteinte par le sujet mais encore en rapport avec la valence de l'objet pour lui et le type de contexte qui lui donne un sens, les stratégies d'approche vont varier. Elles peuvent par exemple suivre un ordre «naturel» d'activité de construction ou d'exploration, en assignant successivement des sous-buts à l'action. Elles peuvent au contraire consister à s'établir une référence-but, en quelque sorte un objectif terminal à atteindre grâce à une «planification précursive» (B. Inhelder) et la référence permanente à un modèle intuitif puis opératif (L. Kolkowski). On ne peut sous-estimer l'importance activatrice des buts «pour le sujet», sans omettre ce qui est finalement au moins aussi important pour lui, c'est-à-dire les anti-buts à éviter (R. Skemp, 1979). A ce propos, on ne peut manquer d'évoquer les «learning sets» de Harlow, la «préparation sélective» de la prise d'information et de l'action (J.F. Richard) et à nouveau la «base d'orientation» (P. Galperin).

Ces procédures initiales sont rarement stables; elles font l'objet de régulations par rétro-actions, sans compter qu'elles sont souvent loin de révéler les capacités cognitives optimales du sujet. Comme l'a pertinemment souligné P. Vermersch (1976), un déséquilibre transitoire, assimilable à une régression génétique, peut être souvent constaté. Par un jeu de régulations, l'individu libérerait ses différentes capacités et finirait dans le meilleur des cas par mettre en œuvre un registre de fonctionnement adéquat à la situation telle qu'il la signifie.

Avec P. Vermersch (1978, 1979), on peut convenir de définir un registre de fonctionnement en termes de modalités d'usage d'une classe d'outils cognitifs, assurant un calibrage de la conduite du sujet par fixation des bornes entre lesquelles se situent les possibilités de fonctionnement ainsi qu'une planification de l'action. Il est alors légitime, comme l'ont fait de nombreux auteurs dont P. Vermersch, de faire l'hypothèse d'une pluralité de registres de fonctionnement et de s'interroger sur leur genèse, leur développement et leur organisation qui peut être hiérarchique ou se résumer à des interconnexions. Vermersch (1978) rappelle qu'aussi bien Werner que Piaget considéraient l'évolution des instruments cognitifs comme double puisqu'elle va à la fois dans le sens de la spécification et dans celui de l'intégration dans une organisation plus complexe.

Mais une première question se pose relativement au nombre de ces classes d'instruments cognitifs ou registres: les réponses fournies sont très variées selon les options et les méthodologies factorialistes, comparatives, psychogénétiques, pathologiques, etc... On retiendra au moins deux registres, quand il ne s'agit pas de deux modalités sur un continuum bipolaire (White, Jensen) et on pourra être conduit à en repérer de quatre à six.

Une seconde question est probablement plus importante. Définir les conditions d'un fonctionnement n'est pas définir le fonctionnement lui-même. Pour définir ce fonctionnement, il faut pouvoir qualifier les processus actifs mis en cause et y distinguer des phases et des opérations. Dans le cadre de la conception constructiviste de la cognition proposée par Piaget et particulièrement dans celui d'une théorie des deux systèmes, des recherches se multiplient sur les schèmes procéduraux et les chaînes qu'ils constituent. Telle est une des orientations de recherches de l'Ecole Genevoise et à partir de références différentes celle de l'équipe P. Oléron *et al.* (1981), A. Nguyen-Xuan, etc...

Ces chaînes d'opérations peuvent comporter des régularités qui légitiment des analyses d'algorithmes (Talyzina) et même susciter des développements de l'Intelligence Artificielle (Turing, Winograd, M. Boden, 1977) qui propose des simulations du fonctionnement cognitif. Mais finalement, le plus important est de distinguer les «algorithmes pour le sujet» (Vergnaud, Vermersch, Landa), c'est-à-dire construits par le sujet et qui peuvent être bien différents des algorithmes «canoniques» définis par les systèmes-experts. Leur variété et leur mobilité traduisent peut-être des fluctuations dans un processus d'apprentissage. Mais elles amènent surtout à s'interroger sur les choix successifs faits par les sujets et à se demander si ces séquences algorithmiques ne sont pas surtout des éléments d'une stratégie, révélatrice d'un style d'apprentissage, au sens large donné à ce terme par N.J. Entwistle (1981). On peut retenir la définition d'une stratégie proposée par J.S. Bruner *et al.* (1967). Elle est reconnue comme une règle ou plan de choix des étapes dans la résolution de problèmes, plan qui établit un rapport particulier entre trois conditions: a) le degré de certitude dans l'accessibilité de la solution; b) l'estimation de la vitesse d'atteinte de l'objectif; c) le degré de tension cognitive imposé par le type de planification de l'action.

Assurément le choix d'une stratégie est fortement dépendant du type de problème à traiter et plus globalement des caractères de la situation. Parmi d'autres nombreuses recherches, celles de J.S. Bruner et D.R. Olson (1967) ont montré que, si on distingue trois grandes familles de stratégies qualifiées brièvement d'exploratoire, de mise ne correspondance de patterns et de sélection d'informations, on est amené à constater que les sujets (dans le cas présent: des enfants) optent pour des stratégies différentes, certes selon l'âge de développement mais aussi selon l'objet de la recherche et surtout selon que les sujets opèrent «librement» ou sous guidage plus ou moins contraignant. Actuellement personne ne semble douter du rôle important de l'objet-problème, de la situation faite au sujet et perçue par le sujet dans la particularisation du fonctionnement cognitif.

Mais il faut aussi convenir qu'une approche différentielle inter et intra-individuelle peut être très féconde. En effet qu'il s'agisse de la base d'orientation, des options stratégiques ou plus encore des modalités de traitement de l'information, il est patent que les individus placés dans des situations comparables (au moins d'un certain point de vue) se différencient dans leur façon d'utiliser de façon préférentielle tel ou tel processus de traitement de l'information.

Par exemple, on connaît les travaux déjà anciens de Sternberg sur le processus sériel de traitement de l'information en mémoire, en relation avec la théorie de l'information (*channel capacity*) de Broadbent. On sait aussi que Neisser démontra en 1964 le fonctionnement d'un processus de traitement en parallèle. Mais on est attentif au fait que Egeths, bien que critiqué par Bamber, repère des ambiguïtés dans le fonctionnement. La variabilité est à mettre en rapport avec les composantes de la tâche et plus encore avec les caractéristiques individuelles dans la manière d'assurer un contrôle conscient plus ou moins strict et de surmonter un conflit cognitif (Rumelhart, 1977).

Le même type de remarques est applicable aux théories de la reconnaissance visuelle ou/et auditive des patterns (Massaro). Il l'est encore à propos de la conception du double codage proposée par Paivio, pertinente dans le domaine langagier (Begg et Paivio, 1969) : on sait l'importance des recherches suscitées par cette théorie, les discussions qu'elle provoque; mais on remarquera avec Pylyshyn (1973) que les deux systèmes sont étroitement articulés, peut-être même hiérarchisés selon une formule à connaître et qui finalement représenterait le mode cognitif des sujets. La représentation, qu'il vaudrait mieux appeler analogique qu'imagée, serait peut-être plus l'*out-put* des analyseurs cognitifs dont dispose le sujet que leur *in-put*. Le débat est loin d'être clos mais il reste que le problème fondamental se déplace et concerne la formule de connexion entre chacun des deux systèmes de codage; c'est à ce propos que les différenciations non seulement intersituations mais encore interindividuelles apparaissent.

Toujours dans le domaine du langage mais en tant que système conversationnel, Clark (1978) construit un modèle qui suggère que l'information connue n'est pas traitée de la même manière que l'information nouvelle. La compréhension résulte de l'intégration des deux types d'information mais les poids des constituants ne sont pas égaux et la formule n'est peut-être pas additive. Une large place est laissée aux styles cognitifs langagiers et à la variabilité interindividuelle. En se plaçant dans une perspective beaucoup plus large, à la fois affectivo-cognitive et développementaliste, on ne peut s'empêcher d'évoquer le point de vue de J. Mc V. Hunt sur l'importance relative du familier et du nouveau pour rendre compte de la dynamique du développement individué de l'enfant aux prises avec l'incongruité des situations.

IV. VERS UN MODELE PLURIEL DU FONCTIONNEMENT COGNITIF

En effet, si on cesse de se situer au plan quelque peu réductionniste du traitement de l'information pour s'intéresser aux aspects fonctionnels de l'activité cognitive, autrement dit au caractère adaptatif et plus ou moins finalisé des conduites, on est amené à retenir un modèle pluriel des fonctions permettant l'adaptation.

On sait la fécondité de l'hypothèse heuristique formulée par M. Reuchlin (1974), attestée par le nombre de recherches qui s'inspirent directement ou font au moins référence au modèle proposé. Ce modèle suggère de distinguer dans l'activité cognitive le jeu de deux fonctions, respectivement de formalisation et de réalisation.

Chacune de ces fonctions, coactives dans le fonctionnement de la pensée naturelle, met en jeu des processus qui lui sont propres et réfère à une logique spécifique. La fonction de formalisation peut être analysable en termes piagétiens et il est attendu d'y repérer la mise en composition de schèmes opératoires régie par le principe d'équilibration. Cette formalisation, qui permet au sujet de se situer à un certain niveau de généralité en se libérant de la pesanteur des contenus, obéit à un certain nombre de règles de rationalité et s'appuie sur une logique de l'argumentation, c'est-à-dire du possible et du nécessaire.

La fonction de réalisation met en jeu des procédures d'articulation de «blocs unitaires d'information» (M. Reuchlin), blocs immédiatement évocables et insécables dans lesquels les éléments informatifs sont liés de façon stochastique. L'enchaînement des blocs et des étapes procédurales se fait selon les principes d'une logique de l'action ou encore d'une logique de la «relevance» selon la terminologie d'Anderson et Belnap. Ce fonctionnement aurait donc sa spécificité, ses systèmes propres même frappés d'irréversibilité, sa logique qui ne serait pas seulement une prélogique.

Ceci reviendrait à dire que les deux fonctions seraient indépendantes dans leur principe, leur genèse et leur mise en œuvre. Mais s'il ne paraît pas pertinent d'instaurer entre ces fonctions ni une hiérarchie autre qu'épistémologique ni une préséance génétique (M. Reuchlin), il n'en est pas moins nécessaire de reconnaître le jeu d'interactions fortes. Ces interactions seraient qualifiables en termes de dominance transitoire, de complémentarité et d'antagonisme.

Et c'est en analysant la manière dont se développent ces interactions qu'il devient possible de mettre en évidence des aspects différentiels du fonctionnement cognitif. Il est même envisageable de repérer des dominantes relativement stables qui permettraient de caractériser les individus et de définir opérationnellement des styles cognitifs ainsi que le propose F. Longeot (cf. la contribution de l'auteur dans cet ouvrage). Bien entendu, ce diagnostic de style cognitif caractérisant l'individu ne peut être posé qu'au prix d'un constat de régularités, en dépit des variations de situation ou des changements de domaines. Il faut admettre que le choix des domaines peut relever à son tour d'une « décision » plus ou moins consciente prise à l'échelle individuelle, tout au moins dans le cadre des activités spontanées. Et ce choix plus ou moins raisonné d'un domaine qui finalement requiert l'usage d'un registre sur lequel l'individu « préfère » fonctionner (Gardner, 1964), est également un indicateur de style cognitif. On ne peut alors sous-estimer l'importance des facteurs affectifs, le poids des valeurs dans le choix du sujet qui donne ainsi une signification à la situation-problème.

De plus, on ne peut légitimement attribuer un « style cognitif » à un individu qu'après avoir restitué ses conduites dans une perspective développementale; il importe de ne pas prendre pour style cognitif ce qui n'est peut-être qu'une caractéristique d'une période de développement cognitif ou même d'une phase d'apprentissage. Les rapports entre psychologie génétique et psychologie différentielle font l'objet de travaux comme ceux de F. Longeot.

Les interactions entre fonctions peuvent également se développer dans le sens de la complémentarité. M. Reuchlin (1974) a montré comment théoriquement les processus mis en œuvre dans les deux fonctions distinguées pouvaient s'alimenter et se contrôler mutuellement.

Mais les résultats de nombreux travaux montrent que l'établissement et le fonctionnement des «navettes», selon la terminologie de J.C. Calpini et R. Droz (1975), sont incertains. Des recherches sur un problème certes spécifique puisque relatif à l'intersection de classes, ont permis aux auteurs de souligner les difficultés de changer de plan d'analyse, éprouvées par les enfants opérant de façon «spontanée». Peut-être faut-il que ces interactions soient activées et il est possible de s'interroger sur l'importance relative du facteur d'exercice dans l'établissement de complémentarités entre fonctions. Les conclusions des recherches d'E. Markman *et al.* (1980) permettraient de dire que les modifications dans les références (passage de la notion de collection à celle de classe) sont favorisées par des apprentissages même minimaux mais aussi que les bénéfices tirés de ces aides ne sont pas constants et homogènes. B. Inhelder a déjà amplement souligné le fait que les apprentissages de procédures et de schèmes logiques n'exercent leur plein effet qu'à certains moments privilégiés, au moment où les schèmes en question sont en cours de construction.

Mais il faut remarquer avec Lawson et Renner, Vermersch, Fischbein (1978) que non seulement bien des sujets n'utilisent pas les schèmes opératoires nécessaires alors qu'ils les possèdent mais plus encore ne mettent pas spontanément en relation leur activité et leur opérativité; en d'autres termes, ils ne réalisent pas l'adaptation réciproque du schème et du contenu, c'est-à-dire, dans la perspective qui est ici la nôtre, l'articulation qui assurerait la complémentarité des fonctions de réalisation et de formalisation.

Pour qu'une telle articulation s'opère, il faudrait d'après E. Fischbein que se construise une structure intermédiaire. Or cette structure, que l'auteur propose d'appeler accommodative, entraînerait la mise en relation de l'action effective et des schèmes opératoires dans l'état global initial. Ces structures accommodatives se construiraient «par rapport à un certain contenu et à la suite d'une activité investigatrice et productive sollicitée par un tel contenu» (1978, p. 124). Cette activité s'appuierait sur des modèles de construction de l'activité dont les plus efficients seraient des modèles figuratifs. De tels modèles qui se présentent sous forme de diagrammes, de plans et non comme de simples algorithmes, constitueraient une base d'entraînement spécifique capable d'activer les schèmes opératoires latents et en retour de réguler les actions effectives. Or il semblerait que cette dynamisation des schèmes opératoires comme de leurs interactions avec les contenus de l'activité puisse être le résultat d'un entraînement qui pourrait constituer un objectif d'une pédagogie de développement; c'est tout au moins l'hypothèse et la conclusion d'E. Fischbein.

Précisément pour tenir compte de l'aspect dynamique non seulement de l'activation de schèmes opératoires jusque-là latents mais encore de la mise en interaction des formes et des contenus, nous suggérons de considérer les caractères et les effets d'une fonction intermédiaire entre les fonctions de réalisation et de formalisation. Nous l'appelons fonction de schématisation (J. Drevillon, 1983). Si, à la différence de E. Fischbein, nous préférons le terme de fonction à celui de structure, c'est surtout pour marquer que la schématisation est ici traitée comme une activité, un processus.

Ce processus nous semble comporter deux phases qui peuvent d'ailleurs alterner de façon cyclique; il s'agit d'une phase de condensation qui assure une décantation et un tri des composantes contextuelles qui permettaient initialement d'appréhender l'objet en situation et de signifier l'action exercée sur lui. Ces composantes sont réparties en composantes centrales peut-être même invariantes, en tout cas essentielles et en composantes périphériques, accessoires et facultatives, c'est-à-dire contingentes. Des opérations permettent ainsi de dégager un certain type d'objet d'un contexte, en triant l'essentiel et l'accessoire, l'empiriquement nécessaire du contingent. Cette décantation prépare à la formalisation parce qu'elle disloque et hiérarchise les éléments jusque-là confondus dans l'amalgame situation-objet. Par la même occasion elle dégage une «frame», l'ossature d'une action sur l'objet, action initialement ramifiée mais dont il est possible d'extraire des ordres ou files. Finalement en termes piagétiens, il serait possible de considérer qu'il s'agit d'une activité d'abstraction empirique et d'abstraction pseudo-empirique préparatoire à une abstraction réfléchissante : on pourrait dire encore avec Wason et Johnson Laird qu'il s'agit d'un premier type de fonctionnement conceptuel.

Une deuxième phase du processus de schématisation apparaît lorsque, soit après formalisation, soit directement vu l'urgence, une nouvelle chaîne d'actions est lancée. Ce qui assure une cohérence à ces actions est l'ordre qui les lie; les ordres, qu'ils soient linéaires, circulaires ou ramifiés sont des traductions en projets d'actes du processus de formalisation; si schématisation il y a, c'est en termes de planification de l'action qu'elle s'exprime.

Il ne s'agit pas strictement de construction d'algorithmes puisque l'ordre conscientisé est mobile : on pourrait tout au plus parler d'«algorithmes pour le sujet» selon Vergnaud et Vermersch.

L'articulation des deux phases permet le développement de cette fonction à double effet : décantation et construction d'ordinogrammes. Il est tout à fait intéressant de repérer dans le jeu de cette fonction la mise en œuvre d'une logique propre. A tous égards, le système logique des prédicats amalgamés proposé par H. Wermus (1976) paraît pouvoir s'appliquer ici. En effet, nous retrouvons les opérations ou règles de traitement suggérées par l'auteur depuis la centration, l'activation jusqu'à la décantation et même les règles de glissement cognitif s'appliquant à une modulation prédicative. L'avantage d'une telle analyse est encore d'expliciter comment le sujet parvient à se libérer de l'effet d'ordre imposé par le déroulement de l'action et, grâce à une combinatoire ordinale, à construire une stratégie d'actions prévisionnelles.

Finalement, la schématisation se traduit par la construction de diagrammes arborescents, d'«arbres» et de modèles d'action que Fischbein appelle figuratifs ou que L. Kolkowski préfère qualifier d'intuitifs (incluant une image d'un but à atteindre) puis d'objectifs (articulant buts et moyens). Mais il nous semble que la schématisation ne relève pas exclusivement du domaine figural ou graphique: un processus d'indexation et une systématisation verbale ou encore une ligne mélodique peuvent constituer également des schématisations utiles pouvant à la fois servir de contenu à une formalisation et/ou orienter la chaîne d'actions à accomplir. Il s'agirait donc, croyons-nous, d'élargir la notion de schéma.

Il importe de vérifier dans les faits le jeu de ces fonctions réunies dans un modèle qui pourrait passer pour n'être qu'une simple hypothèse. On sait l'importance et la diversité des travaux sur la notion de schéma et son incidence sur le fonctionnement cognitif: on doit convenir que le schéma, s'il est une aide peut aussi être une contrainte (J. Bideaud, 1980). Quant à nous, nous avons constaté qu'il peut chez certains sujets susciter un feed-forward sur l'action rendant inutile le recours à la formalisation. Le débat est largement ouvert sur le sens à donner à cette notion. Il est souvent posé en termes de représentation. Après J.S. Bruner, on est même conduit à distinguer des plans de représentation.

V. STYLES COGNITIFS ET INDIVIDUATION

Mais il nous semble qu'il ne faudrait pas omettre l'aspect dynamique, constructif orienté de cette activité fonctionnelle. La façon de construire a autant d'importance que le produit. Ce qui est probablement décisif est la manière dont interagissent ces processus qui peuvent être appelés fonctions dans la mesure où l'on peut y reconnaître des liens de dépendance, des règles de traitement, plus généralement une modalité logique.

Or précisément, des travaux récents (J. Drevillon, 1983b) ont permis de mettre en évidence une forte variabilité interindividuelle dans le choix de stratégies interactives dans le cadre de résolution de tâches données. Il est même possible de repérer des organisations suffisamment stables pour que l'on puisse parler de types de fonctionnement. Dans la recherche mentionnée, nous en avons distingué quatre : méthodique, systématique, figuratif, actif-associatif. Ils permettent de regrouper des séquences de comportement qui ont une régularité suffisante pour caractériser les sujets. Une analyse complémentaire permet de mettre en relation les stratégies interactives et les attitudes cognitives des sujets; ces attitudes se traduisent par la manière de «recevoir» la consigne, de reconnaître le problème en tant que tel, de se représenter même de façon imagée le but à atteindre et les anti-buts à éviter, d'exprimer la «théorie implicite de l'objet»... et de la situation dont le sujet a sans doute besoin pour agir. En bref, la conduite est semble-t-il fortement dépendante de la signification que le sujet donne à la situation.

Le caractère local du modèle expérimental ne permet pas de tirer davantage de conclusions; mais ce type de recherches soulève un certain nombre de questions dont quelques-unes sont nouvelles.

Dans la mesure où des régularités sont repérables au point de pouvoir caractériser les individus, on peut proposer une distinction entre styles cognitifs. Avant de pouvoir attribuer un style cognitif à un individu, il faut pouvoir contrôler voire annuler la source de variations constituée par les changements de situation; il faut encore avoir la garantie d'une stabilité dans le temps de ce style et avoir donc tenu compte de la variation explicable en termes psychogénétiques... à moins d'accepter l'idée de style cognitif transitoire. Or ces conditions ne sont pas aisément satisfaites et la distinction de styles cognitifs ne peut souvent être posée qu'à un certain niveau d'approximation.

Il est sans doute possible de concevoir aujourd'hui trois manières de dégager les variantes de styles cognitifs. La première consiste à prendre en considération la manière dont le sujet appréhende l'objet et la situation qui le définit en réalisant une distanciation plus ou moins grande par rapport au contexte. C'est ce que H.A. Witkin (1962) propose de qualifier en termes de dépendance vs indépendance à l'égard du champ. La distinction qui était initialement applicable aux activités perceptives s'est révélée intéressante pour l'analyse des modalités de l'activité cognitive au sens plus large et a même été étendue à l'étude de la personnalité (Huteau, 1981). Ce modèle sert de support à un nombre considérable de travaux qui ont permis de le valider mais aussi de le nuancer et d'en marquer les limites. Quoi qu'il en soit, les notions de distanciation par rapport au champ conservent un haut pouvoir heuristique (voir Huteau, Ohlman dans le présent volume).

Une deuxième approche consiste à prendre en considération les dominantes dans le jeu des fonctions cognitives. Un registre de fonctionnement peut être sollicité et utilisé plus fréquemment par le sujet. Il est possible que la fréquence d'emploi soit à mettre en rapport avec le type d'objet à traiter, la situation à vivre, mais aussi avec le niveau de maîtrise d'une certaine classe d'outils cognitifs. Mais il peut se faire que pour cet ensemble de raisons et d'autres, affectives, motivationnelles, culturelles et sociales, etc..., l'individu préfère aborder une situation-problème d'une certaine manière et se situer dans un registre de prédilection; cette modalité préférentielle peut être appelée registre cognitif dans la mesure où, toutes garanties de stabilité étant données, elle renvoie non plus seulement à des aspects fonctionnels mais aux caractéristiques d'un individu confronté à un problème cognitif (voir Longeot in).

Mais préférence ne signifie pas exclusivité. Les autres registres possibles sont coprésents : peut-être sont-ils moins développés pour des raisons tenant à l'évolution cognitive, à leur fragilité, à l'usage restreint qui en est fait, etc... Peut-être encore sont-ils hiérarchisés au nom de principes épistémologiques ou de références socioculturelles. Quoi qu'il en soit, même à des degrés divers, ces différents registres coexistent.

On peut alors se demander si ce n'est pas dans l'élaboration de stratégies et plus précisément dans la construction d'un réseau de relations inter-registres que l'on pourrait reconnaître des styles individuels. Certes établir une telle distinction est une entreprise difficile et plus que les premières, cette troisième approche des styles cognitifs nécessite beaucoup de précautions. Il faut tenir compte de la nature de l'objet, tenter de contrôler le facteur situations ainsi que les facteurs psychogénétiques, s'assurer des capacités fonctionnelles des sujets. Mais ceci dit, cette voie nous paraît très prometteuse. Complémentaire des deux approches précédentes, ce troisième mode d'analyse du fonctionnement cognitif ouvre quelques perspectives. On peut espérer saisir certaines attitudes cognitives, le type de préparation à l'action, la manière dont les moyens cognitifs sont mis en œuvre pour atteindre ou éviter les buts ou sous-buts. Plus encore, il est alors possible de donner plus de sens aux erreurs en suivant les moments de contrôle, les boucles de rétroaction, les nœuds décisionnels. Finalement, on est amené à tenir compte de la signification des buts et anti-buts pour le sujet, du degré de tension psychique de l'individu dans «l'ici et maintenant» se traduisant par l'estime de soi, l'économie de moyens et l'anticipation des résultats, favorisant la précursivité des erreurs. Dans l'analyse du fonctionnement cognitif, c'est non seulement retracer les cheminements, les hésitations aussi d'un sujet aux prises avec une situation-problème mais c'est encore redonner à l'affectivité et aux valeurs de référence une place qu'elles n'auraient sans doute jamais dû perdre. L'enjeu est de recentrer l'étude du fonctionnement cognitif sur l'individu, reconnu non comme un objet, ni même un sujet mais comme un être propriétaire d'instruments de pensée. Une telle approche est assurément très difficile et pleine d'embûches méthodologiques. Mais c'est sans doute le prix à payer pour mieux comprendre le processus alternatif de développement qui amène l'individu à une diversification de ses capacités cognitives pour mieux individuer son fonctionnement mental. Cette évolution ramifiée se fait sans doute selon plusieurs voies; des filières de développement sont susceptibles de s'entrecroiser à des moments-clés de l'histoire individuelle. A la recherche de modèles pluriels de développement, les psychologues ne peuvent qu'être attentifs à la manière dont les individus se construisent laborieusement et imparfaitement un clavier de registres cognitifs leur permettant de réaliser de la façon la plus économique et la plus gratifiante possible leur adaptation aux problèmes de la vie quotidienne. Ce qui n'est plus métaphorique, c'est le fait de poser que la différenciation cognitive prépare et conduit à l'individuation, ultime objet de la psychologie, en tout cas problématique centrale pour le psychologue de notre temps.

VI. EN GUISE DE CONCLUSION

«L'homme est un système à personnalité active» (Von Bertalanffy, 1982). Ce message nous oblige à poser que l'être humain est une organisation en évolution permanente; la régulation de cette évolution se fait loin de l'équilibre à partir de pôles intégrateurs de structures changeantes. Ces pôles intégrateurs mobiles et les réseaux d'interconnexion dont ils sont le centre permettent de qualifier le système humain dans ce qu'il a de spécifique: une personnalité. Cette personnalité est toujours en cours de construction, puisant dans ses racines biologiques et s'alimentant en prélevant des informations dans le monde, le milieu de vie sans lequel elle ne serait pas et dont on peut dire, dans le prolongement de la pensée d'H. Wallon, qu'elle est un élément intégré et intégrateur.

Personnalité active certes car les informations qu'elle prélève lui permettent d'identifier les objets, de discriminer les situations, les contextes dans lesquels ces objets émergent. En même temps, elle peut ainsi s'en distinguer, définir ses frontières et ses moyens même limités de changer le cours des choses. Dans ses relations au monde, ses instruments d'action et de représentation se transforment, modifiant le type d'informations à traiter, c'est-à-dire le niveau d'objet à connaître. Dans ce mouvement irréversible, ce qui ne veut pas dire régulier et linéaire, la personnalité de l'être humain se diversifie. Comme le disait H. Werner, le développement obéit à un principe de différenciation progressive hiérarchique. Mais comme tout organisme, à chaque moment l'être humain assure sa cohérence vitale en intégrant en une totalité spécifique les éléments différenciés devenus ainsi des constituants dotés d'une originalité supplémentaire, celle de faire partie d'un organisme de plus en plus individué.

La psychologie moderne peut certes mettre en évidence des régularités dans ce développement, particulièrement dans la sphère cognitive et se construire des modèles susceptibles de décrire et prévoir les conduites obéissant à des lois générales de la cognition. Mais ce n'est qu'à titre provisoire qu'elle peut faire l'économie d'une étude des fluctuations, des changements provoqués par les conduites elles-mêmes. Se développer, comme d'ailleurs se conduire, c'est changer. Comme le développement se fait, semble-t-il, dans le sens de la différenciation, il est donc attendu que les observables soient frappés du sceau de la variété. Il est possible assurément de repérer le jeu d'un certain nombre de lois se situant à un haut niveau de généralité mais il faut enregistrer le fait incontournable de la variabilité des conduites humaines. Alors, reprenant notre interrogation initiale, nous pouvons nous demander si un modèle général, pourtant indispensable pour pouvoir poser la différence, est encore pertinent s'il ne peut prendre en compte les variations des phénomènes qu'il entend expliquer. A moins de se nier elle-même en plongeant dans un scepticisme radical, la psychologie cognitiviste moderne est tenue de dépasser la circularité dialectique du même et du différent en se proposant comme objectifs généraux de reconnaître des lois du changement, avec comme corollaires l'extraction de facteurs de différenciation et d'intégration individuée.

La variabilité des conduites humaines est de trois ordres qui regroupent des sous-ordres pouvant d'ailleurs se combiner. L'être humain est placé dans un nombre considérable de situations diversifiées (au moins de son point de vue); et dans ces circonstances, il ne fonctionne pas à l'identique. Précisément parce qu'il s'adapte de façon active et non pas réactive, il manifeste une variabilité intra-individuelle inter-situations et, dans le cadre d'une même tâche, est sensible aux variations intermodales.

Parce que ses conduites sont intégrées en prenant ainsi un sens spécifique nouveau, parce que ses activités cognitives sont marquées par des traits distinctifs, parce que donc il y a une personnalité, un être humain est différent des autres de son espèce, au moins de certains points de vue. La variabilité interindividuelle évaluée à partir de certains traits de comparaison a longtemps constitué la base de recherche de la psychologie différentielle, en vue d'extraire les facteurs de différenciation.

Mais en se développant et parce qu'il se développe en agissant, l'être change. La psychologie génétique, quelles que soient ses références, nous a montré que l'évolution cognitive de l'homme consiste en une suite de restructurations. Même les tenants d'une conception orthogénétique considérant le caractère cumulatif et intégratif des « progrès » sont confrontés au problème de la diversification.

Cette diversification peut prendre plusieurs aspects et nous pouvons en distinguer au moins trois. La variabilité intra-individuelle dans le temps que l'on pourrait appeler la variabilité psychogénétique, se traduit par des modifications dans les structures cognitives et entraîne des changements de niveau et de sens des outils cognitifs constituants. Selon les conceptions théoriques, on mettra davantage l'accent sur les décalages verticaux rendant compte d'une évolution par paliers ou sur les remaniements structuraux qui constituent des quasi-mutations.

Mais comme le soulignent G. Netchine, F. Longeot et d'autres, la variabilité certes interindividuelle mais aussi intra-individuelle peut consister en des bifurcations. Par exemple, on peut identifier des acquisitions régionales (M. Reuchlin) à titre transitoire et même, comme le fait F. Longeot, des filières de développement intra et inter-stades. Il est encore possible de s'attacher aux séquences de comportement (J. Mc V. Hunt) et éventuellement de repérer des schèmes anticipateurs, activateurs de développement (J. Drevillon). Il n'est pas nécessaire de se limiter à des études comparatives sur le développement d'individus perturbés ou/et handicapés (quelle qu'en soit l'utilité intrinsèque) pour mettre en évidence des systèmes vicariants de développement.

Une troisième voie de diversification est encore à considérer. Pour résoudre les problèmes qui se posent dans des situations significatives pour lui, l'individu dispose d'une gamme plus ou moins large de classes d'outils cognitifs que nous avons appelées registres. Deux questions se posent alors : tout d'abord celle de l'extension du champ et l'on ne peut à ce propos manquer d'évoquer les travaux de Pascual Leone, de Mc Laughin, etc... Une variabilité intra-individuelle peut être mise en rapport avec l'étendue de ce champ mental.

Une seconde question et qui, à notre sens, est des plus importantes, porte sur la formule de fonctionnement de ces différents registres. Or cette formule d'interactions est l'objet d'importantes variations. Si on constate des régularités à l'échelle individuelle et qu'on les interprète en termes de styles cognitifs, on est certes renvoyé au problème des différences interindividuelles. Mais si on enregistre des variations de formule en cours de développement, qu'elles se produisent dans des phases intra-stades ou entre des bornes d'âges, on est tenu de reconsidérer en tout cas de raffiner les apports de la psychologie génétique cognitive. Il faut sans doute ajouter encore à la discussion les problèmes posés par les phases alternées d'acquisition et de disparition des instruments cognitifs comme ceux plus globaux de la régression génétique.

Comme ces sources de variation sont étroitement interdépendantes car les variabilités intra et interindividuelles se déterminent mutuellement et comme l'individualité est finalement la résultante de leurs effets conjoints, on est fondé à proposer une approche de ces phénomènes en termes de psychologie génétique différentielle dans la mesure où une dimension temporelle est introduite dans l'étude. Une psychologie génétique différentielle se donne pour objectif de construire des modèles pluriels de développement, donnant une signification propre aux décalages, aux bifurcations qui sont des amorces de filières de développement et aux stratégies qui finalement caractérisent le processus individué d'évolution. Elle a non seulement à décrire au plus près les séquences d'un développement arborescent mais elle a encore à expliciter le jeu complexe des facteurs qui génèrent les différences.

L'intention est certes ambitieuse et l'ampleur des difficultés méthodologiques et procédurales est telle que le projet peut paraître démesuré par rapport aux moyens d'analyse dont le psychologue dispose. Mais la problématique est à la mesure de la complexité de l'organisme humain en évolution, à approcher comme un système ouvert. Une telle démarche conduit à récuser le bien-fondé d'une pensée réductrice qui dissout la complexité en la niant (E. Morin). Elle s'éloigne également de toute forme de holisme qui est tout autant réducteur. Renonçant à vouloir saisir la singularité de l'individu, singularité ineffable qui se pose en dehors du domaine de la science, la psychologie génétique différentielle préoccupée du fonctionnement cognitif distingue les opérations de la pensée sans les isoler. C'est leur interconnexion avec ses variantes et ses fluctuations qui constitue *in fine* l'objet de la recherche. Cette recherche ne peut se faire qu'à petits pas; procédant à des descriptions de plus en plus raffinées des procédures mises en œuvre par les sujets, tout en sachant le caractère conventionnel des dimensions et traits qui permettent de qualifier les différences, elle accumule des informations sur le fonctionnement cognitif des individus. Traitant ces informations, elle peut dégager des configurations originales de traits et facteurs, des textures (C. Pellois) des semi-treillis plus que des structures. Elle peut finir par proposer au vu de certaines régularités, qui sont des ressemblances dans les différences, des lois de différenciation et de changement.

Pour pouvoir se développer elle-même, la psychologie génétique différentielle a besoin d'acquérir une audience suffisante dans la communauté scientifique. Des manifestations récentes déjà citées laissent à penser que, les modèles généraux de l'activité cognitive étant posés, le temps de l'analyse de la différenciation est venu. Les recherches de ce type ne peuvent se réaliser que «sur le terrain» même si l'étude en laboratoire conserve sa fonction d'exemplarité. En effet, le fonctionnement cognitif manifeste ses particularités et prend sa signification «pour le sujet» dans un certain contexte. Les situations-problèmes ont certes à être reconnues en tant que telles par les individus mais dans bien des cas elles sont induites de l'extérieur. Or ce contexte dans lequel la situation à traiter se précise, n'est pas qu'un contexte matériel; il est surtout contexte rationnel et plus généralement social. Il est alors essentiel que dans ce contexte social, la différence soit susceptible d'être posée. Il est également nécessaire que dans ce contexte, les conclusions d'une psychologie génétique différentielle puissent être reçues et prolongées par des actes. Or à cet égard, le groupe social est pour le moins ambivalent; il reconnaît la nécessité vitale de la différenciation transversale et évolutive mais en même temps exerce une pression dans le sens de la conformité et de l'homogénéité des fonctionnements.

Pourtant les retombées des recherches de psychologie génétique différentielle pourraient être considérables dans les domaines de l'éducastion, de la formation des jeunes et des moins jeunes, dans les actions thérapeutiques et plus généralement sociales. Elles pourraient l'être s'il était possible de répondre positivement, et autrement que sur le mode de la métaphore, à la question de la tolérance à la différence. Cette question est particulièrement décisive au moment où nos sociétés en mutation s'interrogent sur l'efficience de leurs systèmes d'éducation et de formation. La flexibilité et l'individualisation des processus de formation constituent les thèmes majeurs des réflexions et tentatives de rénovation des systèmes éducatifs. La prise en compte des différences identifiées et signifiées dans leur évolution est alors une condition *sine qua non* de toute transformation de l'appareil éducatif qui viserait à favoriser le développement cognitif du plus grand nombre de personnes. Un système éducatif, social qui donnerait une telle finalité à ses actions planifiées (ce qui exclut le laisser faire), aurait à *gérer la différence* au point de permettre l'individualisation de l'éducation et de la formation, tout au moins l'individuation des processus d'assimilation des savoirs nécessaires pour l'adaptation à la vie sociale du moment.

En définitive, une psychologie génétique différentielle est centrée certes sur la variabilité des conduites mais enfin et surtout sur l'individuation des actes authentiquement humains car finalisés. Elle se présente comme une psychologie théorique capable de proposer des lois générales du changement, comme une psychologie pratique susceptible de rendre compte de l'adaptation diversifiée au quotidien. Elle peut avoir des retentissements et induire des changements dans la praxis sociale, sans jamais cesser d'être une psychologie de l'individualité, au moins de l'individuation, c'est-à-dire en fin de compte, une psychologie du respect de la spécificité de l'être humain.

BIBLIOGRAPHIE

BEAUVOIS (J.L.), JOULE (R.), (1981), *Soumission et Idéologies, Psychosociologie de la rationalisation*, Paris, P.U.F., 208 p.
BEAUVOIS (J.L.), (1984), *La Psychologie Quotidienne*, Paris, P.U.F., 211 p.
BEGG (I.) and PAIVIO (A.U.), (1969), Concreteness and imagery in sentence meaning, *Journ. of verbal learning and verbal behavior*, 8, 821-827.
BERTALANFFY (H. Von), (1967-1982), *Des Robots, des Esprits de des Hommes*, trad. franç. C. Choûraqui-Sepel, Paris, E.S.F., 1982, 124 p.
BIDEAUD (J.), (1980), Nombre, sériation, inclusion : Irrégularités du développement en perspectives de recherche, *Bulletin de Psychologie*, XXXIII 345, 659-665.

BODEN (M.), (1977), *Artificial Intelligence and Natural Man*, Brighton, Harvester Press Ltd, 537 p.
BROADBENT (D.E.), (1977), Levels, hierarchies and the laws of control, *Quarterly Journ. of Experim. Psychol.*, 29, 181-201.
BRUNER (J.S.), OLVER (R.R.), GREENFIELD (P.M.) et al., (1967), *Studies in cognitive growth* (2ᵉ éd.), New York, Wiley and sons, 343 p.
CALPINI (J.C.) et DROZ (R.), (1975), Conduites spontanées dans l'intersection de classes, *Cahiers Pareto*, XIII, 35, 29, 46.
DREVILLON (J.), (1983a), Différenciation psychologique et scolarité *in* (coll.) *Psychologie différentielle et éducation*, Lyon, Presses universitaires, Lyon II, 232 p., 9-41.
DREVILLON (J.), (1983b), Registres de fonctionnement et styles cognitifs, *Psychologie et Pédagogie*, 13, n° spéc. 2, 3, 4, 127-140.
ELKIND (D.), (1979), The figurative and the operative in Piagetian Psychology in Bornstein (M.H.) and Kessen (W.) Eds, *Psychological development from Infancy* Hillsdale N.J., Lawrence Erlbaum ass., 225-249.
ENTWISTLE (N.J.), (1981), *Styles of learning and teaching*, London, New York, Wiley and sons, 320 p.
FISCHBEIN (E.), (1978), Schèmes virtuels et schèmes actifs dans l'apprentissage des sciences, *Revue Française de Pédagogie*, 45, 119-125.
GALPERIN (P.), (1968), Towards research of the intellectual development of the child, *Intern. Journal of Psychol.*, 3, 4, 257-271.
GARDNER (R.W.), (1964), The development of cognitive structure in Sheeper (C.) Ed., *Cognition: theory, research, promise*, New York, Harper and Row.
GIBSON (E.J.) *and al.*, (1979), Commentary *in* Bornstein (M.H.) and Kessen (W.) Eds, *Psychological development from Infancy*, Hillsdale (N.J.), Lawrence Erlbaum Ass., 147-155.
HUTEAU (M.), *Cognition et personnalité, La Dépendance-Indépendance à l'égard du champ*, (Thèse) Paris, 1981, 3 vol.
INHELDER (B.), (1976), Des structures cognitives aux procédures de découverte, *Archives de Psychol.*, XLIV, 171.
JANNE (H.), (1963), *Le système social: essai de théorie générale*, Bruxelles, Ed. U.L.B.
LAUTREY (J.), (1984), Diversité comportementale et développement cognitif, *Psychologie française*, 29, 1, 16-22.
MARKMAN (E.M.) *and al.*, (1980), Classes and Collections: Principles of organization in the learning of hierarchical relations, *Cognition*, 8, 3, 227-241.
MOUNOUD (P.), (1976), Les révolutions psychologiques de l'enfant, *Archives de Psychologie*, 44, 171, 103-114.
NOELTING (G.), (1982), *Le développement cognitif et le mécanisme de l'équilibration*, Québec, Gaëtan Morin Ed., 520 p.
OLERON (P.) *et al.*, (1981), *Savoirs et savoir-faire psychologiques chez l'enfant*, Bruxelles, Mardaga, 286 p.
PAIVIO (A.U.), (1971), *Imagery and verbal processes*, New York, Holt, Rinehart and Winston.
PYLYSHYN (Z.W.), (1973), What the mind's eye tells the mind's brain: a critique of mental imagery, *Psychological Bulletin*, 80, 1-24.
REUCHLIN (M.), (1974), Formalisation et réalisation dans la pensée naturelle: une hypothèse, *Journal de Psychologie Normale et Pathologique*, 70, 4, 389-408.
REUCHLIN (M.), (1969), *La psychologie différentielle*, Paris, PUF, 227 p.
REUCHLIN (M.), (1981), Apports de la méthode différentielle à la psychologie générale, *Journ. Psychol. Normale et Pathol.*, 78, 377-395.
REUCHLIN (M.), (1984), Variables différentielles et recherches fondamentales, *Psychologie Française*, mars 1984, 29, 1, 93 p.

RICHARD (J.F.), (1980), *L'attention*, Paris, PUF, 234 p.
RUMELHART (D.E.), (1977), *An introduction to human information processing*, New York, Wiley.
SKEMP (R.R.), (1979), *Intelligence, Learning and Action*, N.Y., Chichester, Wiley and Sons, 324 p.
TYLER (L.E.), (1978), *Individuality: Human Possibilities and Personnal choice in the Psychological development of Men and Women*, San Francisco, Yossey Bass, 274 p.
VERMERSCH (P.), (1976), *Une approche de la régulation de l'action chez l'adulte. Registre de fonctionnement, déséquilibre transitoire et microgenèse*, (thèse) Univ. Paris V EPHE III, avril 1976, 299 p. doc. mult.
VERMERSCH (P.), (1978), «Une problématique théorique en psychologie du travail: Essais d'applications des théories de J. Piaget à l'analyse du fonctionnement cognitif de l'adulte», *Le travail humain, 41*, 2, 265-278.
VERMERSCH (P.), (1979), «Peut-on utiliser les données de la psychologie génétique pour analyser le fonctionnement cognitif des adultes? Théorie opératoire de l'intelligence et registres de fonctionnement», *Cahiers de Psychologie*, 22, 59-74.
WEIZMANN (F.), (1977), Praxis and interaction, The psychology of J. Mc Vicker Hunt in Uzgiris (J.C.) and Weizmann (F.), *The structuring of experience*, New York, Plenum Press, 1-24.
WERMUS (H.), (1976), «Essai de représentation de certaines activités cognitives à l'aide des prédicats avec composantes contextuelles», *Archives de Psychologie*, XLIV, 171, 205-221.
WERNER (H.), (1957), The concept of development from a comparative and organismic point of view in Harris (O.B.) Ed., *The concept of development*, Minneapolis, U. of Minnes Press.
WITKIN (H.A.) et al., (1962), *Psychological différentiation*, New York, Wiley and Sons, 1962, 418 p.

Chapitre II
Dimensions des différences individuelles dans le domaine intellectuel et processus de traitement de l'information

Michel HUTEAU
Université de Paris VIII

I. DEFINITION DES DIMENSIONS ET ANALYSE DES PROCESSUS: UNE INTEGRATION NECESSAIRE

La recherche des caractéristiques du fonctionnement mental permettant de mieux comprendre la variabilité de l'efficience intellectuelle a été une des préoccupations majeures des fondateurs de la psychologie différentielle. Lorsqu'il construit et perfectionne son échelle métrique Binet se propose, certes, de classer des écoliers selon leur «intelligence scolaire» globale, mais il cherche aussi à mieux comprendre les composantes de l'intelligence. En 1909, il décompose celle-ci en quatre «fonctions», ou processus: compréhension, invention, direction et censure. A la même époque, Spearman ne se contente pas d'élaborer sa théorie bifactorielle et de définir pour les diverses épreuves le poids de g. Lui aussi recherche des processus: dans l'une de ses interprétations g est défini par la plus ou moins grande capacité à découvrir des relations et à les appliquer.

Cependant le projet d'intégrer étroitement la définition des dimensions et l'analyse de l'activité a tourné court. Les processus globaux invoqués par Binet et Spearman n'ont pas été affinés. On a assisté à un véritable divorce: tandis que certains construisaient des dimensions sans trop approfondir leur signification, d'autres examinaient l'activité sans trop se préoccuper de sa généralité d'une situation à l'autre et de sa variabilité d'un sujet à l'autre. Deux facteurs agissant en sens opposé sont à l'origine de ce divorce qui est déjà clairement perceptible vers la fin des années 20 : l'évolution de la demande sociale en matière d'instruments de diagnostic et l'apparition de nouvelles théories dans le champ de la psychologie. Pour répondre rapidement, et croit-on utilement, à la demande de tests on néglige l'analyse des processus et on met l'accent sur les caractères formels des épreuves, d'où un intérêt marqué pour les analyses dimensionnelles sophistiquées et de fortes exigences quant aux qualités métrologiques. La psychologie ne prend pas ses distances vis-à-vis de cette pression sociale car de nombreux psychologues ont changé d'objet d'étude : adoptant des points de vue behavioristes, ils s'intéressent surtout aux lois générales des apprentissages relativement élémentaires et voient dans la variabilité interindividuelle qu'ils se dispensent d'étudier un phénomène peu stable et largement contingent. Cette situation conduit à ce qu'il faut bien appeler des aberrations. Entre 1930 et 1960, par exemple, on a construit de nombreux tests de facteur g mais on n'a pratiquement pas étudié les mécanismes du raisonnement analogique.

Un tel divorce ne pouvait se maintenir très longtemps tant pour des raisons théoriques que pratiques. Au plan théorique la psychologie est contrainte de s'intéresser, à un moment ou à un autre, aux conduites complexes et fortement intégrées car là est son objet véritable. Elle est contrainte aussi, pour expliquer plus complètement, d'envisager les conduites simultanément sous l'angle de leur variabilité et dans le cadre de lois générales, de tenir compte à la fois des déterminants situationnels et des déterminants personnels. Au plan pratique, si le simple constat d'efficience permet assez souvent des pronostics relativement valides, il est généralement inopérant pour fonder des interventions. Une analyse des processus est alors nécessaire, et elle le devient d'autant plus qu'à côté de la fonction de diagnostic-pronostic du psychologue se développent des fonctions d'aide au développement et à la formation.

L'apparition d'un point de vue cognitiviste en psychologie, avec les très nombreux travaux relatifs au traitement de l'information (*information-processing*) qu'il a suscité, a permis de reprendre le problème de l'analyse des dimensions là où Binet et Shearman l'avaient laissé. Dans un premier temps cette analyse s'est faite en termes assez globaux. C'est ainsi, par exemple, que Guilford (1967) utilise, entre autres, 5 grandes opérations pour classer les facteurs connus et, éventuellement, ceux qui restent à découvrir. C'est ainsi encore que Jensen (1970) utilise la hiérarchie des associations de Gagné pour préciser la signification de ses deux types d'intelligence[1]. Par la suite l'analyse est devenue plus précise et l'on a davantage utilisé les résultats et les méthodes de la psychologie expérimentale cognitive. Très rares il y a seulement une quinzaine d'années, les publications relatives à ce problème sont maintenant très nombreuses. La revue *Intelligence*, qui paraît depuis 1977, accueille bon nombre d'entre elles. Plusieurs synthèses ont déjà été présentées : Carroll et Maxwell (1979), Pellegrino et Glaser (1979), Carroll (1980), Cooper et Regan (1982).

Nous nous proposons d'examiner trois directions de travail dans l'interprétation des dimensions : la recherche de paramètres élémentaires de l'activité cognitive corrélant avec les dimensions, la modélisation de l'activité dans des situations proches des items de tests repérant les dimensions, la caractérisation de cette activité en termes de stratégies.

Ce découpage ne permet pas de couvrir tous les travaux réalisés dans le domaine de l'interprétation des dimensions. Il néglige notamment les recherches fondées sur l'apprentissage. Dans ces recherches on se propose de modifier les capacités globales qu'évaluent les tests en développant l'efficience des individus dans la mise en œuvre de processus hypothétiques particuliers; le succès de cette tendance tend à montrer que les processus envisagés sont effectivement des éléments des capacités globales. Notre découpage néglige également les travaux où les déficits pathologiques sont utilisés pour repérer des processus. Notons aussi qu'il serait tout aussi légitime, a priori, d'utiliser les processus connus pour définir de nouvelles dimensions, que de rechercher des processus permettant d'interpréter des dimensions connues.

Les trois directions de travail retenues ne sont nullement exclusives. D'une certaine manière on peut considérer qu'elles s'emboîtent : les stratégies supposent des séquences d'opérations organisées par un but commun dans lesquelles il y a forcément... des opérations. Elles correspondent aussi, en gros, à trois moments du développement des recherches. Cependant ces directions de travail sont moins individualisées qu'il peut sembler : l'examen des opérations élémentaires lorsqu'il se fait dans le cadre d'un modèle général implique des séquences d'opérations. Une séquence d'opérations peut être considérée comme une stratégie même si elle n'est pas caractérisée globalement comme telle.

---

[1] A l'intelligence dite de niveau I correspond la capacité à procéder à des apprentissages associatifs, à l'intelligence dite de niveau II la capacité à procéder à des apprentissages conceptuels et à résoudre des problèmes.

II. A LA RECHERCHE DES OPERATIONS ELEMENTAIRES: LES CORRELATS DES DIMENSIONS

1. Principe de la méthode: les travaux de Hunt et le facteur verbal

La psychologie cognitive a défini toute une série de paradigmes expérimentaux permettant d'isoler des opérations particulières. Ces paradigmes permettent aussi, bien que la plupart du temps ils n'aient pas été construits dans cette intention, d'observer la variabilité dans l'efficience des opérations concernées. Cette variabilité peut être mise en relation avec celle que l'on observe sur les dimensions classiques, à l'aveugle, ou mieux dans le cadre de modèles généraux du fonctionnement. Quelques-uns des travaux de Hunt, qui dans ce domaine a joué un rôle de pionnier, permettent d'illustrer cette démarche.

Le modèle de Hunt

Le modèle de Hunt (1971) est un modèle général qui intègre toute une série de modèles locaux relatifs à des tâches particulières. C'est aussi un modèle fortement influencé par l'informatique[2].

Il comporte une partie centrale et une partie périphérique. La partie centrale se compose de trois mémoires: une mémoire à long terme (MLT) et une mémoire à court terme (MCT) qui communiquent par une mémoire intermédiaire (MI). La partie périphérique est constituée d'une série de codeurs (*buffers*) qui correspondent aux divers canaux sensoriels et qui convergent vers la MCT. Les codeurs sont aussi en relation directe avec la MLT. Leur fonction principale est de réduire la quantité d'information recueillie par les organes sensoriels. Cette réduction s'opère à des niveaux successifs. Pour la lecture, par exemple, les «codeurs sensoriels» opèrent un premier codage au niveau de la rétine; par la suite des patterns physiques sont recherchés; au niveau des «codeurs intermédiaires» la réduction suppose certaines analyses lexicales et syntaxiques. L'information devient consciente lorsqu'elle arrive en MCT et commence alors la pensée proprement dite. Cette information est transformée au cours d'un processus contrôlé à la fois par les entrées sensorielles et par l'application des règles stockées dans la MLT. La MLT a donc un rôle tout à fait central: c'est un «chef d'orchestre», une «bibliothèque de programmes».

---

[2] Les titres de plusieurs articles de Hunt sont éloquents: *What Kind of computer is man? The design of a robot mind.*
Les modèles de ce genre sont nombreux. L'un des premiers a été présenté par Atkinson et Shiffrin en 1968.

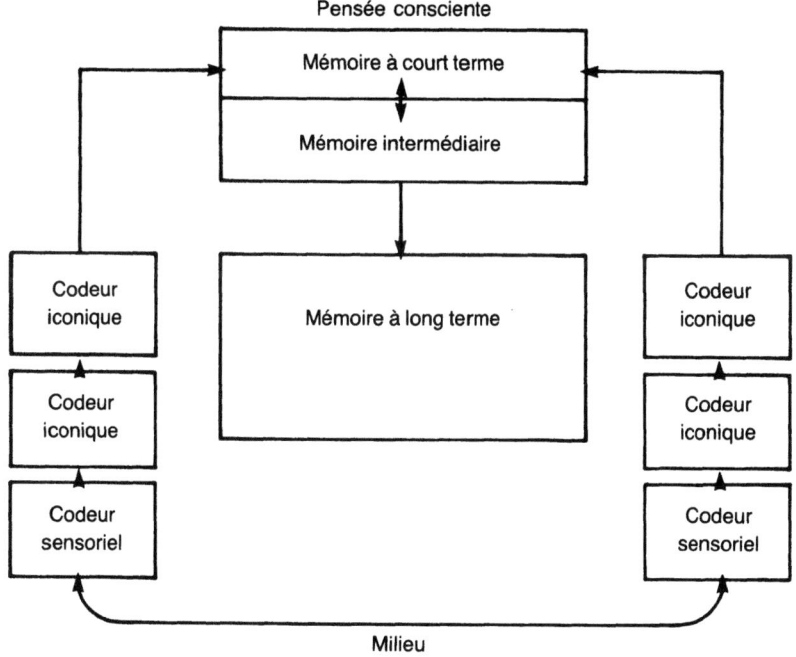

Fig. 1. Le modèle de Hunt (1971)

Dans le cadre de ce modèle les différences individuelles peuvent se rapporter à des connaissances (le contenu et la structure de la MLT), à des processus automatiques ou semi-automatiques (au niveau des codeurs), à des processus contrôlés ou conscients (au niveau des relations MCT-MI). Dans ses premiers travaux, Hunt focalise son attention sur les processus automatiques. «L'approche choisie ici, dit-il, est différente de celle de Newell et Simon, du fait que, au lieu de s'intéresser à la logique du programme contenu dans le robot, on s'intéresse plutôt à la *machinerie* dont le robot doit être équipé pour exécuter le programme» (1981). Cette machinerie est conçue en terme de fonctions, il ne s'agit donc pas du *hardware* des informaticiens. Ce choix conduit Hunt à s'intéresser à des processus relativement élémentaires, d'où le reproche de néo-galtonisme qui lui sera parfois adressé.

La disponibilité des codes sémantiques

Cherchant à préciser la signification du facteur verbal, Hunt dérive plusieurs hypothèses de son modèle. Il se demande par exemple si les sujets ayant des scores élevés à un test verbal[3] ne se caractériseraient pas par une plus grande disponibilité de leurs codes sémantiques. Le paradigme de Posner (Posner et Mitchell, 1967; Posner et al., 1969) permet de mesurer cette disponibilité : lorsque le sujet doit juger de la similarité de 2 lettres il donne une réponse plus rapide lorsque les 2 lettres sont identiques physiquement (AA) que lorsqu'elles le sont sémantiquement (Aa). La différence entre les 2 latences (79 ms en moyenne) représente la durée nécessaire pour accéder à l'information sémantique. Or cette durée est plus brève chez les sujets ayant des scores verbaux élevés (tableau I). On observe une corrélation de l'ordre de .30 entre l'efficience verbale et la disponibilité de l'information sémantique.

Tableau I. Temps de réaction (en ms) pour des jugements de similarité entre des lettres identiques physiquement (IP) et sémantiquement (IS) selon que les sujets se situent dans le premier (V⁺) ou le dernier (V⁻) interquartile à un test verbal. Les sujets sont des étudiants (Hunt et al., 1975)

	IS	IP
V⁺	588,1	524,5
V⁻	631,7	542,8

Un même pattern de résultats est observé dans une situation voisine où les lettres sont remplacées par des mots : l'écart entre le temps nécessaire pour juger de la similarité de mots identiques, et celui qui est nécessaire pour juger de la similarité de mots homophones est plus grand chez les sujets peu efficients dans les tests verbaux (Golberg et al., 1977). Par contre la liaison précédente disparaît lorsqu'à la place des lettres ou des mots, on utilise, selon le même principe, un matériel non verbal, des images par exemple (Bisanz et Resnick, 1978).

[3] Ce test verbal, utilisé pour l'admission des étudiants américains à l'Université, comporte quatre types d'items : connaissance de la langue anglaise, détection de fautes d'orthographe, compréhension de lecture, vocabulaire.

La disponibilité des codes sémantiques peut aussi être appréhendée par la facilité avec laquelle on les utilise dans les apprentissages verbaux. Les sujets doivent mémoriser des couples de syllabes. Certains couples peuvent constituer des mots familiers (prob-lème), d'autres non. On voit apparaître une nette supériorité de sujets efficients dans le test verbal, mais seulement dans la situation ou les couples de syllabes forment des mots (Hunt et al., 1975) (fig. 2).

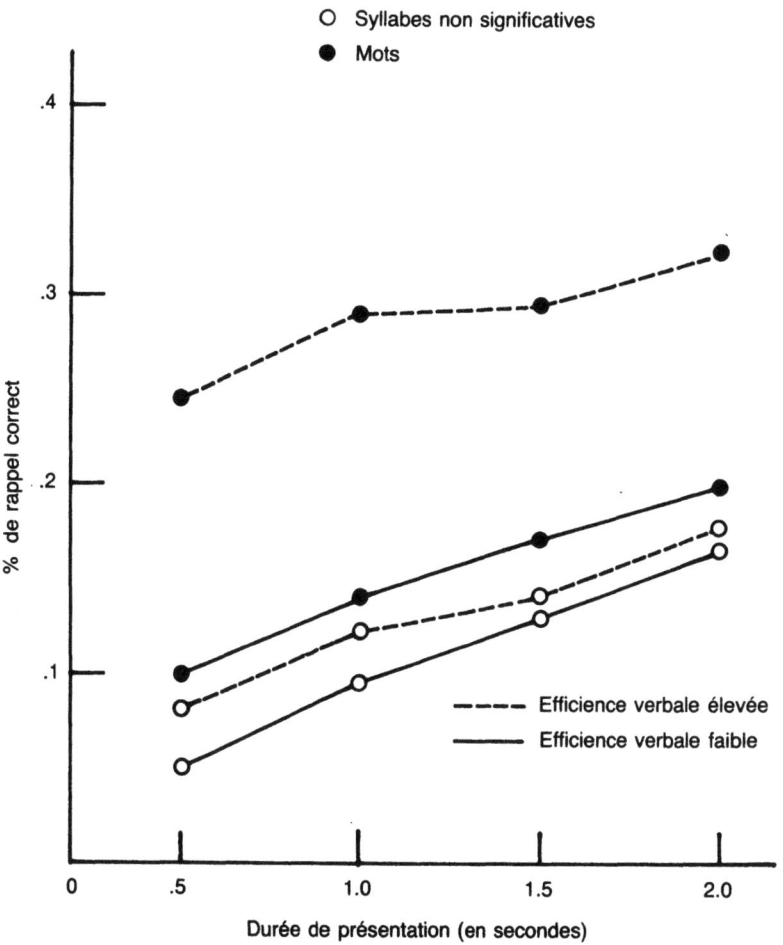

Fig. 2. Rappel de syllabes formant des mots et de syllabes dépourvues de signification en fonction du niveau d'efficience verbale et de la durée de présentation (Hunt et al., 1975).

On peut donc considérer qu'«être fort en verbal» cela ne signifie pas seulement avoir des connaissances étendues dans le domaine verbal mais aussi accéder rapidement et facilement aux codes sémantiques de la MLT.

Vitesse de fonctionnement de la mémoire à court terme

Hunt a également cherché à vérifier des hypothèses relatives au fonctionnement de la MCT. Par exemple, la vitesse de fonctionnement de cette mémoire est-elle liée à l'efficience verbale? et plus généralement à l'efficience intellectuelle? La rapidité d'accès à l'information stockée en MCT peut être évaluée en situation de reconnaissance immédiate (C.S. Sternberg, 1966). Les durées nécessaires à la reconnaissance d'un élément mémorisé sont fonction linéaire du nombre d'éléments mémorisés. On peut voir sur la figure 3 que les débiles exogènes ont besoin de 430 ms pour reconnaître l'élément mémorisé lorsqu'un seul élément est mémorisé, il faut environ 70 ms supplémentaires chaque fois qu'on ajoute un élément à mémoriser. On peut donc considérer que les sujets examinent successivement, et en leur consacrant une durée identique, les divers éléments mémorisés. Le fait que certains procèdent à un «balayage» plus lent se traduira par une plus forte pente de la droite qui ajuste leur temps de réponse en fonction du nombre d'éléments mémorisés. On n'a pas réussi à mettre en évidence des corrélations nettes et systématiques entre la vitesse de balayage ainsi définie et l'aptitude verbale. Le paradigme de S. Sternberg permet cependant de distinguer très nettement des groupes de sujets qui se caractérisent par leur efficience intellectuelle globale (des adultes, des adolescents, des débiles exogènes, des malades atteints du syndrome de Parkinson, des débiles à la suite d'encéphalites) et d'isoler des sujets ayant des aptitudes particulières à la mémorisation (fig. 3).

2. Résultats généraux

La méthode qui vient d'être illustrée au moyen de quelques recherches de Hunt a permis d'obtenir d'assez nombreux résultats. Son caractère heuristique a été bien marqué par Carroll qui a proposé un cadre hypothétique d'analyse de nombreuses tâches psychométriques à partir d'une dizaine de processus élémentaires tirés des paradigmes expérimentaux qui dominent à l'heure actuelle la psychologie cognitive expérimentale (Carroll, 1976).

Les analyses de régression, où l'on évalue la capacité des mesures portant sur les processus élémentaires à prédire l'efficience dans les

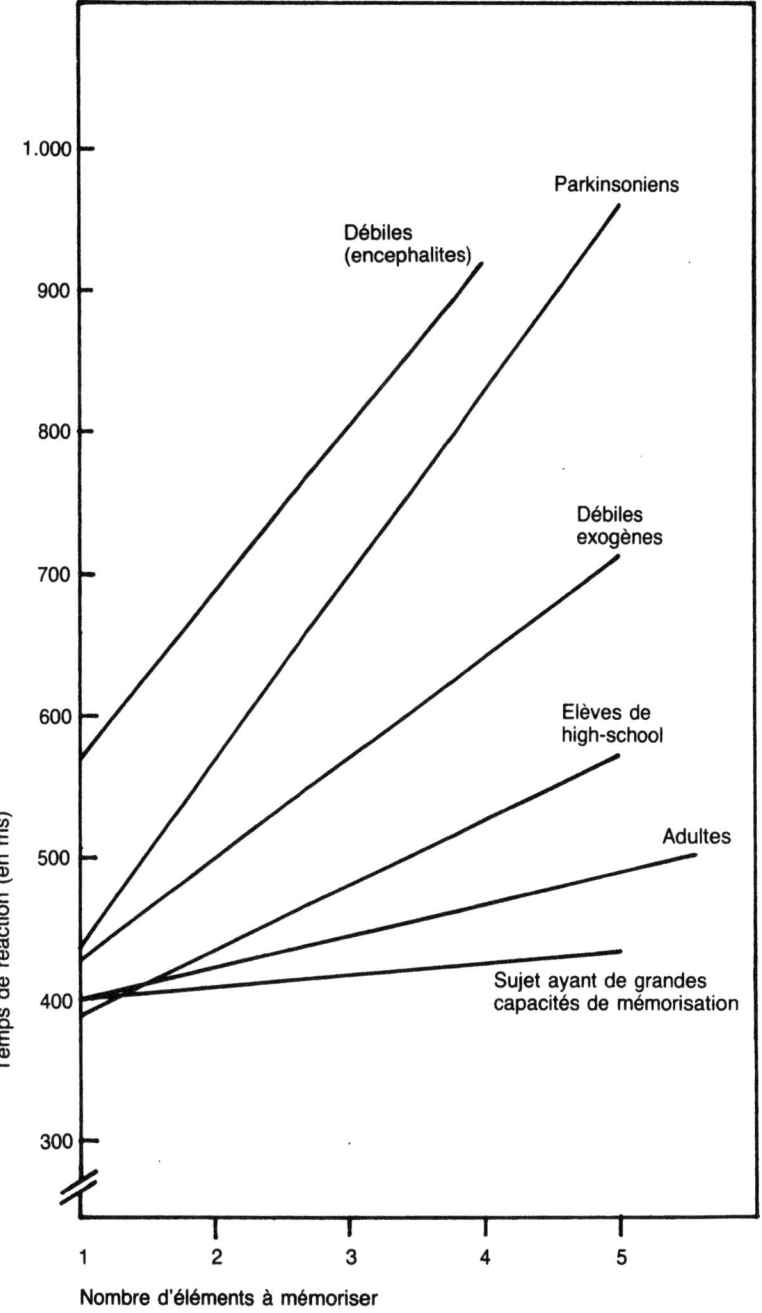

Fig. 3. Vitesse de balayage de la mémoire à court terme pour divers groupes de sujets (Hunt, 1978).

tâches psychométriques, et les analyses factorielles, qui portent à la fois sur les processus et sur les tests, permettent des synthèses partielles des relations processus-dimensions.

Hunt et al., en 1975, appliquent à un groupe de sujets constitué de deux sous-groupes contrastés quant à l'aptitude verbale une série d'épreuves caractérisant des processus (capacité d'apprentissage en situation d'écoute dichotique, épreuves faisant appel à la MCT, dont le paradigme de S. Sternberg, paradigme de Posner, test de Stroop, épreuves de mémoire visuelle) et une série d'épreuves psychométriques (tests verbaux, numériques, spatiaux, de figures cachées, d'attention). Ils recherchent ensuite les processus qui permettent la meilleure différenciation des deux sous-groupes. Deux processus s'avèrent être d'assez bons prédicteurs de l'aptitude verbale : la capacité à maintenir une information en MCT et la vitesse d'accès aux codes sémantiques.

On peut aussi se demander dans quelle mesure les variables-processus et les variables psychométriques sont saturées dans des facteurs communs. Hunt et al., analysant les variables qui viennent d'être énumérées présentent une solution en 5 facteurs, solution jugée «plausible» par Carroll (1978). Trois facteurs saturent à la fois des variables-processus et des tests :

- Le premier facteur sature tous les tests à l'exception des tests d'attention. Il semble qu'il s'agisse d'un facteur de rapidité de raisonnement ou de rapidité de transformation de l'information en MCT.

- Le second facteur sature les tests d'attention et l'épreuve de Posner. Il serait en rapport avec la rapidité d'accès aux codes automatisés, mais sans liens avec les processus de transformation.

- Le troisième facteur sature fortement le test numérique et l'épreuve de S. Sternberg. Il serait associé, comme le premier facteur, à la vitesse de fonctionnement de la MCT, mais uniquement lorsqu'il n'y a pas de transformations à opérer.

Lansman et al. (1982) utilisent la même démarche mais avec un échantillon représentatif de tâches psychométriques. Ils utilisent des tests correspondant aux 4 grands facteurs de la théorie de Cattell et Horn (Horn et Cattell, 1966): intelligence fluide (gf), intelligence cristallisée (gc), visualisation (gv) et attention (CPS)[4]. Les mesures de processus comportent à la fois des épreuves papier-crayon et des épreuves de temps de réaction dans trois types de tâches :

- rotation mentale (Shepard et Metzler, 1971) où il s'agit de décider

---

[4] *Clerical Perceptual Speed.*

si deux figures orientées différemment diffèrent simplement par leur orientation (fig. 8).

- appariement de lettres (Posner et Mitchell, 1967), où il s'agit de juger de la similitude de 2 lettres, cette similitude pouvant être physique ou sémantique (cf. ci-dessus).
- vérification de phrases (Clark et Chase, 1972) où le sujet doit décider si des phrases sont conformes ou non à des patterns visuels (cf. ci-dessous).

Les analyses portent sur 16 tests et 18 mesures de processus (6 par paradigme). Des analyses factorielles séparées montrent la réalité des 3 facteurs-processus et des 4 facteurs psychométriques. Les relations entre ces ensembles de facteurs sont présentées au tableau II.

Tableau II. Corrélations entre facteurs processuels et facteurs psychométriques (Lansman et al., 1982)

	Rotations mentales	Appariement de lettres	Vérification de phrases
Gc	.04	.07	.28
Gf	-.10	.02	.00
Gv	.78	-.10	-.07
GPS	.21	.69	.38

On observe une forte corrélation entre les rotations mentales et gv (et uniquement gv), ce qui indique que l'aptitude spatiale est très proche de la capacité à réaliser rapidement des rotations mentales, phénomène déjà signalé par Thurstone. La capacité à apparier les lettres est ici beaucoup plus proche des aptitudes verbales élémentaires (qui correspondent au facteur CPS) que des aptitudes verbales élaborées (gc).

3. L'interprétation des corrélations

La recherche d'opérations élémentaires (ou de stratégies relativement simples) corrélant avec des dimensions peut aider à interpréter certaines corrélations. En effet, si deux épreuves covarient et sont associées à une même variable-processus il est possible que cette dernière contribue à expliquer une part de leur covariation. Illustrons ce point en examinant les tentatives d'explication de deux résultats observés depuis longtemps à propos des échelles d'intelligence : la corrélation entre la mémoire immédiate des chiffres et le QI et la supériorité moyenne des filles dans l'épreuve de code des échelles de Wechsler. Pour être familiers ces résultats n'en sont pas moins mystérieux. S'ils ne sont pas totalement expliqués on dispose cependant de quelques éléments interprétatifs.

Mémoire immédiate et QI

Dans les échelles de Wechsler le sous-test mémoire de chiffres corrèle avec le reste de l'échelle : .41 pour les groupes d'âge compris entre 6 ans et demi et 16 ans et demi dans le WISC-R (Wechsler, 1981), .51 entre 20 et 34 ans et .67 entre 35 et 49 ans dans la WAIS (Wechsler, 1956). Comment expliquer cette relation?

Les études sur les enfants retardés montrent que les faibles capacités de la MCT proviennent de l'absence d'autorépétition (*rehearsal*). Cette caractéristique — qui définit une stratégie et non une opération élémentaire — pourrait être responsable également du faible QI. Dans ce cas on devrait observer une corrélation forte entre le QI et le rappel du début de la liste (c'est surtout pour le début de la liste que l'autorépétition est efficace) et une corrélation faible entre le QI et le rappel de la fin de la liste. Or, sur des groupes de sujets hétérogènes quant au QI (70-140 par exemple) on observe régulièrement exactement le contraire (Cohen et Sandberg, 1977). L'explication de la corrélation QI-mémoire immédiate par l'autorépétition, qui est peut-être satisfaisante pour les faibles QI, est donc à rejeter pour l'ensemble des sujets.

Faut-il faire appel aux capacités à grouper les informations (*chuncking*), c'est-à-dire à une autre stratégie ? Cette hypothèse doit également être rejetée : la corrélation QI-mémorisation de la fin de liste subsiste lorsque la liste est présentée très rapidement et lorsque le sujet ignore sa longueur, conditions qui ne permettent pas la mise en œuvre du groupement.

On peut supposer aussi que les sujets à QI faible auraient davantage de difficultés pour percevoir isolément la fin de la liste à mémoriser. Comme les précédentes cette hypothèse ne peut être retenue. En effet, les facilitations fournies pour permettre un meilleur accès à la cible ne réduisent pas les différences de mémorisation en fonction du QI (Cohen et Lawin, 1979).

Parmi d'autres hypothèses possibles Cohen et Sandberg (1980) examinent le rôle éventuel de l'efficacité du codage et celui de la persistance de la trace mnésique, persistance qui peut certes être déterminée par l'efficacité du codage, mais aussi par d'autres facteurs. Il résulte de leur analyse que la relation QI-mémorisation, chez l'enfant, s'expliquerait principalement par la capacité à encoder l'ordre des items dans une mémoire en cours de saturation.

La supériorité des filles dans le codage

La supériorité moyenne des sujets féminins à l'épreuve du code des échelles de Wechsler[5] est également un fait bien établi. Dans les données publiées par Wechsler en 1958, les hommes et les femmes de 16 à 64 ans ont respectivement à cette épreuve des scores moyens de 8,25 et 9,37 (m = 10 et σ = dans l'étalonnage original). C'est le sous-test pour lequel les différences entre les sexes sont les plus marquées. Cette supériorité féminine peut paraître bizarre car cette épreuve, à première vue, suppose des capacités de représentation spatiales pour lesquelles les sujets masculins ont en moyenne une légère supériorité. L'analyse de la tâche va permettre de mettre en évidence le rôle majeur d'une opération où ce sont les sujets féminins qui sont le plus efficients.

Comme dans l'exemple précédent, on examine successivement divers facteurs susceptibles d'agir sur la performance. Les capacités de représentation spatiale ne semblent pas jouer un rôle déterminant. En effet, l'efficience reste sensiblement la même lorsqu'on augmente la proportion des symboles ne se distinguant que par leur orientation. De même le rôle de l'efficience motrice doit être éliminé : il y a peu de relation entre la vitesse de copie des symboles utilisés dans le test et l'efficience dans le test lui-même. Par contre l'efficacité du codage des symboles joue certainement un rôle important dans la performance : cette dernière est inverse fonction du degré de similarité des symboles (Royer, 1971).

Interprétant ces résultats, Estes (1974) suggère que les différences d'efficience dans l'épreuve de code s'expliqueraient surtout par l'inégale disponibilité des codes verbaux. En réalité cette épreuve devrait être incluse dans l'échelle verbale (avec laquelle elle est d'ailleurs en corrélation notable). Dans cette perspective les différences à l'avantage des femmes perdent leur caractère énigmatique puisque ces dernières ont fréquemment des scores moyens supérieurs à ceux des hommes

---

[5] Le sujet dispose d'un code associant chiffres et symboles géométriques et il doit reproduire les symboles qui correspondent à une série de chiffres au hasard.

dans les épreuves verbales. Notons cependant que des expériences plus récentes (Delaney et al., 1981) tendent à attribuer la supériorité des sujets féminins à une plus grande vitesse de perception.

4. Jensen et l'étude des temps de réaction

Jensen recherche des corrélats élémentaires de l'intelligence davantage dans l'intention de mettre en évidence sa nature biologique que d'élucider son mode de fonctionnement. Pour cet auteur, on le sait, l'intelligence dépend étroitement de propriétés physiques du cerveau déterminées par des facteurs polygéniques. Il pense, ce qui a donné lieu à de nombreuses polémiques, que les données relatives à l'héritabilité du QI vont dans ce sens. Jensen considère que la mise en évidence de corrélations entre intelligence et propriétés biologiques du cerveau plaiderait également en faveur de son hypothèse et il s'intéresse aux temps de réaction car il considère que ces variables (comme les potentiels évoqués) sont proches des processus biochimiques cérébraux. Si on observe une corrélation QI-temps de réaction, et si cette corrélation n'est pas explicable par les effets, à la fois sur le QI et sur le temps de réaction, de l'environnement ni par la proximité sur les chromosomes des gènes qui détermineraient respectivement le QI et le temps de réaction, c'est, dit Jensen, qu'il y a des processus biochimiques identiques à l'œuvre dans les deux situations. Dans cette perspective cette corrélation n'est pas interprétée en termes de relations causales et il n'y a pas lieu de lui donner une signification psychologique (1982, p. 272-273). Notons cependant que Jensen a développé une autre argumentation où les différences de temps de réaction sont la cause de l'inégal développement de certaines capacités intellectuelles. De petites différences dans la vitesse de traitement de l'information (repérable par le temps de réaction), dans la mesure où elles se manifestent pendant des années et dans toutes les situations, auraient pour conséquence des différences dans la quantité de connaissances et dans les capacités intellectuelles acquises (1980, p. 105).

Relier temps de réaction et intelligence peut paraître surprenant. Le temps de réaction est en effet l'un des processus élémentaires à partir desquels, à la fin du XIXe siècle, on croyait saisir l'intelligence et prédire notamment la réussite scolaire[6]. Il est classique, lorsqu'on retrace l'histoire de la psychologie différentielle de souligner l'échec de ces tentatives et, consécutivement, le génie de Binet qui, en pro-

---

[6] Voir les batteries de tests proposées vers 1890 (Binet et Henri, 1896).

mouvant l'étude des processus supérieurs, aurait remis la psychologie de l'intelligence sur ses pieds. Pendant près d'un demi-siècle, à l'exception de quelques travaux sur les débiles dont on n'a pas cherché à dégager la portée générale, l'étude des relations entre temps de réaction et efficience intellectuelle a été abandonnée. Un tel désintérêt n'est cependant pas justifié. Il semble bien que l'absence de relation observée dans le passé tienne davantage aux méthodes d'observation et d'analyse des données utilisées qu'à la nature des choses. Les travaux de Jensen, compatibles avec ceux conduits par d'autres auteurs, montrent qu'il existe une relation modérée entre certains paramètres du temps de réaction et des mesures d'intelligence (surtout les mesures de gf).

Jensen reprend le paradigme expérimental de Hick (1952). Le sujet a le doigt sur un contact et lorsqu'une lampe s'allume il doit l'éteindre en actionnant un interrupteur. La durée qui sépare l'apparition de la lumière et le départ du doigt est le temps de réaction proprement dit (TR), celle qui sépare le départ du doigt de l'action sur l'interrupteur est le temps de mouvement (TM). Jensen utilise un dispositif où la lampe qui s'allume apparaît dans des ensembles de 0, 2, 4 ou 8 lampes, l'information apportée est alors, respectivement de 0, 1, 2 ou 3 bits. On observe une relation linéaire entre le temps de réaction et la quantité d'information apportée (loi de Hick) et une absence de relation entre le temps de mouvement et la quantité d'information (fig. 4).

Dans des groupes relativement homogènes on observe des corrélations de l'ordre de −.30, −.40 entre divers paramètres du temps de réaction et le QI ou le score dans les tests de facteur g. Voici, à titre d'exemple, les corrélations obtenues par Jensen et Munro (1979) sur un groupe de 39 filles du 9e degré, le test utilisé est les matrices progressives de Raven:
- TR moyen: −.39;
- Pente des TR: −.31;
- TM moyen: −.30;
- Ecart-type intra-individuel des TR: −.31.

On retrouve les trois premiers résultats sur la figure 5 où les sous-groupes ont été constitués en fonction de l'efficience intellectuelle.

Des résultats de ce type ont été observés sur des groupes très variés (Jensen, 1982). La relation avec le temps de réaction a également été retrouvée avec d'autres paradigmes: le temps d'inspection lorsqu'il s'agit de décider lequel de deux segments de longueur nettement différente est le plus court corrèle avec le QI (corrélation de l'ordre de

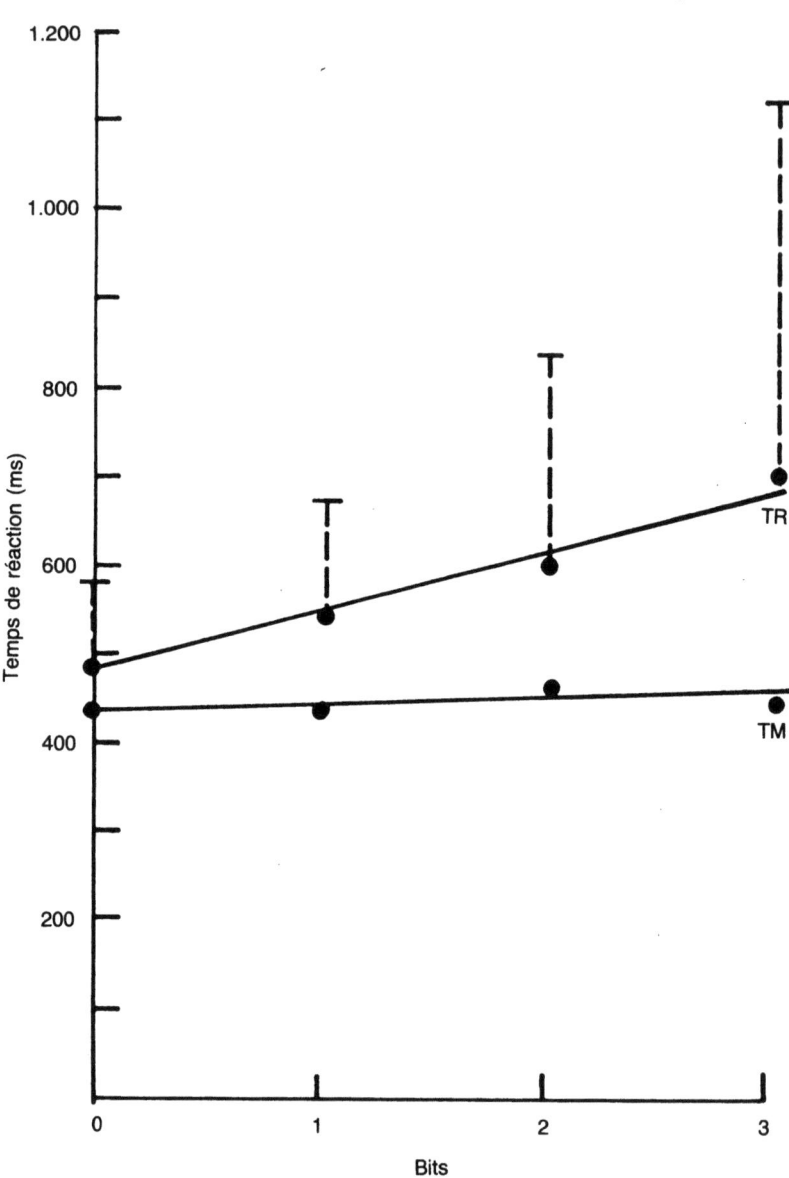

Fig. 4. Temps de réaction (TR) et temps de mouvement (TM) moyens en fonction du nombre de bits.
En pointillé : variabilité moyenne intra-individuelle des temps de réaction.
N = 46 jeunes adultes de niveau intellectuel faible (Vernon, 1981).

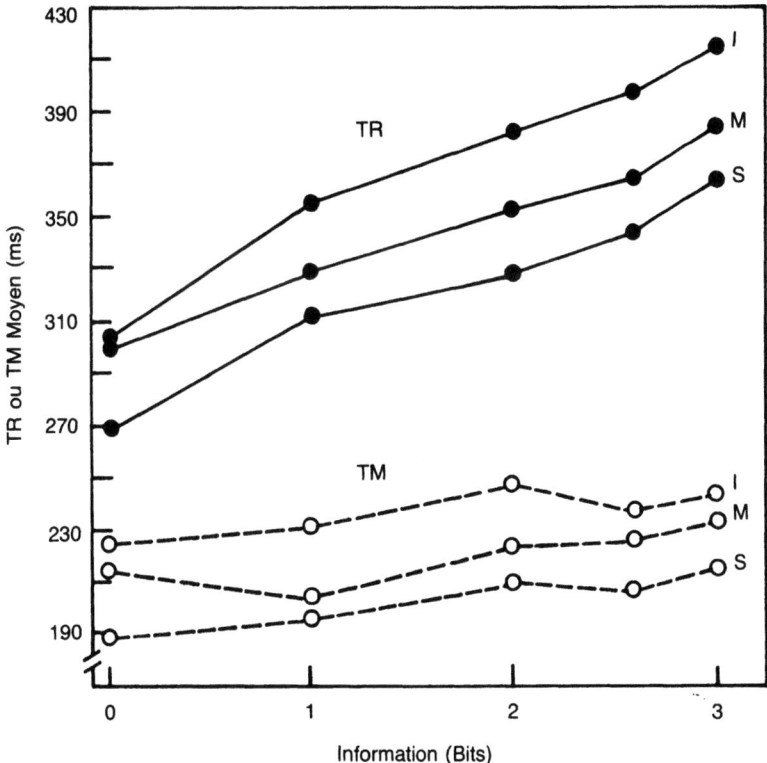

Fig. 5. Temps de réaction et temps de mouvement moyens en fonction du nombre de bits et de l'efficience aux matrices progressives de Raven (S: tiers supérieur, M: tiers moyen, I: tiers inférieur) pour des élèves du 9e degré (Jensen et Munro, 1979).

−.30 chez les étudiants, de l'ordre de −.80 dans des groupes très hétérogènes).

La corrélation entre le temps de réaction et le QI ou les tests de facteur g est donc un fait que l'on peut considérer comme bien établi. Mais l'interprétation de cette corrélation — car il ne s'agit que d'une corrélation — dans le cadre du réductionnisme biologique de Jensen ne va pas de soi. Sur un plan général, d'abord, on ne voit pas très bien pourquoi un processus psychologique, parce qu'il est simple, serait nécessairement un marqueur d'une activité biochimique (si tel était cependant le cas, on ne voit pas très bien non plus pourquoi une relation directe avec l'efficience intellectuelle pourrait nécessairement être établie). Si cette réserve était levée il faudrait encore éliminer les deux interprétations concurrentes signalées par Jensen dans lesquelles la corrélation ne s'explique pas par une communauté de processus biochimiques mais par des effets de l'environnement ou du génotype. Au plan des faits il semble que les temps de réaction évalués au moyen de divers paradigmes ne correspondent pas à une source de variance unique. Keating et Bobbit (1978) calculent les corrélations entre trois temps de réaction: (1) la vitesse de décision (TR avec 1 bit − TR avec 0 bit dans le paradigme de Hick, (2) rapidité d'accès aux codes sémantiques (paradigme de Posner), (3) vitesse de balayage de la mémoire à court terme (paradigme de S. Sternberg). Entre (1) et (2) r = .35, entre (1) et (3) r = .26, entre (2) et (3) r = .19. Dans le cadre de l'hypothèse de Jensen on devrait observer des corrélations nettement plus fortes.

5. Conclusions

La recherche de corrélats élémentaires de dimensions relativement globales nous apporte manifestement des informations sur ces dimensions. Elle permet de mieux comprendre certaines relations entre dimensions et entre épreuves. Elle permet aussi de mieux comprendre certaines propriétés relatives à la fidélité ou à la validité des tests d'intelligence, propriétés auxquelles nous sommes habitués mais qui n'en restent pas moins surprenantes. Pourquoi, par exemple, les tests d'intelligence ont-ils une si bonne constance? Vraisemblablement parce qu'ils évaluent aussi, comme nous venons de le voir, de nombreux processus automatiques, moins «intelligents» sans doute que les processus contrôlés, mais certainement plus stables.

Les corrélations observées ne sont cependant pas très fortes — fréquemment de l'ordre de .30 — et leur interprétation en termes de causalité fait problème. On semble souvent admettre que les processus simples «expliquent» les activités plus complexes. Mais l'inférence causale inverse est tout aussi plausible. Ces problèmes d'interprétation se posent d'autant plus que les opérations élémentaires invoquées, si elles ont place dans un modèle très général du fonctionnement intellectuel, n'apparaissent pas toujours comme des éléments nécessaires dans l'analyse des items des tests permettant la définition des dimensions. C'est principalement pour répondre à cette critique que s'est développé le courant de recherche qui se centre sur l'analyse de l'activité de résolution (Sternberg, 1981).

S'intéressant prioritairement aux processus élémentaires, aux aspects «mécaniques» de l'activité intellectuelle, l'approche par les corrélats néglige les aspects «supérieurs» de cette activité. On considère généralement qu'elle a été «un point de départ utile» dans l'analyse des dimensions et qu'elle a contribué «à faire prendre conscience de la complexité des différences individuelles» (Pellegrino et Glaser, 1979). Nous verrons que Hunt n'a pas limité ses recherches à cette approche. En 1978, il déclare que si un effort doit être fait «pour identifier certains paramètres de la machinerie mentale de la personne qui peuvent jouer un rôle limitant dans la capacité de pensée», ce type d'analyse est insuffisant et il insiste sur la nécessité d'étudier non seulement la machinerie mais aussi les programmes (1978 b, p. 596-597).

III. LA MODELISATION DE L'ACTIVITE MENTALE: LES COMPOSANTES DES DIMENSIONS

1. Le principe de la méthode

L'objectif est simple: il s'agit de décomposer une tâche choisie pour sa parenté avec une dimension en une séquence d'opérations relativement élémentaires et de rechercher parmi ces opérations celles qui sont responsables de l'efficience sur la dimension. On met surtout l'accent sur la durée d'exécution de la tâche, cette durée est décomposée en durées élémentaires correspondant à l'application des diverses opérations. La tâche peut également être examinée sous l'angle de sa difficulté, on recherche alors la part de difficulté (fréquence des échecs par exemple) attribuable à chaque opération.

Pour atteindre cet objectif on doit:
a) Construire un ou plusieurs modèles de l'activité du sujet dans la tâche considérée indiquant la nature et l'organisation des opérations nécessaires à sa réalisation.
b) Valider le ou les modèles envisagés, ce qui suppose l'évaluation de leurs paramètres (relativement à la tâche et au sujet).
c) Relier l'efficience dans les opérations élémentaires mises en évidence à celle qui permet le classement des individus sur des dimensions.

2. R.J. Sternberg et le raisonnement analogique

Le travail de R.J. Sternberg sur le raisonnement analogique (1977a, 1977b) fournit une illustration exemplaire de cette démarche.

Sternberg se demande quels sont les processus à l'œuvre dans le raisonnement. Etant donné que les tests de raisonnement (tests de facteurs g ou de facteur R de Thurstone) font largement appel aux analogies, il choisit d'étudier ce type d'épreuve. Il retient des problèmes de deux formes :
- A → B et C → D, le sujet doit indiquer si D est vrai ou faux;
- A → B et C → D ou D', le sujet doit indiquer si la bonne réponse est D ou D'.

La construction du modèle

S'inspirant de Spearman et des travaux récents sur l'intelligence artificielle, Sternberg retient 5 processus (seuls les trois premiers sont présents dans toutes les théories) :
- encodage;
- inférence (mise en relation de A et B);
- « mapping » (mise en relation de A et C);
- application (mise en relation de C et D ou de C et D');
- exécution de la réponse.

4 modèles sont envisagés quant à l'organisation de ces opérations. Ils se distinguent uniquement par le moment à partir duquel le sujet cesse de traiter exhaustivement l'information dont il dispose à chaque étape. Les modèles I (le plus simple) et III (celui qui s'avèrera le plus plausible) sont présentés figure 6. Dans le modèle I il y a traitement exhaustif à toutes les étapes : le sujet construit toutes les relations A → B, puis toutes les relations A → C, etc. Dans le modèle III le sujet construit toutes les relations A → B, mais à partir d'une relation A → C il examine la relation C → D qui lui correspond, il reviendra ensuite à l'examen d'une nouvelle relation A → C.

Ce modèle peut s'appliquer à des analogies très diverses. Sternberg l'applique d'abord à des analogies spécialement construites pour la circonstance, les analogies du bonhomme (fig. 7), puis à des analogies géométriques et à des analogies verbales. Dans les analogies du bonhomme les relations sont de 4 types : changement de sexe, de taille, de grosseur, de couleur. Dans le 1er exemple de la figure 7, en passant de A à B il y a uniquement changement de sexe et de couleur, il en va de même quand on passe de C à D, donc l'analogie est vraie.

L'estimation des paramètres et la validation du modèle

La latence de la réponse à un item dépend notamment de 2 facteurs : la nature de l'item et le nombre de fois où les opérations élémentaires seront appliquées. Examinons, à seule fin d'illustration de la méthode,

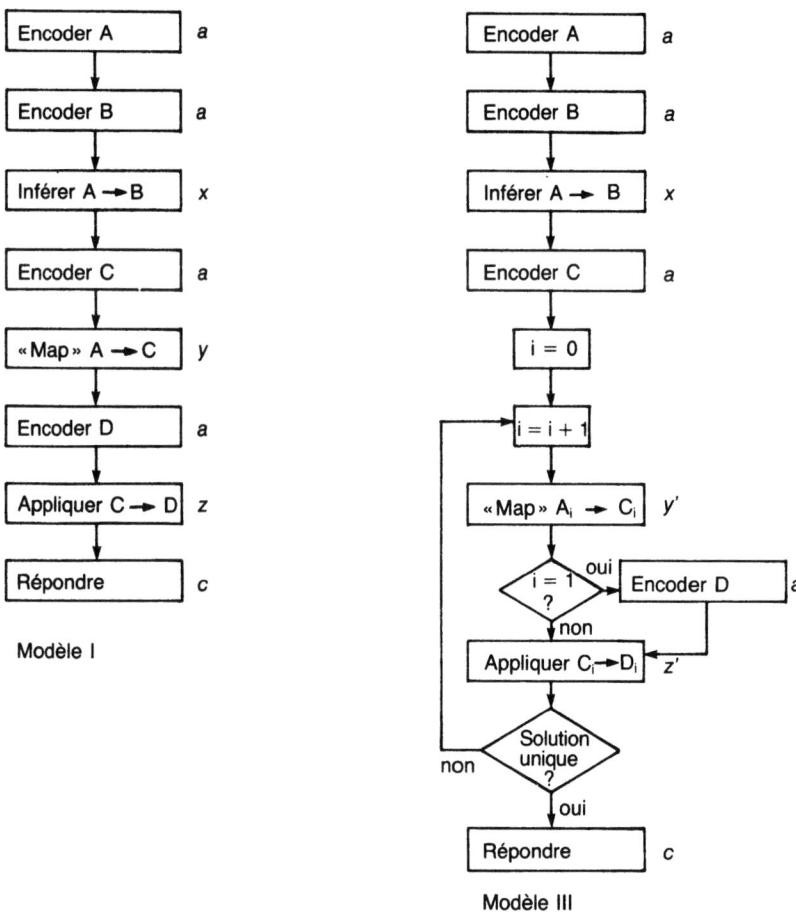

Fig. 6. Deux des modèles envisagés par Sternberg dans l'étude du raisonnement analogique (Sternberg, 1977a).

le modèle I et le premier exemple d'analogies du bonhomme. Le sujet appliquera :
- 4 fois l'opération d'encodage dont la durée est a;
- 2 fois l'opération d'inférence (modification du sexe et de la couleur) dont la durée est x;
- 1 fois l'opération de mapping (modification de la taille) dont la durée est y;
- 2 fois l'opération d'application (modification du sexe et de la couleur) dont la durée est z);

Fig. 7. Exemples d'items utilisés dans l'étude du raisonnement analogique (Sternberg, 1977a).

- 1 fois l'opération exécution de la réponse dont la durée est c.

Le temps de réponse observé pourra donc être décomposé ainsi :
TR = 4a + 2x + y + 2z + c.

Ce mode d'analyse suppose que les relations en jeu dans les analogies soient définies sans ambiguïté et soient parfaitement connues du sujet. C'est le cas après apprentissage et avec des problèmes simples construits selon des attributs définis a priori, problèmes du type des analogies du bonhomme. Mais il n'en va pas ainsi avec les analogies géométriques, et encore moins avec les analogies verbales que l'on rencontre dans les tests. On considère alors que l'estimation de la « distance » entre les termes de l'analogie est l'équivalent du nombre des traits sur lesquels les termes de l'analogie se distingueraient. Avec un tel postulat la signification des paramètres devient nécessairement plus abstraite et il ne faut plus se faire trop d'illusions sur leur réalisme.

De nombreuses équations du type de celle présentée ci-dessus peuvent être établies en variant la structure des items et en procédant à leur présentation fractionnée : plutôt que mesurer le temps de résolution en fournissant tous les éléments du problème, on peut le mesurer après avoir donné au sujet connaissance du début du problème, c'est-à-dire après lui avoir présenté A, ou A et B, ou A, B et C[7]. Rien que pour les analogies du bonhomme, Sternberg construit ainsi 300 équations pour chaque modèle et pour chaque sujet. Ces équations peuvent être traitées comme des équations de régression. Les durées d'application des diverses opérations (a, x, y, y', z, z', c) sont alors l'équivalent de coefficients de régression à déterminer. On obtient ainsi une estimation des paramètres pour chaque individu et pour chaque modèle. Cette estimation permet d'apprécier la validité des modèles : la corrélation multiple, — corrélation entre la durée de résolution observée et celle prédite à partir du modèle — est une mesure de cette validité.

Le modèle III est le plus satisfaisant des modèles examinés pour l'ensemble des sujets. Il permet de prédire 93 % de la variance observée pour l'analogie du bonhomme, 86 et 70 % pour les analogies verbales et géométriques. La suppression de l'opération mapping réduit sa validité. Ce résultat, obtenu avec de jeunes adultes, a été retrouvé chez les enfants à partir de 8 ans (Sternberg et Rifkin, 1979). Les modèles permettant la prédiction des erreurs ont une validité nettement moindre et sont jugés peu satisfaisants.

Les opérations du modèle et les dimensions

Dans le cadre du modèle III, on peut donc estimer les durées moyennes correspondant aux diverses opérations pour les 3 types d'analogies étudiés (tableau III). Les opérations d'inférence, de mapping et d'application requièrent environ 30 % du temps. Les opérations d'encodage exigent toujours une durée supérieure, durée qui est particulièrement forte pour les analogies verbales, l'exécution de la réponse prend un temps constant.

Les estimations sont fidèles pour les analogies du bonhomme (coefficients d'homogénéité de .80, .90) mais elles le sont nettement moins pour des analogies verbales et géométriques.

Les paramètres sont quasiment indépendants. On note cependant une corrélation négative entre encodage et inférence dans les analogies verbales et une corrélation négative également, dans toutes les analo-

---

[7] Cette présentation fractionnée donne aussi la possibilité de tester l'additivité du modèle.

Tableau III. *Distribution des durées estimées pour chaque opération (en ms et en %) et pour divers types d'analogies (Sternberg, 1977 a)*

	Analogies du bonhomme	Analogies verbales	Analogies géométriques[1]
a encodage	556 (39 %)	1.292 (54 %)	2.400 (36 %)
x inférence	134 (9 %)	289 (12 %)	910 (14 %)
y' mapping	199 (14 %)	244 (10 %)	1.080 (16 %)
z' application	94 (7 %)	177 (7 %)	810 (12 %)
c réponse	452 (31 %)	406 (17 %)	430 (7 %)

[1] Pour répondre aux analogies géométriques, le sujet choisit entre deux réponses (alors que pour les autres analogies il juge de la vérité ou de la fausseté d'une réponse proposée). Dans ce cas, le modèle comprend une opération supplémentaire, la justification (970 ms, 15 %).

gies, entre encodage et exécution de la réponse. Ce dernier résultat, inattendu, peut être interprété de plusieurs manières selon le statut que l'on donne au paramètre exécution de la réponse : ce paramètre peut être défini par l'exécution proprement dite de la réponse, mais on peut aussi considérer qu'il inclut des opérations non prises en compte par le modèle. Dans les deux cas cette corrélation négative est intéressante. Elle introduit à l'étude des stratégies : on peut « choisir » de perdre du temps pour en gagner par la suite, et pour gagner également en précision. Elle montre aussi la signification ambiguë de la latence totale.

D'une analogie à l'autre on observe une certaine cohérence des différences individuelles. Entre les analogies du bonhomme et les analogies verbales par exemple, cette cohérence est bonne pour le paramètre exécution de réponse (r = .79), un peu moins bonne pour l'application et le mapping (r de l'ordre de .60), plus faible pour l'encodage et l'inférence.

Les sujets étant caractérisés relativement aux opérations élémentaires mises en œuvre, il reste à étudier les correspondances entre cette caractérisation et l'efficience dans des tests représentant les dimensions de l'intelligence. Le tableau IV indique les corrélations entre l'estimation des paramètres dans les analogies verbales et l'efficience dans les facteurs vitesse de perception (défini par 4 tests) et raisonnement (défini par 3 tests) ainsi que dans un test composite de raisonnement de Thurstone.

Tableau IV. *Corrélations entre dimensions du fonctionnement intellectuel et rapidité d'exécution des opérations dans les analogies verbales (Sternberg, 1977 a)*

	Facteur vitesse de perception	Facteur raisonnement	Test de Raisonnement de Thurstone
Encodage	−.10	.63 (p < .01)	.55 (p < .05)
Inférence	−.11	−.48	−.56 (p < .05)
Mapping	.04	−.40	−.54 (p < .05)
Application	−.21	−.14	−.14
Exécution de la réponse	.01	−.77 (p < .001)	−.80 (p < .001)

Les opérations élémentaires isolées ne sont pas en rapport avec la vitesse de perception mais certaines d'entre elles sont associées à l'efficience dans le raisonnement. Les sujets les plus efficaces dans les épreuves de raisonnement sont ceux qui encodent lentement et exécutent rapidement la réponse, ils ont aussi tendance à exécuter rapidement les opérations d'inférence et de mapping. On voit à nouveau l'importance des opérations d'encodage. Après un long détour, une information additionnelle sur la signification de la dimension raisonnement a donc été apportée.

3. **Autres travaux**

Le raisonnement inductif

Le raisonnement inductif a été également étudié intensivement par Pellegrino et Glaser (1980; Glaser et Pellegrino, 1978-79; Mulholland et al., 1980). Outre le raisonnement analogique ces auteurs se sont également intéressés au complètement de séries. Leurs résultats sont compatibles avec ceux de Sternberg. Cependant ils mettent davantage l'accent sur le rôle de la représentation de la tâche et analysent plus finement l'encodage. Sans négliger la vitesse d'exécution, ils se préoccupent surtout de l'exactitude du résultat, d'où une attention particulière à la nature de la tâche et à son degré de difficulté. Au plan méthodologique, plutôt que de chercher à valider directement un modèle séquentiel en testant sa valeur prédictive, ils établissent progressivement sa plausibilité à partir d'une série de contrôles expérimentaux.

Il ressort de leurs travaux que deux facteurs essentiels contribuent à la difficulté de la tâche : la complexité des règles à découvrir et la variabilité des règles possibles (c'est-à-dire un aspect de l'ambiguïté du problème). Plus la règle est complexe, plus le sujet doit maintenir en mémoire et coordonner des éléments nombreux et plus la durée de résolution sera longue et la probabilité d'échec élevée. Plus la variabilité des règles possibles est grande, plus le sujet doit procéder à des redéfinitions de traits tout au long du processus de résolution, ce qui là encore augmente la durée et réduit les chances de succès. Les différences individuelles dans l'efficience quant au raisonnement inductif trouvent donc leur origine dans la capacité à procéder à un codage analytique, dans l'empan de la mémoire immédiate, dans la capacité à organiser les éléments, dans la fluidité des évocations. Les deux grandes catégories de facteurs signalées ne se manifestent pas de la même manière et n'entretiennent pas les mêmes relations selon que le raisonnement porte sur des données verbales ou géométriques. Dans ce dernier cas, il est plus facile d'évaluer la complexité. Avec un matériel verbal l'énoncé suscite d'emblée l'activation d'un ensemble de traits sémantiques, complexité et variabilité des règles ont alors tendance à être associées.

Le raisonnement déductif

R.J. Sternberg a également conduit une série de recherches sur le raisonnement déductif tel qu'on peut l'observer dans la résolution de syllogismes, épreuves que l'on rencontre assez fréquemment dans les tests de raisonnement (Sternberg et al., 1980; Guyote et Sternberg, 1981).

Il examine d'abord les syllogismes catégoriels (le sujet doit en indiquer la vérité ou la fausseté). Ces syllogismes sont de deux types. Dans un cas, les prémisses et la conclusion portent sur des relations entre ensembles (tous les B sont des C, tous les A sont des B, donc tous les A sont des C), dans l'autre cas une prémisse porte sur des relations entre ensembles tandis que la prémisse restante et la conclusion portent sur des relations entre élément et ensemble (tous les A sont des B, x est un A, donc x est un B). Le modèle proposé par Sternberg, modèle qui s'avère plus plausible que plusieurs modèles concurrents, tant pour la prédiction de la rapidité que pour celle de l'exactitude, suppose la construction d'une représentation symbolique du problème décrivant les relations indiquées dans les prémisses et la transformation de cette représentation au moyen de règles simples (2 règles suffisent). L'activité du sujet est décrite par une séquence de 4 grandes opérations :

- encodage : lecture et interprétation des prémisses ;
- intégration de l'information contenue dans les prémisses ;
- comparaison du résultat de l'opération précédente et de la conclusion ;
- réponse en fonction de la comparaison effectuée.

La probabilité de réaliser l'intégration correcte sera inversement fonction du nombre de relations en jeu dans les prémisses. La probabilité de réaliser la comparaison correctement variera avec la force de l'effet d'atmosphère induit par la présentation du problème. On a montré que les sujets qui réalisaient le mieux l'intégration étaient ceux qui avaient les scores les plus élevés dans les épreuves spatiales et qu'il n'y avait pas de relation entre cette capacité et l'efficience verbale.

Ce modèle a également été étendu aux syllogismes conditionnels. Dans ces syllogismes la première prémisse indique une relation entre deux éventualités, la seconde un jugement de vérité ou de fausseté sur l'une des éventualités, la conclusion porte sur la vérité ou la fausseté de l'éventualité restante. Le pattern de relation avec les tests verbaux et spatiaux est identique à celui observé avec les syllogismes catégoriels.

Sternberg a aussi étudié les procédures de résolution des syllogismes linéaires dans lesquels il s'agit de construire une structure transitive (C < B, A > B, C > A ou C < A ?). Dans ce cas le modèle jugé le plus pertinent fait appel à un double codage de l'information, d'abord sous forme linguistique, puis sous forme spatiale. Certains paramètres du modèle sont associés à l'aptitude spatiale et à l'aptitude verbale (l'encodage de l'information positive par exemple), d'autres sont uniquement associés à l'aptitude verbale (l'établissement de la congruence entre la conclusion proposée et la conclusion construite par exemple) ou à l'aptitude spatiale (encodage de la négation). Sternberg considère que le pattern de corrélations obtenu est compatible avec sa théorie.

Les aptitudes spatiales : orientation et visualisation spatiales[8]

Il est relativement aisé de mettre en relation les tests spatiaux du type des épreuves d'orientation spatiale de Thurstone et les travaux modernes sur la rotation des images mentales (Shepard et Metzler, 1971). Il y a en effet une grande similitude entre les items des tests de Thurstone (comparer une série de dessins avec un modèle et décider si ceux-ci diffèrent du modèle uniquement par leur orientation) et les

---

[8] On trouvera une synthèse des travaux relatifs à l'analyse des facteurs spatiaux dans Cooper et Regan (1982) et Pellegrino et Kail (1982).

situations retenues par Shepard pour mesurer la vitesse de rotation d'images mentales bi ou tridimensionnelles.

Les résultats de Shepard sont bien connus: la durée nécessaire à la réponse est fonction linéaire de l'angle de rotation permettant de passer d'un dessin à l'autre (fig. 8): il y a analogie entre rotation mentale et rotation physique.

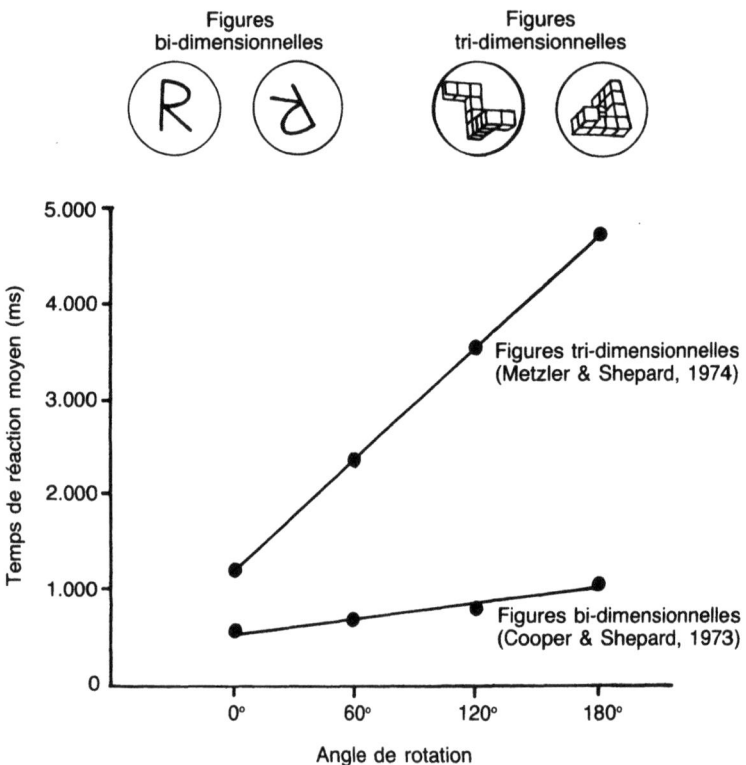

Fig. 8. Durées nécessaires pour juger de la similitude de figures selon leurs différences (Pellegrino et Kail, 1982).

Si l'on considère que pour résoudre un item des tests de Thurstone il faut mettre en œuvre des opérations d'encodage, de rotation, de comparaison et d'exécution de la réponse, on a 4 sources possibles aux différences de rapidité (il y a relativement peu d'erreurs dans ce type d'épreuve). Le paradigme de Shepard et Metzler permet de dissocier la rotation des autres opérations. La pente de la droite s'ajustant aux latences observées avec des figures dont la différence d'orientation est plus ou moins marquée (fig. 8) est une mesure de la vitesse de rotation. La latence de la réponse lorsqu'il n'y a pas de différence d'orientation entre les figures est une mesure de la durée nécessaire pour les autres opérations. Ces deux paramètres ont été évalués avec le matériel même de Thurstone (le test spatial des PMA) et avec un matériel plus familier (des chiffres et des lettres), puis mis en relation avec le score au test spatial des PMA. C'est la vitesse de rotation qui est le plus liée à l'efficience spatiale : les sujets ayant des scores spatiaux élevés ont une vitesse de rotation mentale plus rapide pour les stimuli familiers. Ils ont aussi besoin, pour l'ensemble des autres opérations, d'une durée additionnelle plus brève lorsqu'on passe des stimuli familiers à des stimuli qui le sont moins (Pellegrino et Kail, 1982). Quelques résultats suggèrent que la moindre efficience des sujets féminins serait associée à une moindre vitesse de rotation.

Ce mode d'analyse peut être transposé à des tâches d'orientation spatiale plus complexes. Egan (1981) analyse une épreuve dans laquelle un avion est présenté dans une position particulière relativement à un paysage, le sujet doit indiquer si c'est de cette position qu'a été prise la vue d'avion qu'on lui présente par ailleurs. Dans ces épreuves complexes latence et précision sont en corrélation légèrement négative. Egan tend à montrer que dans ce genre de tâche le sujet procède d'abord à une caractérisation des deux stimuli (le paysage avec avion et la vue d'avion) selon les trois dimensions de l'espace, puis effectue des comparaisons successives (qui impliquent des rotations) sur chacune des dimensions. Les résultats indiquent que l'efficience spatiale est associée à la vitesse d'encodage et d'exécution; elle est aussi associée à la régularité des comparaisons et non à la vitesse de leur exécution.

Des modèles ont également été proposés pour l'interprétation des tests de visualisation spatiale (un exemple d'item est présenté fig. 9). On distingue alors, outre les traditionnelles opérations d'encodage et d'exécution de la réponse, des opérations de recherche des appariements possibles, de rotation et de comparaison. Il semble que le score au test spatial soit surtout associé — négativement — à la durée de recherche des appariements possibles (Pellegrino et Kail, 1982).

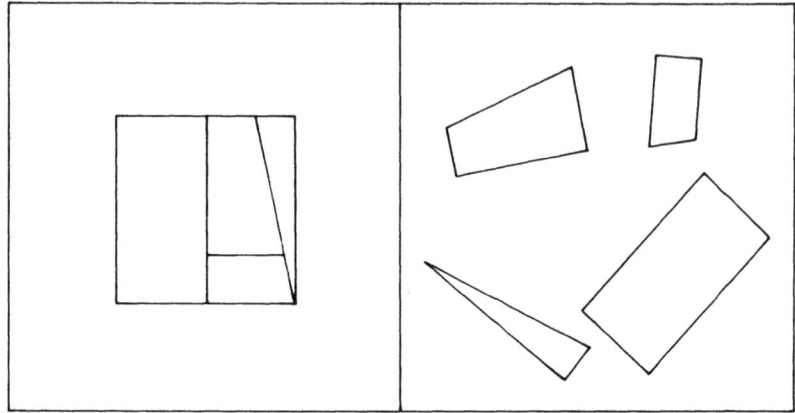

Fig. 9. Item d'un test de représentation spatiale. Il s'agit de décider si l'on peut reconstituer ou non la figure de gauche à partir des éléments de droite (Pellegrino et Kail, 1982).

4. Conclusions

Dans les travaux dont nous venons de rendre compte l'efficience sur les dimensions est reliée à l'efficience dans la mise en œuvre d'opérations particulières, tout comme dans l'approche précédente où l'on recherchait des corrélats. Cependant les opérations dont il est question ici ne sont plus choisies parmi celles que la psychologie expérimentale a mises en évidence mais elles sont définies à partir de l'analyse de tâches voisines de celles que l'on rencontre dans les tests qui opérationnalisent les dimensions. Il est donc normal que ces opérations paraissent plus pertinentes.

Mais ce gain de pertinence s'accompagne assez souvent d'une perte de précision. Dans la mesure où il n'est pas toujours facile de trancher entre modèles concurrents, dans la mesure également où la validation des modèles implique souvent des postulats assez forts, ces opérations demeurent parfois un peu hypothétiques. On a aussi souligné le caractère trop global de certaines d'entre elles (que l'on pense par exemple à l'encodage, ou à la recherche des appariements possibles dont il vient d'être question à propos de la visualisation spatiale) (Sternberg, 1981a). Lorsqu'elles sont définies avec précision elles paraissent alors spécifiques à la tâche. Comme le note un peu sévèrement Neisser (1983), à propos de Sternberg : quand les composantes sont générales elles ne sont pas précises et quand elles sont précises elles ne sont pas générales. Notons aussi que ce gain de pertinence ne s'accompagne généralement pas d'un gain massif dans la qualité du pronostic que l'on peut émettre sur les dimensions à partir des opérations.

Ce faible pouvoir prédictif des opérations a conduit certains auteurs à s'intéresser davantage aux stratégies. Le constat des interrelations entre observations élémentaires — par exemple la corrélation négative entre encodage et inférence dans le raisonnement analogique — a eu un effet identique. En cherchant à modéliser l'activité mentale du sujet, ou même plus simplement en cherchant à la décrire, on est d'ailleurs tout naturellement amené à s'intéresser aux stratégies. On prend en effet conscience que certains modèles s'appliquent mieux à certains individus qu'à d'autres, ou encore que des caractéristiques formelles de la séquence d'opérations (la régularité du processus de comparaison dans les épreuves d'orientation spatiale complexes par exemple) sont plus utiles à prendre en compte que les opérations elles-mêmes. Ceci nous conduit à nous interroger sur les relations éventuelles entre l'efficience sur les dimensions et les stratégies. Etre efficient sur une dimension, ne serait-ce pas choisir d'abord, et ensuite mettre en œuvre efficacement, des stratégies particulières ?

IV. STRATEGIES

1. Définitions

Le terme stratégie désigne l'organisation de l'activité, sa forme. Il y a donc une relation étroite entre le niveau d'analyse de l'activité choisie et le degré de précision de la définition de la stratégie. Avec des activités analysées en composantes, la stratégie est une séquence d'opérations. Si l'analyse est peu poussée la stratégie pourra être assimilée à un type d'opération, à une opération réalisée plus ou moins efficacement, ou encore, si on met l'accent sur la préparation de l'activité, à une attitude. La stratégie ne caractérise plus vraiment la structure de l'activité mais plutôt son allure générale.

On a proposé parfois de réserver le terme stratégie à des organisations particulières. Pour certains il faudrait parler seulement de stratégies lorsqu'il y a régulation, contrôle de l'activité — un algorithme alors n'est pas une stratégie. Pour d'autres on ne doit parler de stratégie que pour des séquences d'opérations suffisamment longues. Pour d'autres encore il faut que la mise en œuvre des opérations soit consciente (Kail et Bisanz, 1982). Ces questions de vocabulaire ne relèvent pas seulement de la pure convention, elles indiquent aussi que l'on peut étudier les stratégies à des niveaux d'intégration très variables.

Les stratégies ont également été distinguées selon leur degré de généralité et de centralité (Baron, 1978). Une stratégie est plus ou moins générale selon qu'elle est utile dans des situations plus ou moins nombreuses, selon qu'elle se transfère plus ou moins facilement d'une situation à l'autre. Une stratégie est plus ou moins centrale selon qu'elle sous-tend des conduites adaptives plus ou moins complexes. Pour mieux comprendre les dimensions du fonctionnement intellectuel il paraît souhaitable de faire appel à des stratégies — et sans doute plus encore à des «méta-stratégies» qui règlent le choix et l'exécution des stratégies — à la fois centrales et relativement générales.

Assez peu de travaux ont été consacrés au problème qui nous concerne et, de plus, ces travaux sont peu homogènes. Nous nous bornerons à illustrer deux grandes classes de stratégies : la construction d'une représentation figurative ou linguistique, l'utilisation d'un mode de traitement plutôt global ou plutôt analytique, ce qui nous conduira à faire quelques remarques sur la dépendance-indépendance du champ. Nous dirons enfin quelques mots d'autres stratégies qui paraissent aussi à la fois très générales et très centrales.

2. Représentations figurative et linguistique

Le développement des travaux de Hunt sur l'aptitude verbale montre bien comment, sur un même problème, on passe successivement — et quasi nécessairement — de l'étude des corrélats élémentaires à celle des stratégies.

Mc Leod, Hunt et Mathews (1978) utilisent le paradigme de Clarke et Chase (1972) où le sujet doit vérifier si des phrases décrivent ou non une configuration perceptive simple. On présente d'abord la phrase, par exemple : «Plus est au-dessus de l'étoile», ce qui permet de mesurer une durée de compréhension de la phrase. On présente ensuite la configuration perceptive, par exemple : «✣», et on mesure une durée de vérification. On observe que les sujets ayant des scores élevés dans les épreuves verbales ont des temps de compréhension et de vérification plus brefs. Lorsqu'on passe de phrases affirmatives à des phrases négatives il faut des durées plus longues pour comprendre et vérifier et cet accroissement est plus marqué chez les sujets peu efficients dans les épreuves verbales. Etre «fort en verbal» c'est donc, entre autres, traiter rapidement en MCT les informations considérées.

La conduite du sujet dans la situation expérimentale a été analysée par Carpenter et Just (1975) qui ont proposé un modèle en 6 étapes (1re colonne du tableau V).

Tableau V. Etapes de la compréhension et de la vérification de phrases (d'après Mc Leod et al., 1978)

Comparaison en modalité linguistique	Comparaison en modalité visuelle
1. Transformation de la phrase perçue en une représentation linguistique.	Transformation de la phrase perçue en une représentation linguistique.
2. Réponse du sujet indiquant sa compréhension.	Transformation de cette représentation linguistique en représentation visuelle.
3. Formation d'une image visuelle lors de la présentation du stimulus visuel.	Réponse du sujet indiquant sa compréhension.
4. Transformation de cette image visuelle en représentation linguistique.	Formation d'une image visuelle lors de la présentation du stimulus visuel.
5. Comparaison des deux représentations.	Comparaison des deux représentations.
6. Réponse du sujet indiquant que la vérification est effectuée.	Réponse du sujet indiquant que la vérification est effectuée.

Carpenter et Just ont décomposé la phase comparaison — qui est effectuée dans la modalité linguistique — en une série de comparaisons élémentaires exigeant chacune la même durée. Le nombre de comparaisons élémentaires nécessaires varie selon que la phrase est affirmative ou négative (A ou N), vraie ou fausse (V ou F). Si, avec une phrase vraie affirmative la durée nécessaire à la vérification est K, le modèle permet de prédire qu'il faudra une durée de :
- K + a pour les phrases fausses affirmatives ;
- K + 4a pour les phrases fausses négatives ;
- K + 5a pour les phrases vraies négatives
(a est la durée nécessaire pour procéder à une comparaison élémentaire).

Ce modèle permet donc des prédictions précises. Au niveau des moyennes du groupe étudié ces prédictions sont assez bien vérifiées (fig. 10). Mais il n'en va plus de même au niveau individuel. Le modèle de Carpenter et Just permet de très bien prédire les résultats d'une majorité de sujets, mais la prédiction n'est pas très bonne pour une forte minorité et elle est franchement mauvaise pour une autre (fig. 11). Pour ces derniers sujets un modèle dans lequel les comparaisons se font dans la modalité visuelle s'avère très prédictif (2e colonne

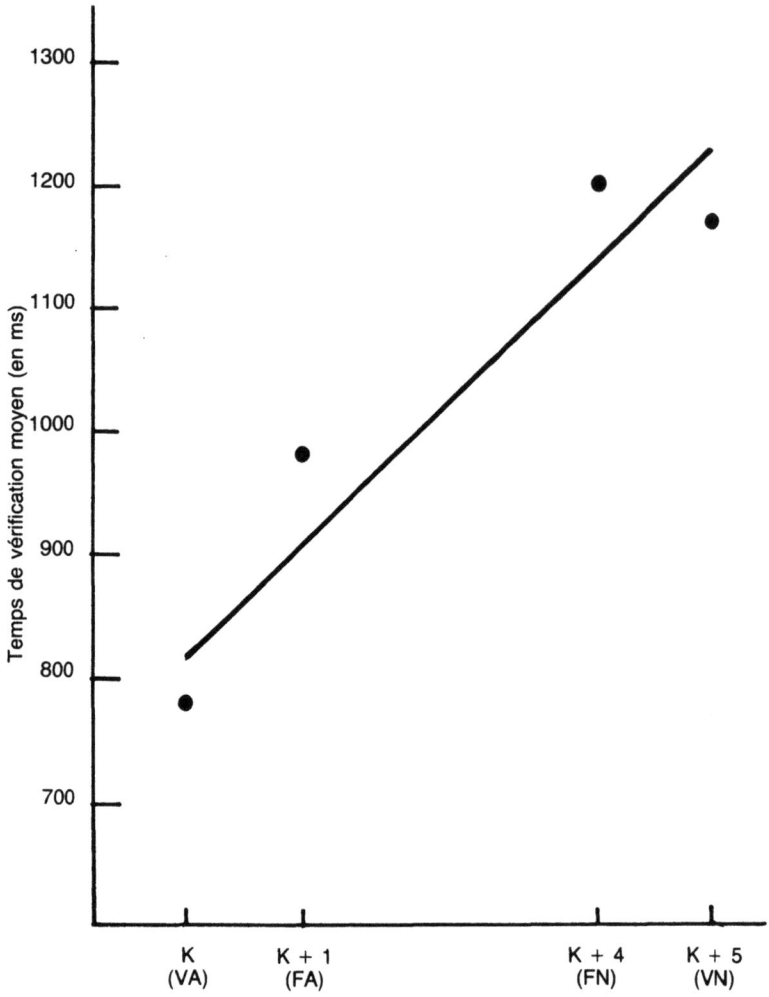

Fig. 10. Temps de vérification observés selon que les phrases sont vraies ou fausses (V-F), affirmatives ou négatives (A-N) et meilleure droite d'ajustement (d'après Mc Leod et al., 1978).

du tableau V). Comme cela était prévisible les sujets bien décrits par le modèle initial ont des temps de compréhension plus courts que ceux qui sont mal décrits (1,7 et 1,2 sec.), et c'est l'inverse pour les temps de vérification (1,2 et 0,7 sec.).

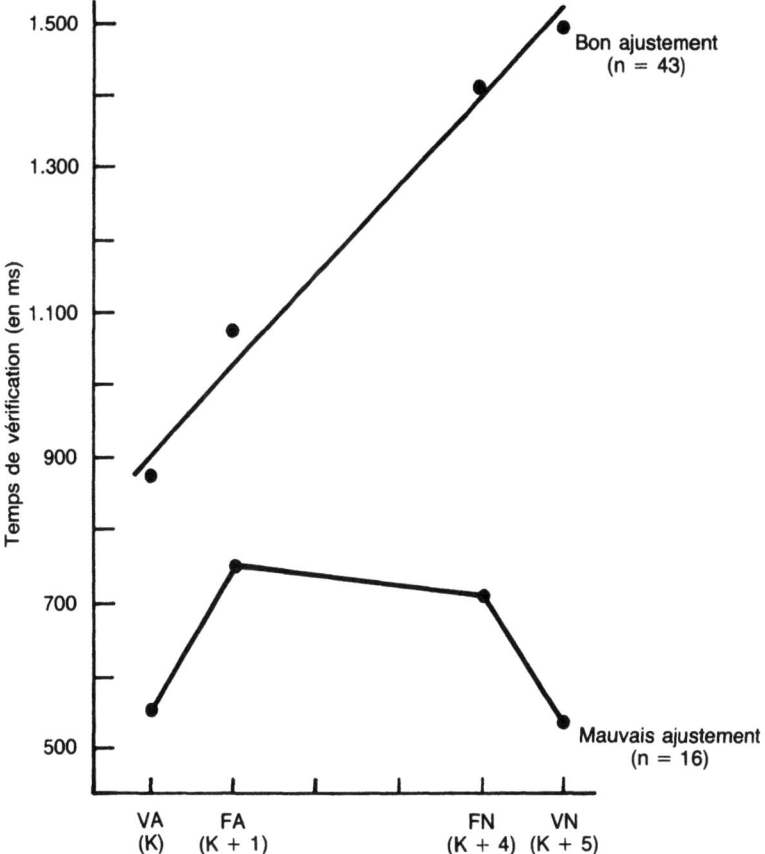

Fig. 11. Temps de vérification observés pour les sujets bien et mal décrits par le modèle de Carpenter et Just (Mc Leod et al., 1978).

Les sujets de cette expérience ont passé un test verbal (V) et un test spatial (S). Chez les sujets qui procèdent vraisemblablement aux comparaisons dans la modalité linguistique le temps de vérification est lié au score verbal (r = .44 à S constant) et non au score spatial (r = .07 à V constant). C'est l'inverse chez les sujets procédant aux comparaisons dans la modalité visuelle : le temps de vérification est lié aux scores spatial (r = .64 à V constant) et non au score verbal (r = −.05 à S constant). Etre «fort en verbal» c'est donc être efficient dans la procédure de vérification lorsqu'on opère sur des représentations linguistiques, être « fort en spatial » c'est donc être efficient dans la procédure de vérification lorsqu'on opère sur des représentations visuelles [9].

Ce résultat a été obtenu avec une tâche de compréhension particulièrement simple. Le retrouve-t-on dans des tâches cognitives plus complexes ? Les résultats d'une expérience de Sternberg et Weil (1980) portant sur la résolution de syllogismes linéaires permettent de répondre affirmativement. Nous avons vu dans le paragraphe précédent que Sternberg a proposé un modèle de la résolution de ces syllogismes, modèle qui correspond à une stratégie dite mixte car elle suppose une représentation des prémisses d'abord sous forme linguistique, puis sous forme visuelle. Mais on peut aussi envisager une stratégie visuelle (l'information contenue dans les prémisses est intégrée sous forme spatiale) ou une stratégie linguistique (l'information reste sous forme de propositions linguistiques sur lesquelles il y a une activité de comparaison, dans ce cas il n'y a pas d'intégration). Sternberg constate que la stratégie mixte permet les meilleures prédictions des temps de résolution moyens (y compris sur un groupe où l'on a cherché à induire la stratégie visuelle).

Mais, comme dans l'expérience précédente, ce résultat moyen n'a pas grande signification. Chacune des stratégies décrit bien l'efficience de sujets particuliers. Si la stratégie mixte permet les meilleures prédictions des moyennes c'est simplement que les sujets qui l'utilisent sont les plus nombreux. On observe que les sujets efficients dans le facteur spatial sont également efficients dans la résolution des syllogismes lorsqu'ils utilisent la stratégie visuelle. La relation est la même entre efficience dans le facteur verbal et efficience dans la stratégie linguistique lorsqu'elle est utilisée (tableau VI).

Dans ces deux expériences on voit apparaître des différences individuelles massives en matière de stratégies, différences qui permettent de mieux comprendre la signification des aptitudes spatiale et verbale. La capacité spatiale ne se manifeste pas seulement par l'aisance dans la manipulation mentale des formes mais aussi par une utilisation efficace des représentations visuelles pour comprendre et raisonner. La capacité verbale, ce n'est pas seulement des connaissances verbales

---

[9] Ce paradigme a été repris par Josette Marquer qui a affiné la description des stratégies en montrant que les sujets bien ou mal décrits par le modèle de Carpenter et Just ne constituent pas des groupes homogènes. Elle a montré aussi que pour certains sujets les modèles, bien que prédictifs, n'étaient pas réalistes (1984, communication personnelle).

Tableau VI. *Relation entre la rapidité dans la résolution des syllogismes de l'efficience dans les facteurs verbal et spatial selon la stratégie utilisée (d'après Sternberg et Weil, 1980)*

	Verbal	Spatial
Stratégie mixte	−.45 (p < .001)	−.27 (p < .01)
Stratégie linguistique	−.76 (p < .001)	−.28
Stratégie visuelle	−.08	−.61 (p < .01)

étendues et une facilité à établir des relations entre elles, c'est aussi une utilisation efficace des représentations linguistiques pour comprendre et raisonner.

3. Traitement global et traitement analytique

Le développement cognitif est classiquement et généralement décrit comme un processus de différenciation-intégration au cours duquel le sujet passe d'un mode de fonctionnement relativement global a un mode de fonctionnement plutôt analytique et articulé, qu'il s'agisse de perception ou d'activité intellectuelle. Ces changements peuvent être décrits en termes de passage de stratégies globales à des stratégies analytiques. Ces stratégies peuvent être caractérisées par la nature des représentations et des processus de comparaison qu'elles impliquent. Dans la stratégie globale, le stimulus multidimensionnel est considéré comme un tout et les comparaisons de stimuli sont fondées sur des impressions d'ensemble. Dans la stratégie analytique le stimulus est représenté comme un objet repérable sur une série de traits et caractérisé par une valeur sur chacun d'eux, les comparaisons se font alors de valeur à valeur sur les traits correspondants.

L'étude de l'évolution des stratégies a été étudiée notamment par Sternberg à propos du raisonnement analogique dont il a été question précédemment. Nous avons vu que le modèle le plus valide, pour des étudiants et avec des analogies relativement simples, était un modèle à stratégie analytique. Mais ceci n'est vrai qu'à partir d'une douzaine d'années. Avant cet âge l'encodage n'est pas exhaustif, ce qui signifie que le stimulus n'est que partiellement analysé. Souvent aussi il n'y a pas raisonnement proprement dit, c'est-à-dire activité ordonnée de comparaison, mais jugement global en fonction de la force des associations entre le troisième terme de l'analogie et la ou les réponses proposées (Sternberg et Rifkin, 1979; Sternberg et Nigro, 1980). Cette tendance à procéder par association s'observe également chez les étudiants lorsqu'on utilise des analogies plus complexes où il faut comparer non plus des relations, mais des relations entre relations (Sternberg et Downing, 1982).

Dire que le traitement analytique devient plus fréquent avec l'âge signifie seulement que le nombre de situations où ce traitement est mis spontanément en œuvre par la grande majorité des sujets augmente. A tous les âges, pourvu que l'on choisisse des situations suffisamment complexes, on observe une forte variabilité interindividuelle : certains utilisent préférentiellement des stratégies analytiques, d'autres des stratégies globales. Dans quelle mesure ces stratégies facilitent-elles, ou au contraire gènent-elles l'exécution des tâches retenues pour définir les dimensions du fonctionnement intellectuel? Pour répondre à cette question deux directions de travail sont possibles: on peut analyser directement les items des tests afin de mettre en évidence des exigences quant aux stratégies; on peut aussi définir a priori et opérationnaliser des stratégies et étudier leurs relations avec les dimensions de l'intelligence.

Une recherche de Hunt (1974) permet d'illustrer les travaux, rarissimes, réalisés dans la première direction. Il analyse les items des matrices progressives de Raven. Devant beaucoup d'items, celui de la figure 12, par exemple, les deux stratégies sont possibles. Avec la stratégie globale la matrice est représentée comme un pattern visuel, ayant des propriétés de totalité, dont il manque un morceau. Afin de compléter le pattern le sujet applique par exemple des opérations de continuation, ou de superposition, il peut aussi tenir compte des symétries. Avec la stratégie analytique la matrice est une table à double entrée et les intersections des lignes et des colonnes sont des éléments bien individualisés. Sur ces éléments, le sujet recherche des lois de transformation, ce qui le conduit à «calculer» l'élément manquant. Avec des problèmes simples comme celui de la figure 12 la stratégie globale est rapide et efficace. Mais lorsque la complexité de la tâche augmente, très vite l'usage d'une stratégie analytique est la condition d'une bonne efficience.

Les stratégies globales et analytiques ont été définies à deux niveaux : un niveau correspondant à des intégrations supérieures — on parle alors de style cognitif — et un niveau correspondant à des processus beaucoup plus élémentaires.

La dépendance-indépendance du champ est une des dimensions qui permet de distinguer les sujets selon qu'ils utilisent plutôt des stratégies globales — ils se situent alors du côté du pôle dépendance du champ —, ou plutôt des stratégies analytiques — ils se situent alors vers le

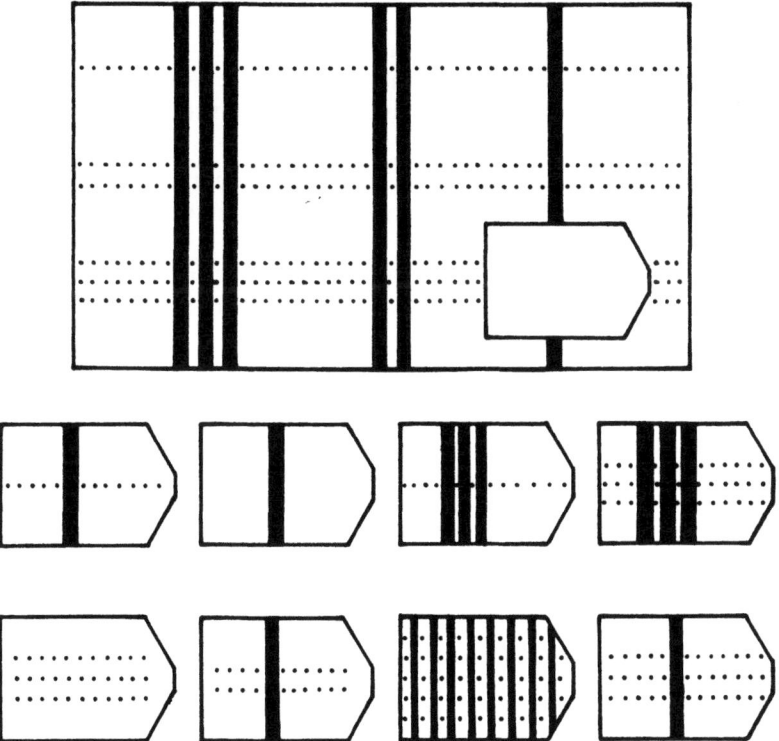

Fig. 12. Un item des matrices progressives.

pôle indépendance du champ. De nombreuses recherches ont porté sur la signification et l'étendue de la dépendance-indépendance du champ et sur ses relations avec les diverses dimensions de l'intelligence (Huteau, 1986). En bref, on peut considérer qu'au plan perceptif les sujets dépendants du champ sont moins efficients que les indépendants dans les tâches de décontextualisation spatiale (la dépendance-indépendance du champ est d'ailleurs le plus souvent définie par l'efficience dans les tests de figures intriquées de Gottschaldt); ils sont également moins efficients lorsqu'il s'agit de structurer un champ perceptif qui l'est peu. Au plan de la résolution de problèmes les dépendants réussissent moins bien que les indépendants lorsqu'il faut déstructurer et restructurer non plus des perceptions, mais des représentations. Les problèmes où les stratégies globales pourraient conduire à une meilleure efficience ont été moins étudiés. Signalons cependant que les dépendants du champ mémorisent mieux les visages, du moins

lorsqu'il y a eu interaction sociale, et témoignent dans de nombreuses situations d'une meilleure compétence sociale que les indépendants du champ. En calculant les corrélations entre le degré d'indépendance du champ et les scores sur diverses dimensions du fonctionnement intellectuel on observe :
1. une absence de relation ou une liaison faiblement positive avec les épreuves verbales, et plus généralement avec l'intelligence cristallisée;
2. une liaison positive assez forte avec les épreuves relatives à l'intelligence fluide, et notamment les matrices progressives.

Plusieurs études ont été consacrées à la mise en évidence, dans une perspective différentielle, de stratégies globales et analytiques dans les processus de comparaisons de stimuli visuels relativement élémentaires. A notre connaissance la relation entre ces stratégies et l'efficience intellectuelle n'a pas été étudiée. Par contre, on a parfois tenté de relier ces stratégies à la dépendance-indépendance du champ. Hock et al. (1974) distinguent les deux types de stratégies à partir des variations de la durée nécessaire à la reconnaissance de lettres selon qu'elles sont présentées dans la position habituelle ou inversée. La rotation a uniquement un effet sur le temps de réaction des sujets qui utilisent une stratégie globale. En effet, elle rend plus difficile la reconnaissance de la forme significative mais ne gêne nullement les comparaisons successives d'éléments non significatifs. Cet effet de la rotation corrèle très fortement avec le score dans les épreuves de figures intriquées. Les résultats de Ipple et Bouma (1979) sont moins nets. Ils définissent deux tâches de comparaisons. L'aisance dans les stratégies globales devrait conduire à une plus grande efficience dans l'une (la comparaison porte sur des patterns de points) et l'aisance dans les stratégies analytiques (les stimuli à comparer diffèrent selon la forme et la couleur) à une plus grande efficience dans l'autre. La rapidité d'exécution de ces deux types de comparaisons est mise en rapport avec la dépendance-indépendance du champ. La supériorité attendue des dépendants dans la stratégie globale n'apparaît pas nettement. La question de savoir s'il est légitime ou non de qualifier de «globales» et d'«analytiques» des stratégies étudiées à des niveaux différents reste donc largement ouverte[10].

---

[10] Signalons une mise en évidence particulièrement nette de stratégies globale et analytique par Cooper (1982). Elle demande à ses sujets de comparer une figure étalon à des figures qui lui ressemblent plus ou moins. Certains d'entre eux sont rapides et la durée qui leur est nécessaire ne varie pas avec le degré de similarité des éléments à comparer — on infère qu'ils utilisent une stratégie globale. D'autres sont lents et il leur

4. Quelques autres grandes stratégies

Baron (1978) propose de rendre compte de l'intelligence — qu'il conceptualise comme une caractéristique unitaire — au moyen de trois stratégies centrales qui doivent faciliter les apprentissages et leur transfert. La première est particulièrement générale et se confond avec certaines définitions classiques de l'intelligence : rechercher des relations, non seulement pour résoudre des problèmes, mais aussi pour apprendre et pour évoquer des souvenirs. Les deux autres stratégies proposées par Baron peuvent être considérées comme des styles cognitifs : la stratégie analytique qui vient d'être examinée, et une stratégie qui consiste à envisager diverses solutions et non la première qui vient à l'esprit et qui évoque fortement le pôle « réflexif » de la dimension « réflexion-impulsivité » de Kagan.

Des stratégies encore plus générales — ou plutôt des méta-stratégies — peuvent être envisagées, la stratégie qui consiste à avoir une stratégie, par exemple. Si l'on adopte une conception pluraliste de l'intelligence on peut se demander à quelles dimensions cette capacité de planification est le plus associée. Il n'y a certainement pas de réponse simple à une telle question. Une expérience de Snow (1980) nous indique cependant que cette méta-stratégie n'est pas forcément fortement associée aux formes les plus valorisées d'intelligence. Snow, à partir de l'analyse des mouvements oculaires et de rapports verbaux, définit deux types de conduite dans une épreuve spatiale où il faut anticiper le résultat d'un dépliage. Dans le premier type, la conduite est manifestement dirigée par une stratégie (il y a construction d'une réponse éventuelle qui est comparée aux réponses proposées). C'est beaucoup moins évident dans le second où le sujet part d'exemples choisis au hasard en ne retenant que quelques-unes de leurs propriétés ou de la situation proposée en construisant une réponse seulement partielle. Le constat d'une association entre des scores d'intelligence et la fréquence d'apparition du premier type de conduite n'est guère surprenant. Par contre il est peut-être étonnant de constater que cette association est nettement plus forte avec l'intelligence cristallisée (r = .69 avec le QI verbal de la WAIS) qu'avec l'intelligence fluide. Ceci tendrait à montrer la sensibilité aux apprentissages de cette méta-stratégie particulièrement importante.

---

faut d'autant plus de temps que les éléments à comparer sont semblables — ils utilisent très vraisemblablement une stratégie analytique.

V. CONCLUSIONS

Les travaux qui viennent d'être examinés montrent clairement que l'époque où la définition des dimensions et l'analyse des processus constituaient deux domaines séparés est bien révolue : un nouveau domaine s'est constitué à l'intersection de la psychologie différentielle et de la psychologie expérimentale de l'intelligence classiques. Les résultats partiels obtenus sont bien entendu encore loin de répondre de manière satisfaisante aux diverses questions que l'on peut se poser quant aux mécanismes intellectuels qui contribuent à expliquer les différences d'efficience dans les tâches cognitives, ils sont cependant suffisants pour montrer la fécondité de cette approche.

Nous avons distingué trois grandes directions de travail dans ce nouveau domaine. On peut rechercher des associations entre les diverses modalités de l'efficience intellectuelle et :
1. des opérations élémentaires issues des paradigmes de la psychologie cognitive générale ;
2. des opérations, moins élémentaires que les précédentes, issues de l'analyse des items de test ;
3. des stratégies.

Les deux premières approches sont nettement « componentielles », c'est moins vrai pour la troisième, encore que Sternberg (1984), par exemple, considère que les stratégies sont aussi des composantes. Les unités considérées, auxquelles on a tendance, sans doute un peu vite, à attribuer une valeur causale, peuvent être ordonnées plus finement sur un continuum allant de l'opération la plus élémentaire (le temps de réaction simple de Jensen) à la stratégie la plus complexe. Vers un pôle du continuum, on met principalement l'accent sur la rapidité d'exécution, vers l'autre pôle on insiste surtout sur sa précision et sa qualité. Nous avons vu que les travaux les plus nombreux à l'heure actuelle portaient sur des opérations relativement élémentaires et leur vitesse d'exécution.

Les résultats obtenus dans l'interprétation des dimensions en termes de processus ont relancé la réflexion et la discussion sur la nature des processus cognitifs supérieurs ou, si l'on préfère, de l'intelligence. Ils indiquent aussi qu'un renouvellement des tests est possible.

Personne n'a jamais sérieusement pensé que l'intelligence pouvait se réduire à l'efficience dans les épreuves qui objectivent les dimensions classiques. Les travaux sur l'analyse des processus conduisent à préciser ce qu'elle peut être en plus. Ces travaux ont donné naissance à des théories «componentielles», avec une tendance, non générale, mais de plus en plus fréquente à faire appel à des composantes supérieures. Sternberg (1980, 1983, 1984), par exemple, donne une place considérable à toute une série de grandes stratégie, les méta-composantes[11]. Or les situations classiques — psychométriques ou de laboratoire — ne sont pas très adaptées à l'étude dans ces grandes stratégies car elles supposent davantage l'application de règles connues que la construction de règles nouvelles (Sternberg, 1981b). Ceci conduit à caractériser l'intelligence par la capacité à élaborer et à transférer à de vieux problèmes de nouveaux systèmes conceptuels et ouvre la voie pour l'étude de nouvelles dimensions et pour l'étude du fonctionnement intellectuel dans des contextes significatifs.

Depuis les contributions majeures de Spearman et Binet il n'y a pas eu de renouvellement important dans le contenu des épreuves psychométriques. Mais peut-être sommes-nous à la veille d'une mutation comparable à celle du début du siècle ? Les travaux sur l'analyse des processus montrent que la valeur pronostique relativement bonne des épreuves classiques (pour l'adaptation scolaire notamment) provient, pour une large part, de ce qu'elles échantillonnent de nombreux processus de niveaux divers. Cette propriété, intéressante d'un certain point de vue, les rend cependant peu efficaces pour fournir les informations diagnostiques fines qui sont nécessaires lorsqu'on se propose de faciliter les acquisitions (Huteau et Lautrey, 1978). Des épreuves analytiques, dont on n'a pas à se préoccuper de la validité pronostique, permettraient sans doute le recueil de telles informations. Ces épreuves existent déjà pour les processus élémentaires, mais elles ont un domaine d'utilisation assez restreint. Il semble par contre qu'il y ait beaucoup à attendre d'épreuves — à construire celles-là — qui caractérisaient les individus selon les stratégies qu'ils utilisent.

---

[11] Il distinguait 7 méta-composantes en 1980, 10 en 1983, 7 à nouveau en 1984 :
1. Reconnaissance qu'il y a un problème à résoudre.
2. Sélection des composantes d'ordre supérieur.
3. Sélection d'un ou plusieurs modes de représentation ou d'organisation de l'information.
4. Sélection d'une stratégie pour combiner les composantes d'ordre inférieur.
5. Décision quant à la distribution de l'attention.
6. Coordination entre l'activité présente, l'activité antérieure et les objectifs.
7. Sensibilité aux feedbacks externes.

BIBLIOGRAPHIE

ATKINSON (R.C.), SHIFFRIN (R.M.), Human memory: a proposed system and its control processes, in Spence (K.W.), Spence (J.T.), *The psychology of learning and motivation: Advances in research and theory* (vol. 2), New York, Academic Press, 1968, 89-195.
BARON (J.), Intelligence and general strategies, in Underwood (G.), *Strategies of information processing*, New York, Academic Press, 1978, 403-450.
BINET (A.), *Les idées modernes sur les enfants*, Paris, Flammarion, 1911.
BINET (A.), HENRI (V.), La psychologie individuelle, *L'Année Psychologique*, 1896, *2*, 411-465.
BISANZ (J.H.), RESNICK (L.B.), Change with age in two components of visual search speed, *Journal of Experimental child Psychology*, 1978, *25*, 129-142.
CARPENTER (P.A.), JUST (M.A.), Sentence comprehension: a psycho-linguistic processing model of verification, *Psychological Review*, 1975, *82*, 45-73.
CARROLL (J.B.), Psychometric tests as cognitive tasks a new structure of intellect, in Resnick (L.B.), *The nature of intelligence*, Hillsdale (N.J.), Lawrence Erlbaum Associates, 1976, 25-56.
CARROLL (J.B.), How shall we study individual differences in cognitive abilities? Methodological and Theoretical perspectives, *Intelligence*, 1978, *2*, 87-115.
CARROLL (J.B.), *Individual differences relations in Psychometric and experimental tasks*, Chapel Hill (N.C.), The L.L. Thurstone Psychometric laboratory, University of North Carolina, Report N° 163, 1980.
CARROLL (J.B.), MAXWELL (S.E.), Individual differences in cognitive abilities, *Annual Review of Psychology*, 1979, *30*, 603-640.
CLARK (H.), CHASE (W.), On the process of comparing sentences against pictures, *Cognitive Psychology*, 1972, *3*, 472-517.
COHEN (R.L.), LAWIN (K.), The effect of demarcating the target set in IQ-related individual differences in the probed serial recall of very recent items, in Gruneberg (M.M.), Morris (P.E.), Sykes (R.N.), *Practical aspects of memory*, New York, Academic Press, 1979.
COHEN (R.L.), SANDBERG (T.), The relationship between intelligence and short-term memory, *Cognitive Psychology*, 1977, *9*, 534-554.
COHEN (R.L.), SANDBERG (T.), Intelligence and short-term memory: a clandestine relationship, *Intelligence*, 1980, *4*, 319-331.
COOPER (L.A.), Strategies for visual comparison and representation: individual differencies, in Sternberg (R.J.), *Advances in the psychology of human intelligence*, volume 1, Hillsdale (N.J.), Lawrence Erlbaum Associates, 1982, 77-124.
COOPER (L.A.), REGAN (D.T.), Attention, perception and intelligence, in Sternberg (R.J.), *The handbook of human intelligence*, New York, Cambridge University Press, 1982, 123-169.
DELANEY (M.D.), NORMAN (R.D.), MILLER (D.A.), An exploration of the verbal encodability hypothesis for sex differences in the digit-symbol (symbol-digit) test, *Intelligence*, 1981, *5*, 199-208.
EGAN (D.E.), An analysis of spatial orientation test performance, *Intelligence*, 1981, *5*, 85-100.
ESTES (W.K.), Learning theory and intelligence, *American Psychologist*, 1974, *29*, 740-749.
GLASER (R.), PELLEGRINO (J.W.), L'analyse des aptitudes en termes de processus cognitifs: la nature des tâches de raisonnement inductif, *Bulletin de Psychologie*, 1978-79, *32*, 603-615,

GOLDBERG (R.A.), SCHWARTZ (S.), STEWART (M.), Individual differences in cognitive processes, *Journal of educational Psychology*, 1977, *69*, 9-14.
GUILFORD (J.P.), *The nature of human intelligence*, New York, Mc Graw Hill, 1967.
GUYOTE (M.J.), STERNBERG (R.J.), A transitive chain theory of syllogistic reasoning, *Cognitive Psychology*, 1981, *13*, 461-525.
HICK (W.), On the rate of gain of information, *Quarterly Journal of Experimental Psychology*, 1952, *4*, 11-26.
HOCK (H.S.), GORDON (G.P.), MARCUS (N.), Individual differences in the detection of embedded figures, *Perception and Psychophysics*, 1974, *15*, 47-52.
HORN (J.L.), CATTELL (R.B.), Refinement and test of the theory of fluid and crystallized general intelligence, *Journal of Educational Psychology*, 1966, *57*, 253-270.
HUNT (E.), What kind of computer is man? *Cognitive Psychology*, 1971, *2*, 57-98.
HUNT (E.), Quote the Raven ? Nevermore! in Gregg (L.), *Knowledge and cognition*, Hillsdale (N.J.), Lawrence Erlbaum Associates, 1974, 129-157.
HUNT (E.), Varieties of cognitive power, in Resnick (L.B.), The nature of intelligence, Hillsdale (N.J.), Lawrence Erlbaum Associates, 1976, 237-259.
HUNT (E.), Mechanics of verbal ability, *Psychology Review*, 1978 a, *85*, 109-130.
HUNT (E.), Qualitative sources of problem-solving, in Scandura (J.M.) et Brainerd (C.J.), *Structural process models of complex human behavior*, Alphen aan den Rijn (The Netherlands), Sijtoff and Noordhoff, 1978 b, 573-602.
HUNT (E.), The design of a robot mind: a theoretical approach to issues in intelligence, in Friedman (M.P.), Das (J.P.), O'Connor (N.), *Intelligence and learning*, New York, Plenum Press, 1981, 459-478.
HUNT (E.), LUNNEBORG (C.), LEWIS (J.), What does it mean to be high in verbal? *Cognitive Psychology*, 1975, *7*, 194-227.
HUTEAU (M.), *Style cognitif et personnalité. La dépendance-indépendance du champ*, Lille, P.U.L., 1986.
HUTEAU (M.), LAUTREY (J.), L'utilisation des tests d'intelligence et de la psychologie cognitive dans l'éducation et l'orientation, *L'orientation scolaire et professionnelle*, 1978, *7*, 99-174.
IPPLE (M.J.), BOUMA (J.M.), Closure factors: evidence for different modes of processing, in Friedman (M.P.), Das (J.P.), O'Connor (N.), *Intelligence and learning*, New York, Plenum Press, 1979, 129-137.
JENSEN (A.R.), Hierarchical theories of mental ability, in Dockrell (W.B.), *On intelligence*, Toronto, The Ontario Institute for studies in education, 1970, 119-190.
JENSEN (A.R.), Chronometric analysis of intelligence, *Journal of social and biological structures*, 1980, *3*, 103-122.
JENSEN (A.R.), The chronometry of intelligence, in Sternberg (R.J.), *Advances in the psychology of human intelligence*, Volume 1, Hillsdale (N.J.), Lawrence Erlbaum Associates, 1982, 255-310.
JENSEN (A.R.), MUNRO (E.), Reaction time, movement time and intelligence, *Intelligence*, 1979, *3*, 121-126.
KAIL Jr (R.V.), BISANZ (J.), Cognitive strategies, in Puff (C.R.), *Handbook of research methods in human memory and cognition*, New York, Academic Press, 1982, 229-255.
KEATING (D.P.), BOBBITT (B.), Individual and developmental differences in cognitive processing-components of mental ability, *Child development*, 1978, *49*, 155-169.
LANSMAN (M.), DONALDSON (G.), HUNT (E.), YANTIS (S.), Ability factors and cognitive processes, *Intelligence*, 1982, *6*, 347-386.
Mc LEOD (C.M.), HUNT (E.B.), MATHEWS (N.M.), Individual differences in the verification of sentence picture relationships, *Journal of verbal learning and Verbal Behavior*, 1978, *17*, 493-507.

MULHOLLAND (T.M.), PELLEGRINO (J.W.), GLASER (R.), Components of geometric analogy solution, *Cognitive Psychology*, 1980, *12*, 252-284.
NEISSER (U.), Components of intelligence or steps in routine procedures? *Cognition*, 1983, *15*, 189-197.
PELLEGRINO (J.W.), GLASER (R.), Editorial, Cognitive correlates and components in the analysis of individual differences, *Intelligence*, 1979, *3*, 187-214.
PELLEGRINO (J.W.), GLASER (R.), Components of inductive reasoning, in Snow (R.E.), Federico (P.A.), Montague (W.E.), *Aptitude, learning and instruction*, Hillsdale (N.J.), Lawrence Erlbaum Associates, 1980, Volume 1, 177-217.
PELLEGRINO (J.W.), KAIL (R.), Process analysis of spatial aptitude, in Sternberg (R.J.), *Advances in the psychology of human intelligence*, Hillsdale (N.J.), Lawrence Erlbaum Associates, 1982, vol. 1, 311-365.
POSNER (M.I.), BOIES (S.J.), EICHELMAN (W.H.), TAYLOR (R.L.), Retention of visual and name codes of single letters, *Journal of Experimental Psychology* (Monograph), 1969, *79*, 1-16.
POSNER (M.I.), MITCHELL (R.F.), Chronometric analysis of classification, *Psychological Review*, 1967, *74*, 392-409.
ROYER (F.L.), Information processing of visual figures in the digit symbol substitution test, *Journal of Experimental Psychology*, 1971, *87*, 335-342.
SHEPARD (R.N.), METZLER (J.), Mental rotations of three-dimensional objects, *Science*, 1971, *171*, 701-703.
SNOW (R.E.), Aptitude processes, in Snow (R.E.), Federico (P.A.), Montague (W.E.), *Aptitude, learning, and instruction*, Hillsdale, Lawrence Erlbaum Associates, 1980, 27-63.
SPEARMAN (C.), *Les aptitudes de l'homme, leur nature et leur mesure*, Paris, C.N.A.M., 1936 (1re édition anglaise: 1926).
STERNBERG (C.S.), High speed scanning in human memory, *Science*, 1966, *153*, 652-654.
STERNBERG (R.J.), *Intelligence, information processing, and analogical reasoning*, Hillsdale (N.J.), Lawrence Erlbaum, 1977a.
STERNBERG (R.J.), Components processes in analogical reasoning, *Psychological Review*, 1977b, *84*, 353-378.
STERNBERG (R.J.), Sketch of a componential subtheory of human intelligence, *The Behavioral and Brain Sciences*, 1980, *3*, 573-614.
STERNBERG (R.J.), Nothing fails like success: the search for an intelligent paradigm for studying intelligence, *Journal of Educational Psychology*, 1981a, *73*, 142-155.
STERNBERG (R.J.), Intelligence and Nonentrenchement, *Journal of Educational Psychology*, 1981b, *73*, 1-16.
STERNBERG (R.J.), Components of human intelligence, *Cognition*, 1983, *15*, 1-48.
STERNBERG (R.J.), Toward a triarchic theory of human intelligence, *The behavioral and Brain sciences*, 1984, *7*, 269-315.
STERNBERG (R.J.), RIFKIN (B.), The development of analogical reasoning processes, *Journal of Experimental Child Psychology*, 1979, *27*, 195-232.
STERNBERG (R.J.), GUYOTE (M.J.), TURNER (M.E.), Deductive reasoning, in Snow (R.E.), Federico (P.A.), Montague (W.E.), *Aptitude, Learning and Instuction*, Hillsdale (N.J.), Lawrence Erlbaum Associates, 1980, Vol. 2, 219-245.
STERNBERG (R.J.), NIGRO (G.), Developmental patterns in the solution of verbal analogies, *Child Development*, 1980, *51*, 27-38.
STERNBERG (R.J.), WEIL (E.M.), An aptitude x strategy interaction in linear syllogistic reasoning. *Journal of Educational Psychology*, 1980, *72*, 226-239.
STERNBERG (R.J.), DOWNING (J.), The development of higher-order reasoning in adolescence, *Child Development*, 1982, *53*, 209-221.

VERNON (P.E.), Reaction time and intelligence in the mentally retarded, *Intelligence*, 1981, 5, 31-36.
WECHSLER (D.), *La mesure de l'intelligence chez l'adulte*, Paris, P.U.F., 1956 (1re édition: 1944).
WECHSLER (D.), *The measurement and appraisal of adult intelligence*, Baltimore, Williams and Wilkins, 1958.
WECHSLER (D.), *Manuel. Echelle d'intelligence de Wechsler pour enfants*, forme révisée (WISC-R), Paris, Les Editions du Centre de Psychologie appliquée, 1981.

Chapitre III
L'interdépendance des modes de fonctionnement et des contenus de la pensée

François LONGEOT
Université de Grenoble

Dans l'introduction de son livre *La psychologie différentielle*, Reuchlin (1969) décrivait l'évolution de l'étude des différences entre les individus. De discipline séparée (la psychologie différentielle, justement), avec son domaine propre, pourvue d'une méthode spécifique (la technique des tests ou psychométrie), l'étude des différences interindividuelles devenait de plus en plus une partie de la psychologie générale et de la psychologie du développement, réunies toutes les trois sous le nom de psychologie expérimentale dans l'analyse des processus psychologiques. «Un processus psychologique n'a pas reçu d'explication générale satisfaisante tant que l'on n'a pas expliqué comment peut intervenir dans son déroulement cette catégorie de facteurs associée aux différences individuelles» (Reuchlin, 1969). «La psychologie différentielle appartient en ce sens à la psychologie générale» (idem). Cependant, si l'on a bien vu se développer une approche différentielle de la psychologie génétique, cette évolution ne s'est pas étendue à tous les pays, du moins jusqu'à une date très récente, ni à tous les aspects de la psychogenèse. Pour nous limiter aux aspects cognitifs, la prise en considération des différences entre les individus a surtout concerné les variations de l'âge d'accès à un nouveau niveau opératoire, elle s'est beaucoup plus rarement et beaucoup plus récemment intéressée à l'étude du fonctionnement cognitif lui-même. D'autre part, les préoccupations différentielles ont été d'abord le fait des psychologues différentialistes, bien sûr, mais il ne semble pas qu'elles aient été reprises ni toujours comprises par les autres, de telle sorte qu'il est difficile d'affirmer que l'intégration si souhaitable des perspectives, générales, génétiques et différentielles est aujourd'hui accomplie. Serait-ce parce que «ce que cherche de son côté l'homme de science, ce sont d'abord des lois absolument générales, cette généralité contribuant largement à fonder leur validité»? «... Montre-t-on que les fluctuations interindividuelles n'ont pas toutes un caractère entièrement aléatoire? Le fait doit bien alors réintégrer le domaine d'une science générale. Mais il en complique désagréablement les modèles, il compromet l'élégante simplicité de ses constructions» (Reuchlin, 1969).

Quoi qu'il en soit, il reste encore du chemin à faire. Nous espérons, avec le texte qui suit, faire un pas dans la direction souhaitée. Nous utiliserons pour cela le modèle présenté plus récemment par Reuchlin (1978) et qui prend en compte dans la détermination de la conduite à la fois les effets inducteurs des situations et les différences interindividuelles. Dans des situations de même forme mais de contenus variés, les différents processus susceptibles de traiter le problème sont mobilisés par ces contenus avec des probabilités diverses. Ces processus sont plus ou moins efficaces et adaptatifs. D'autre part, les sujets qui ont à leur disposition ces divers processus de traitement les mettent en œuvre avec des probabilités qui varient d'un individu à l'autre.

Pour prendre comme exemple les problèmes de rangement ou de catégorisation d'objets sur lesquels nous reviendrons assez longement par la suite, *un certain matériel* peut suggérer plus fortement une catégorie thématique, comme les objets et les êtres vivants qui composent un cirque, qu'un autre matériel qui se laisse ranger plus facilement en classes logiques telles que les personnages, les animaux, les véhicules. *Les sujets* peuvent, de leur côté, préférer utiliser l'un ou l'autre de ces modes de catégorisation quelle que soit la nature des objets à ranger.

C'est donc une interaction contenus x individualités qui détermine la fréquence des divers processus possibles dans une tâche, dans le cas d'un niveau de développement intellectuel identique chez les sujets observés. La malencontreuse coupure entre l'approche générale et l'approche différentielle a fait que l'on a le plus souvent étudié séparément les deux termes de l'interaction. Du côté des variations du contenu dans les tâches de forme unique on trouve l'étude des mécanismes généraux de l'induction de processus différents. Du côté des différences individuelles on trouve dans le passé l'étude des différences de niveau opératoire. Aujourd'hui elles nous intéressent beaucoup moins en tant qu'objet de recherche mais elles doivent être contrôlées dans l'étude des styles cognitifs, objets actuels de l'approche différentielle.

En effet, ces styles cognitifs sont définis justement ici comme des manières différentes de fonctionner d'individus qui ont atteint le même niveau de développement intellectuel. Ces manières de fonctionner désignent des stratégies ou des procédures diverses pour traiter l'information ou pour agir.

Le manque d'intégration des deux termes de l'interaction dans l'ensemble des recherches sur le fonctionnement cognitif nous a conduit à diviser les pages qui suivent en deux parties correspondant aux deux approches dont nous venons de parler : génétique et différentielle dans cet ordre. Dans la première partie, nous exposerons un modèle élaboré à partir de la présentation de recherches analysant la pluralité intraindividuelle du fonctionnement logique provoquée par les modifications apportées à des situations opératoires classiques (conservations, sériation, combinatoire, etc.). Dans la seconde partie, nous présenterons la problématique de nos recherches visant à *mettre en évidence la variabilité interindividuelle de cette variabilité intra-individuelle*.

I. L'APPROCHE DE LA PSYCHOLOGIE DU DEVELOPPEMENT

Dans la psychologie génétique de l'intelligence telle qu'elle s'est pratiquée autour de J. Piaget et à partir des travaux genevois, on recueille la réponse de l'enfant à une question de compréhension posée devant un matériel ou une situation qui font problème et on lui demande de justifier cette réponse. On discute ensuite l'argumentation de l'enfant pour obtenir plus de précision sur sa manière de penser et aussi pour voir dans quelle mesure il y tient. Parfois l'enfant doit accomplir une tâche, par exemple, ordonner par leur taille des baguettes présentées en désordre, et son fonctionnement cognitif peut alors être atteint aussi par l'analyse des procédures utilisées pour la mener à bien. Considérons l'argumentation donnée par l'enfant dans les problèmes de compréhension qu'il doit résoudre comme le point de départ et la raison de la procédure qu'il utiliserait s'il avait à agir, par exemple, s'il devait verser deux quantités égales de sirop dans deux verres de forme différente au lieu de dire simplement pourquoi ce serait la même chose dans les deux verres avant toute action véritable. Dans la perspective classique de la psychologie du développement intellectuel, la question des rapports entre procédures et stades se posait d'une façon assez simple. Un stade est défini par une structure logico-mathématique (groupe, treillis), ou en tout cas par des notions logiques (inférence transitive, applications non numériques, etc.) susceptibles d'être utilisées pour comprendre une situation ou pour coordonner les actions dans l'accomplissement d'une tâche finalisée. Les procédures sont alors la traduction, dans l'action ou dans l'argumentation, des capacités logiques correspondant au stade atteint par le sujet. Si un sujet prouve que les variations de fréquence des oscillations d'un pendule sont dues uniquement au changement de longueur de la ficelle en employant la méthode « ne faire varier qu'un facteur à la fois », c'est qu'il se trouve au stade formel caractérisé par la logique interpropositionnelle qui fonctionne selon le groupe INRC et sur la base d'une combinatoire (treillis) des propositions. Les stades définissent les procédures utilisables, il les expliquent. De leur côté, les procédures et les arguments sont les indicateurs des stades. Stades et procédures correspondent étroitement, les uns renvoient aux autres et réciproquement. Cela devrait donner une seule procédure par stade dans chaque situation et, pour des stades différents, des procédures différentes.

Bien entendu, cette déduction est trop simple. On sait que dans des épreuves opératoires comptant parmi les plus classiques on observe plusieurs procédures à un stade donné. Un enfant du stade opératoire concret va ordonner systématiquement les baguettes de taille différente en choisissant toujours la plus grande de celles qui restent à sérier et en la plaçant à la suite de la précédente ou bien cet enfant construira la série en insérant chaque baguette entre celle qui est immédiatement plus grande et celle qui est immédiatement plus petite qu'elle. Autre exemple, pour justifier la conservation de la quantité quand l'une des deux boules de pâte identiques est transformée en saucisse, un enfant expliquera que l'amincissement compense l'allongement ou bien que l'on peut refaire la boule initiale avec la saucisse ou encore que l'on n'a rien enlevé ni rien ajouté en transformant la boule. Cependant, Piaget faisait remarquer que ces 3 arguments sont 3 expressions différentes de la même structure de groupement définissant le stade opératoire concret. De même, les procédures d'insertion et de choix du plus grand élément restant manifesteraient toutes deux la réversibilité par réciprocité (une baguette est conçue comme à la fois plus petite qu'une autre et plus grande qu'une 3e) et la transitivité qui définissent aussi les opérations concrètes. On serait donc en présence de variantes d'un même mode de fonctionnement cognitif découlant directement des structures du stade et on retrouverait ainsi le point de vue classique.

Depuis le milieu des années 70 un grand nombre de recherches ont été consacrées à l'analyse minutieuse des procédures dans la résolution de problèmes. Elles ont abouti à modifier profondément ces *conceptions des relations entre procédures et structures.*

1. On a pu décrire un grand nombre de procédures relevant du même stade dans le traitement d'un même problème. On le verra plus loin quand certaines recherches sur la sériation ou sur la permutation d'objets seront rappelées.

2. Des procédures relevant de stades différents permettent de trouver la solution. Dans la perspective classique, un problème exigeait un certain stade pour être réussi, et par conséquent la procédure découlant de ce stade devait être la seule qui soit efficace. Si une procédure d'un stade inférieur parvenait aussi à une bonne réponse, on cherchait en général à montrer que cette réponse était de moins bonne qualité ou que le résultat était dû à un cas particulier. Réussir à ordonner les 10 baguettes après de multiples tâtonnements et rectifications ne satisfait pas à une consigne qui préciserait de faire la série d'un seul coup. Dans la quantification des probabilités, trouver qu'il vaut mieux choisir un jeton dans le tas composé de 2 croix sur 4 jetons plutôt que dans le tas composé de 3 croix sur 7 «parce qu'il y a moins de jetons perdants» est une bonne réponse à cause de la composition particulière des 2 tas qui permet à un raisonnement opératoire concret de coïncider avec la bonne réponse. Le même raisonnement aurait donné une réponse fausse à l'item 4/8 et 2/5 dont la structure numérique est identique. Mais ce n'est pas si simple. G. Vergnaud et G. Ricco (1976-1977) ont étudié la correspondance entre les objets et leur prix sous la forme d'un tableau de correspondances à compléter. Par exemple, pour un nombre de stylos achetés par des enfants, le prix total payé, tantôt est donné, tantôt est à trouver : Agnès pour 3 stylos a payé 12 F, Anne pour 4 stylos a payé 16 F, combien Marcel a-t-il payé pour 5 stylos ? et Didier pour 2 stylos ? etc. Parmi les procédures qui ne se fondent pas sur la notion de proportionnalité on trouve en particulier celle nommée écarts constants par les auteurs : 16 F − 12 F = 4 F, donc pour 5 stylos Marcel a payé 16 F + 4 F = 20 F. Elle aboutit à la bonne réponse dans un problème de proportions (donc en principe exigeant des opérations formelles) et pourtant ce raisonnement additif est opératoire concret.

On dira peut-être que cet exemple peut se ramener au cas d'une réussite due à une particularité de la situation. Si les 3 lignes du tableau ne se suivaient pas directement, la règle des écarts constants, ou bien ne pourrait plus être utilisée, ou bien donnerait une réponse fausse. Cependant, on observe aussi la procédure «hypothétique» qui consiste à se donner un prix unitaire («supposons qu'un stylo coûte 2 F»), à l'essayer sur les données, à le rectifier («ça ne va pas, essayons 3 F») jusqu'à ce qu'il s'ajuste aux données. Cette procédure réussit dans tous les cas de cet exercice et d'autre part G. Vergnaud l'observe de nouveau dans d'autres exercices de mathématique, par exemple dans des exercices du type : Bertrand joue une partie de billes, il perd 7 billes; après la partie il a 3 billes; combien de billes avait-il avant la partie ? (G. Vergnaud, C. Durand, 1976). Pour trouver l'état initial connaissant la transformation et l'état final, certains sujets, au lieu d'inverser la transformation (de − 7 billes à + 7) et de l'appliquer à l'état final (réversibilité opératoire), préfèrent se donner un état initial quelconque, appliquer la transformation directe, corriger l'hypothèse initiale en fonction de l'état final obtenu (comparaison avec l'état final de l'énoncé). Cette procédure hypothétique a donc une certaine généralité. Ces recherches montrent que si l'on appelle compétence le stade atteint par l'enfant et performance la réussite ou l'échec dans la tâche, alors il faut dissocier compétence et performance dans le fonctionnement cognitif.

3. La procédure hypothétique est générale et efficace mais on ne peut pas la rattacher à un stade déterminé. Elle se caractérise à la fois par le fait d'éviter d'utiliser la réversibilité opératoire et par un degré déjà élevé de complexité. Cette technique d'approximations successives par itération d'une règle de calcul est une sorte d'algorithme conduisant automatiquement à la solution du problème. Il est nécessaire d'inventer un tel algorithme avant de pouvoir s'en servir. Ce genre de données vient à l'appui de la distinction entre deux systèmes cognitifs, Comprendre et Réussir, le premier dépendant directement des structures opératoires (schèmes notionnels articulés), le second étant relativement autonome par rapport au premier avec ses schèmes procéduraux susceptibles de se modifier en fonction des seuls résultats des actions et même de fournir de nouvelles possibilités aux activités de coordination logique du sujet dans l'autre système (J. Piaget, 1976, 1981; J. Montangero, 1977).

4. Dans les paragraphes précédents, on a vu les stades se dissocier des performances, puis des procédures. Certaines recherches conduisent à distinguer les procédures et les conduites observables. Il arrive que des procédures différentes produisent un même comportement. Dans les jeux de covariation quantitative (F. Orsini-Bouichou, J. Malacria-Rocco, 1978), l'expérimentateur et l'enfant placent alternativement, selon un certain «motif», par exemple, 1 blanche (expérimentateur), 3 rouges (enfant), 1 boule par case. Puis l'expérimentateur change sa mise (2 blanches) et demande à l'enfant de placer des boules rouges de manière à continuer à jouer avec la même règle de jeu. Une procédure consiste à mettre 2 boules rouges afin de maintenir constant le total initial des blanches et des rouges (complémentation). Par la procédure de compensation, l'enfant met aussi 2 boules rouges,

mais parce qu'il retranche à sa mise antérieure ce que l'expérimentateur a ajouté à la sienne. Dans le premier cas l'enfant transfère à la situation présente la relation qu'il a établie entre boules blanches et rouges dans la situation précédente. Dans le second cas, l'enfant transforme sa mise initiale de façon à annuler l'effet de la transformation opérée par l'expérimentateur. Ces deux procédures, qui se sont manifestées par la même action, relèvent elles-mêmes de deux opérateurs différents (ou règles fonctionnelles pouvant s'appliquer à des contenus extrêmement variés) : l'opérateur III et l'opérateur IV. Ceux-ci correspondent étroitement, sur le plan fonctionnel, aux stades préopératoire supérieur et opératoire concret, sur le plan structural.

Nous avons relevé ainsi une série de distinctions utiles pour l'analyse des modes de fonctionnement cognitif : opérateurs fonctionnels, généraux (ou niveaux opératoires) et procédures, procédures et manifestations comportementales ou encore procédures et performances (dans des situations avec réussite ou échec). Dans la plupart des recherches consacrées à cette analyse une question apparaît comme centrale. C'est celle des *rapports entre les formes opératoires, qui définissent a priori les tâches, et les contenus de ces tâches*. L'étude de cette question devrait éclairer l'ensemble des distinctions faites ci-dessus. Nous rejoignons sur ce point les réflexions de F. Bresson (1977) sur les évolutions non monotones. Quand il s'agit de conduites mettant en jeu des opérations intellectuelles, fait-il remarquer, l'expérimentateur définit une certaine « demande » de compétence qu'il croit imposer à travers divers dispositifs. Cette demande revient à attendre le résultat d'une conduite qui est censée dépendre de cette compétence. Or ce résultat peut-être produit par des procédures différentes selon les dispositifs imaginés. L'expérimentateur considérera à tort que la compétence demandée par lui est la condition nécessaire et suffisante de la performance alors qu'elle n'en est que la condition suffisante.

A. **Dans ce qui suit nous présenterons différents aspects que peuvent prendre les relations de la forme et du contenu des situations dans le fonctionnement intellectuel**

Nos analyses nous conduiront à la notion de registres de fonctionnement (P. Vermersch, 1978, 1979) que nous mettrons en relation avec les processus de formalisation et de réalisation proposés par M. Reuchlin (1973) pour une meilleure analyse du fonctionnement cognitif.

1. L'action du contenu, comme particularités du matériel et des consignes, sur le statut opératoire des procédures d'action

La performance ou le comportement observables dépendent des relations entre 3 termes, le niveau opératoire du sujet[1], la forme de la tâche (classification, sériation, permutations, etc.), les propriétés du contenu de la tâche, et non pas seulement entre 2 termes, le niveau opératoire du sujet et la forme de la tâche définie par le stade qu'elle est censée exiger. Reprenons l'exemple de la tâche dont la forme est de sérier des baguettes de taille différente. Dans la situation classique l'enfant voit simultanément les 8 ou 10 éléments qu'il doit ordonner. Cette particularité du contenu facilite l'emploi de la procédure choix du plus grand élément restant. Il suffit d'aligner les baguettes en désordre et de placer celle qui dépasse toutes les autres en réitérant cette action jusqu'à l'épuisement du matériel. L'enfant qui a atteint le niveau opératoire concret avec réversibilité par réciprocité et transitivité peut employer cette procédure. Modifions le contenu de l'épreuve en recouvrant les baguettes avec des étuis colorés et en imposant de ne découvrir simultanément que 2 baguettes au maximum (Baylor, Lemoyne, 1975; C. Gillieron, 1976). La forme de la tâche n'a pas changé, il s'agit toujours d'une sériation de baguettes d'après leur longueur.

Cependant, pour utiliser la procédure choix du plus grand, il faut maintenant chercher ce dernier, puisqu'il n'est plus directement perceptible. Et pour le chercher, il faut concevoir la comparaison de tous les éléments 2 à 2 avec le but de conserver chaque fois le plus grand. A la fin de ces comparaisons systématiques le dernier élément jugé plus grand est placé et de nouvelles séries de comparaisons 2 à 2 vont suivre pour placer les autres éléments l'un après l'autre par rang de taille. L'anticipation de la totalité des combinaisons 2 à 2 dans un ensemble d'éléments caractérise le début des opérations formelles (ou niveau préformel). En principe, la procédure n'est plus utilisable par les enfants du niveau opératoire concret. *La modification des caractères du contenu a changé le statut opératoire de la procédure « choix du plus grand »* en imposant pour son emploi une contrainte supplémentaire et d'un stade supérieur.

Les enfants du niveau opératoire concret peuvent encore réussir l'épreuve en usant d'une autre procédure. L'insertion d'une nouvelle

---

[1] Le niveau opératoire du sujet sera parfois appelé la logique du sujet dans les pages qui suivent.

baguette parmi celles qui sont déjà placées reste possible avec le nouveau contenu car les comparaisons 2 à 2 qu'elle comporte n'exigent pas d'opérations combinatoires. Elles sont faites seulement avec les éléments déjà placés et suivant un ordre qui est donné et non à concevoir a priori. En outre, C. Gillieron (1976) décrit plusieurs autres procédures aboutissant au succès et induites par le nouveau contenu, par exemple celle qui consiste à évaluer perceptivement et une par une les baguettes, à leur attribuer une place dans la série sur cette base, puis à procéder à des comparaisons 2 à 2 entre éléments proches à titre de vérification. Cette procédure n'a pas un statut opératoire bien clair.

2. La logique du contenu, la forme de la tâche et la logique de la tâche

Si des modifications apportées au contenu changent le niveau opératoire des procédures utilisables c'est évidemment que la forme de la tâche (la sériation) ne suffit pas à déterminer la logique de la tâche. Si le contenu y contribue c'est donc qu'il existe aussi une logique du contenu.

La logique de la tâche résulte finalement des relations entre la forme de la tâche et la logique du contenu. Selon que la logique du sujet correspond ou non à la logique de la tâche, la procédure adoptée varie et le comportement ou la performance observés aussi.

On vient de voir que, dans la situation avec les baguettes cachées sous des étuis, les enfants remplaçaient la procédure choix du plus grand par d'autres qui s'appuient plus ou moins fortement sur des estimations perceptives et leur mémorisation. C. Gillieron (1976) se sert également d'un dispositif qui supprime les évaluations perceptives tout en imposant encore des comparaisons 2 à 2. Les baguettes, derrière un écran, dépassent de 1 cm par le haut. Les enfants doivent les ordonner en demandant à l'expérimentateur laquelle de 2 baguettes est la plus grande. La nature ou forme de la tâche est toujours la même, mais la notion de grandeur a changé par rapport aux autres situations. Dans celles-ci on avait affaire à une grandeur globale, physique, évaluable perceptivement. Dans la nouvelle situation, on a affaire à une grandeur construite car elle implique la compréhension de la mesure en tant que division de la grandeur en parties quantifiées et additives. Ici c'est le niveau logique de la notion de longueur qui varie et cette variation de la logique du contenu entraîne un changement de la logique de la tâche dont la difficulté augmente avec le nouveau dispositif. Suivant que le niveau du développement de la logique du sujet en ce qui concerne la mesure et les combinaisons 2 à 2 est suffisant ou non pour faire face à l'accroissement de la difficulté logique de la tâche, on observera une bonne ou une mauvaise performance. Chez un enfant situé au début des opérations concrètes une *variabilité intra-individuelle du niveau de fonctionnement cognitif* se manifestera à travers les diverses situations. Cette variabilité intraindividuelle, difficile à comprendre si on en reste à la logique de la tâche définie uniquement par sa forme, trouve une explication avec l'analyse de l'interdépendance de la forme et du contenu dans la logique de la tâche.

Elle pose le problème de l'existence ou à tout le moins de l'utilité des stades. Si le mode et le niveau du fonctionnement intellectuel varient en fonction des particularités du contenu :

1. Cela a-t-il encore un sens de supposer que des individus se trouvent à un stade déterminé ?

2. Si, cependant, on admettait l'existence des stades, comment les atteindre à travers la variabilité intra-individuelle observée dans des tâches de même forme logique ?

3. Si l'évaluation du stade était possible, à quoi servirait-elle quand on veut analyser concrètement le fonctionnement cognitif des sujets dans une situation donnée ?

Une réponse négative à ces questions conduit des chercheurs à abandonner la notion de stades du développement. Nous pensons que ces stades existent, en nous fondant en particulier sur les résultats de plusieurs analyses factorielles qui ont porté sur des variables différentes, avec des techniques différentes. Toutes ont extrait un premier facteur regroupant les items opératoires par stades, ou un facteur général d'intelligence regroupant les épreuves opératoires notées en stades (F. Longeot, 1969; J. Hornemann, 1974; J. Lautrey, 1980; H. Londeix, 1983). On ne peut pas nier les stades puisqu'ils expliquent plus de variance que les autres facteurs cognitifs mais on doit reconnaître que leur homogénéité est loin d'être parfaite puisqu'ils n'expliquent qu'une partie de la variance.

Quant à leur utilité, elle apparaît dès que l'on analyse l'interdépendance de la forme et du contenu de la tâche et les différences de difficulté qui en résultent pour les sujets. Comment comprendre que la procédure « choix du plus grand élément » devient si difficile à utiliser qu'on ne l'observe plus avant 10-11 ans quand on ne voit plus les baguettes et qu'on doit les comparer 2 à 2 (C. Gillieron, 1976) ? La référence aux opérations formelles de combinaison permet de prévoir cette difficulté plus grande et même l'âge auquel la procédure sera de nouveau observée. L'analyse de la logique du contenu comme celle de la forme de la tâche n'apporte une explication de la conduite que si elle est réalisée en termes de stades. L'automate I de L. Frey (1964), qui sert à représenter la procédure du choix du plus grand élément, fonctionne au moyen de comparaisons 2 à 2 systématiques. Il ne correspond donc pas à tous les cas d'utilisation de cette procédure, en particulier à la situation classique où tous les éléments sont visibles. Il ne décrit vraiment que la situation où toute évaluation perceptive est impossible. Cela n'empêche pourtant pas la procédure «choix du plus grand» d'être employée à partir de 7 ans dans une démarche comportant réversibilité et transitivité, mais à condition d'être dispensée des comparaisons 2 à 2. L'analyse des conduites en termes d'automates est précieuse par sa précision mais elle est condamnée à s'enfermer dans chaque situation particulière pour rester exacte.

Elle risque de demeurer purement descriptive si elle n'est pas complétée par une analyse de la forme et du contenu des situations en termes de logique des opérations intellectuelles et si cette analyse n'est pas mise en relation avec le niveau logique du sujet.

Le niveau opératoire des sujets ne peut être évalué qu'approximativement et indirectement; indirectement, à travers leur variabilité intra-individuelle, à condition de pouvoir en connaître les raisons grâce à l'analyse de la logique de la tâche; approximativement, en utilisant des épreuves opératoires dont le contenu est le plus neutre possible par rapport à la forme. On estimera mieux la présence d'opérations formelles combinatoires avec des jetons colorés qu'avec des chiffres (voir ci-dessous).

3. Les aspects sémantiques du contenu et la logique de la tâche

Nous venons de souligner l'importance de la logique du contenu dans la définition de la logique de la tâche. Le rôle de la signification des contenus n'est pas moins important. L'épreuve de conservation numérique élémentaire est réussie assez tôt quand on utilise 2 rangées de jetons de 2 couleurs différentes, même si on distingue la quotité et la quantité. Les réponses opératoires sont données par la majorité des enfants vers 7 ans. Cet âge est celui du début du stade opératoire concret. Il correspond à ce que la forme logique de la tâche permet d'attendre. L'invariance quantitative, malgré la perception d'une variation de l'espace occupé par l'une des rangées, est assurée grâce à la réversibilité de la pensée, avec une facilitation due sans doute à la mise en correspondance terme à terme des jetons des 2 rangées lors de la construction d'une 2e rangée numériquement égale à la 1re. La réussite est observée à un âge inférieur à celui des opérations concrètes quand on se sert d'une rangée d'œufs et d'une rangée de coquetiers, ou encore d'une rangée de fleurs et d'une rangée de vases, à la place des jetons dépourvus de signification concrète. A. Szeminska (1977) a repris ses anciennes épreuves et elle en a appliqué de nouvelles versions : une rangée d'anses et l'autre rangée constituée par des paniers sans anse, des fleurs coupées, avec l'une des rangées constituée par les tiges et l'autre par les fleurs, deux rangées de lapins tous étant nettement individualisés. Dans ces situations la réussite est observée dès 4-5 ans, à l'âge du passage du 1er stade préopératoire au suivant.

On ne peut comprendre des décalages de réussite d'une telle ampleur qu'en considérant les variations sémantiques du contenu. Les anses et les paniers sont les parties, les morceaux des mêmes objets répartis sur les deux rangées. Modifier la longueur de l'une des rangées n'empêche pas de reconnaître ces deux morceaux d'un morceau unique; les deux rangées restent complètement solidaires. Quand l'expérimentateur interroge sur le nombre des éléments de ces rangées, l'enfant n'a plus de raisons de penser que ce nombre a changé, d'où une réponse de conservation. Mais il s'agit alors de la conservation d'objets concrets, toujours présents (on n'en a ni retiré ni ajouté), et non de la conservation du nombre en tant que tel qui n'en est que l'effet secondaire. De même, l'individualisation des lapins assure leur conservation et accessoirement celle de leur nombre (c'est toujours «la même chose de lapins» = les mêmes lapins). La signification du contenu a modifié la logique de la tâche telle qu'elle était définie par sa forme (la conservation opératoire du nombre) en donnant aux éléments une identité. Avec les jetons, seules les rangées avaient une identité, matérialisée par la couleur. Les éléments, tous pareils, en étaient dépourvus et l'enfant était contraint de raisonner sur des unités numériques. Les contenus composés d'objets réels introduisent une logique de la conservation qualitative de l'identité à côté ou à la place de la logique de la conservation quantitative du nombre, définie par la forme de la tâche. Les recherches antérieures (Piaget et al., 1968) ont montré l'antériorité de la 1re par rapport à la 2e dans la psychogénèse. Des sujets dont la logique n'est que préopératoire vont, par conséquent, réussir dans cette épreuve de conservation numérique, d'où le décalage chronologique. La réussite aux œufs et coquetiers ou aux fleurs et aux vases se situe à un âge intermédiaire parce que les deux rangées comportent des objets différents mais entretenant des relations fonctionnelles étroites, du type rapport de contenant à contenu. Les coquetiers sont faits pour mettre des œufs dedans, les vases pour y mettre des fleurs. Un œuf et un coquetier constituent fonctionnellement une seule chose, un super-objet, d'où la possibilité d'utiliser la logique de l'identité au lieu de celle de la conservation quantitative, mais dans une situation un peu plus complexe que celle des anses et des paniers. Notons qu'ici sémantique et logique ne sont pas antinomiques. Ce sont les particularités sémantiques des contenus qui déterminent le genre de logique que ces contenus permettent d'utiliser.

Elle pose le problème de l'existence ou à tout le moins de l'utilité des stades. Si le mode et le niveau du fonctionnement intellectuel varient en fonction des particularités du contenu :

1. Cela a-t-il encore un sens de supposer que des individus se trouvent à un stade déterminé ?

2. Si, cependant, on admettait l'existence des stades, comment les atteindre à travers la variabilité intra-individuelle observée dans des tâches de même forme logique ?

3. Si l'évaluation du stade était possible, à quoi servirait-elle quand on veut analyser concrètement le fonctionnement cognitif des sujets dans une situation donnée ?

Une réponse négative à ces questions conduit des chercheurs à abandonner la notion de stades du développement. Nous pensons que ces stades existent, en nous fondant en particulier sur les résultats de plusieurs analyses factorielles qui ont porté sur des variables différentes, avec des techniques différentes. Toutes ont extrait un premier facteur regroupant les items opératoires par stades, ou un facteur général d'intelligence regroupant les épreuves opératoires notées en stades (F. Longeot, 1969; J. Hornemann, 1974; J. Lautrey, 1980; H. Londeix, 1983). On ne peut pas nier les stades puisqu'ils expliquent plus de variance que les autres facteurs cognitifs mais on doit reconnaître que leur homogénéité est loin d'être parfaite puisqu'ils n'expliquent qu'une partie de la variance.

On retrouve ces relations entre la sémantique et la logique du contenu avec l'analyse du fonctionnement dans l'activité de permutation d'objets (P. Mendelsohn, 1981 a). Cette tâche combinatoire exige, en principe, le stade opératoire formel puisqu'elle consiste à établir la sériation de toutes les sériations d'un nombre donné d'éléments, donc une opérations sur des opérations. Elle est proposée à des enfants de 11 ans avec 3 contenus différents : jetons colorés, comme dans la situation classique, cartons portant un chiffre, cartons portant une lettre. Or les chiffres, et à un moindre degré les lettres, ont une signification pour le sujet. Les lettres de l'alphabet ont un ordre que l'on utilise parfois en travaillant avec un dictionnaire. Avec des chiffres on forme des nombres qui sont ordonnés. Quand les sujets manipulent des chiffres, ils n'ont donc plus à ordonner eux-mêmes les éléments pour réaliser les permutations car ils connaissent l'ordre des nombres et il leur suffit de l'utiliser. Au contraire, avec des couleurs, contenu non ordonné, les sujets doivent se soucier en premier lieu d'ordonner les éléments. L'organisation de l'ensemble des actions à effectuer sur les éléments et sur les séries pour obtenir toutes les permutations devient plus difficile à anticiper. L'algorithme (règle appliquée pour modifier l'ordre des éléments d'une série et répétée jusqu'à l'obtention d'une série déjà réalisée) et la procédure (organisation plus ou moins élaborée des algorithmes en vue de réaliser toutes les permutations) ne seront pas les mêmes selon les contenus. Pour ordonner les couleurs les sujets se servent d'algorithmes qui attribuent à une place (la 1re en général) le rôle d'ordonnateur. Ces algorithmes (permutation des éléments à cette place privilégiée, permutations circulaires) ne fournissent pas d'emblée l'ensemble des actions à accomplir puisqu'ils portent sur un point particulier : la position d'un élément déterminé dans chaque série. Avec une succession de nombres ordonnés à réaliser, les sujets peuvent mettre en œuvre des algorithmes qui portent sur les positions relatives des éléments à l'intérieur de la série et ceci pour toutes les séries : par exemple, maintenir constants n-2 éléments et inverser ces deux éléments mobiles. Avec ce genre d'algorithmes il est plus facile d'employer une procédure « à plan unique » permettant de dérouler automatiquement les permutations du début jusqu'à la fin. Les algorithmes de permutation des éléments à une place privilégiée ne conduisent qu'à des résultats partiels et les procédures seront plus difficilement à plan unique, risquant donc d'aboutir au blocage de l'action ou à l'échec. Le niveau de complexité des procédures ne dépend pas seulement de l'algorithme utilisé au départ de l'action, donc du contenu, qui détermine lui-même cet algorithme. Les résultats montrent que cet effet du contenu est massif, mais la comparaison des enfants de 11 ans et d'enfants de 9 ans (P. Mendelsohn, 1981 b) fait apparaître nettement l'influence de l'âge sur le degré d'élaboration de la procédure, donc l'influence du niveau de développement atteint par la logique du sujet (opérations concrètes ou opérations formelles). L'ensemble des résultats peut être résumé dans le schéma ci-dessous où les flèches signifient « agit sur ».

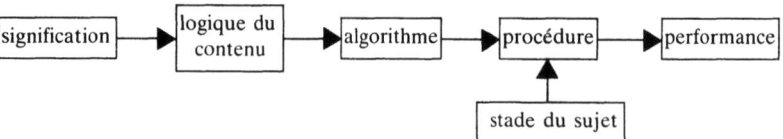

B. Registres de fonctionnement, formalisation et réalisation

1. P. Vermersch (1976, 1978, 1979) introduit la notion de registres de fonctionnement pour analyser le fonctionnement cognitif chez l'adulte. Cette notion exprime de façon imagée l'idée que l'individu «peut mettre en jeu une *pluralité de fonctionnements cognitifs différents*» (1979). Nous venons de voir que les modifications du contenu d'une épreuve font varier son niveau logique, entraînant une variabilité intra-individuelle du fonctionnement cognitif. *La notion de registre fonctionnel* apporte, en plus de l'idée de dépendance du niveau de l'épreuve à son contenu, la référence précise au stade opératoire auquel fonctionne le sujet. Les diverses manières de fonctionner d'un même sujet peuvent être décrites à l'aide des stades dont la définition comporte des propriétés fonctionnelles spécifiques qui caractérisent telle ou telle action du sujet. A chacun des stades de Piaget correspond ainsi un registre fonctionnel : agi (stade sensori-moteur), figural (stade préopératoire), concret, formel. La notion de registres, en traduisant la pluralité du fonctionnement cognitif et en la référant aux stades du développement, souligne le fait que les différents niveaux par lesquels passe le développement intellectuel restent tous actuellement disponibles en tant que modalités de fonctionnement, même si les instruments cognitifs construits à chaque palier ont continué à se développer sous l'influence des acquisitions ultérieures.

Dans les recherches citées précédemment, on montre comment la logique exigée par la tâche varie sous l'influence des modifications du contenu. Avec la notion de registres fonctionnels on décrit plutôt le fait que le niveau opératoire du fonctionnement de l'individu varie sous l'effet des modifications du contenu. On peut prendre comme exemple les activités de rangement d'objets. Kagan, Moss et Sigel (1963) distinguaient trois espèces de catégorisation : les classes relationnelles, les classes analytiques et les classes inférentielles. Dans les publications plus récentes, les auteurs ne retiennent que deux espèces de catégories en regroupant les deux dernières classes de Kagan et al. et ils les nomment de façons diverses : classes taxonomiques et classes thématiques (P. Worden, 1975, 1976; Smiley et Brown, 1979), classes par inclusion et classes fonctionnelles-contextuelles (Lange et Jackson, 1974), classes par similarité et classes par complémentarité (Denney, 1974); Bjorklund et Zaken-Greenberg, 1981), classes et collections (Markman et Siebert, 1976). En négligeant pour le moment les nuances entre les auteurs, on peut dire que les groupements d'objets du premier type sont faits d'après une ou plusieurs propriétés qu'ils ont en commun (vêtements, animaux, véhicules) et les groupements du second type d'après les relations fonctionnelles que les objets entretiennent ou d'après le fait qu'ils constituent une totalité empirique et spatialisée (une famille, une forêt, une ferme).

Dans tous les travaux cités, on utilise des images d'objets que l'on donne à classer ou encore des listes de mots à apprendre, ce matériel pouvant être structuré aussi bien en classes taxonomiques qu'en classes thématiques. S. Carbonnel (1978) emploie des objets réels (jouets) pour faire une étude systématique de la psychogénèse des deux formes de classification d'objets signifiants. Il demande aux enfants de mettre sur une deuxième table tous les objets qui vont bien ensemble et de laisser les autres sur la première table où la totalité des objets est présentée en désordre. Après explication de son rangement par le sujet, on lui demande de faire autrement lors d'un second rangement. Le matériel peut donner lieu à une classe collective (thématique), le chemin de fer, ou à la classe logique (taxonomique) des moyens de transport. Avec 87 enfants de 4 à 10 ans on observe que la classe collective apparaît après les collections figurales décrites par Piaget et Inhelder (1959) chez les plus jeunes enfants et avant les classes logiques. Elle progresse pendant toute la période du stade préopératoire et se trouve vraiment achevée à 6-7 ans. Le fait que les classes collectives sont encore largement utilisées après ces âges permet de les considérer comme un registre de fonctionnement puisque, d'abord stade de la classification précédant celui des classes logiques, elles restent disponibles ensuite à titre de modalité fonctionnelle.

Il faut signaler cependant, que c'est une question encore très controversée de savoir si les classes logiques suivent génétiquement les classes collectives. Dans certaines des recherches citées (Bjorklund et Zaken-Greenberg, 1981 ou Smiley et Brown, 1979) on n'observe pas de succession génétique mais une simple préférence pour l'un des types de classification, cette préférence variant avec l'âge des sujets. Il s'agirait donc de styles cognitifs (styles conceptuels) plutôt que de registres, puisque ceux-ci sont non seulement définis par rapport à des niveaux de développement mais sont utilisés en fonction des caractéristiques du contenu et non en fonction d'une préférence individuelle. Sur le dernier point il n'y a pas incompatibilité si on se réfère au modèle de vicariance proposé par Reuchlin (1978). L'usage des deux modes de classification peut être en partie déterminé par les situations, quand celles-ci sont moins ambiguës, et en partie par les préférences des sujets.

La question de leur succession au cours du développement est plus compliquée. Si l'on se reporte à Kagan, Moss et Sigel (1963), on constate un lien avec l'âge (entre 6 et 13 ans) des classes relationnelles dont la fréquence diminue et des classes analytiques dont la fréquence augmente, ce qui peut aussi bien correspondre à un fait de développement qu'à une préférence cognitive. Mais on observe aussi une corrélation négative entre les classes analytiques et les classes inférentielles chez les filles et une association entre les classes inférentielles et le développement intellectuel (Q.I. à une échelle de niveau) chez les garçons. Comme ces deux types de classes sont confondus sous le nom de classes taxonomiques dans les recherches ultérieures, on peut penser qu'il faut distinguer plusieurs niveaux au sein de ces classes taxonomiques ou logiques. Cette hypothèse est d'autant plus vraisemblable que les définitions de ces classes montrent une différence d'abstraction. Les classes analytiques sont fondées sur des propriétés communes qui sont des objets ou des parties d'objets réels et perceptibles qu'il suffit de détacher de l'ensemble des objets, par exemple la classe des gens qui tiennent quelque chose ou la classe des gens qui ont des chaussures. Les classes inférentielles doivent être entièrement construites par la pensée pour pouvoir y faire entrer les objets, telle la classe des travailleurs ou la classe des moyens de transport. Certains résultats peuvent sans doute s'expliquer par ces divers degrés d'abstraction des classes taxonomiques. Pour parler de préférence au lieu d'évolution on s'est appuyé sur le fait que les jeunes enfants qui regroupent les objets selon une classe thématique peuvent justifier le regroupement de l'autre type quand on le leur propose (Smiley et Brown, 1979). S'il ne s'agit que de classes analytiques, des enfants de 5-6 ans peuvent probablement les interpréter alors qu'ils ne font pas spontanément l'effort de les constituer.

On peut même aller plus loin et considérer que certains groupements proposés comme classes «logiques» sont encore moins abstraits que les classes thématiques dont il faut articuler des parties. Les animaux (classe logique) sont faciles à mettre ensemble en pensant à un zoo (classe thématique) mais ils ne suffisent pas pour constituer le zoo qui comprendra aussi des arbres, des gens (les visiteurs et les gardiens), etc. A la limite, ces classes dites logiques ne sont que des parties de classes thématiques et elles devraient alors les précéder dans le développement. Elles possèdent en effet le caractère principal des classes thématiques: être composées d'objets entiers habituellement rassemblés. La classe des personnages, comme celle des animaux, constitue plus une totalité empirique et spatiale (les gens, la foule) qu'une véritable classe logique construite en détachant des objets leurs caractères communs et en laissant de côté les autres caractères par lesquels ils diffèrent. On pourrait expliquer ainsi la courbe en U trouvée parfois dans ces situations de classification (Lange et Jackson, 1974). Lorsque les enfants du 1er grade donnent plus de rangements d'images en classes taxonomiques que les enfants des grades suivants et lorsque les adolescents du 10e grade et les adultes donnent de nouveau davantage de classes taxonomiques que les groupes précédents, c'est peut-être que les classes taxonomiques des plus jeunes ne sont en fait que des classes thématiques primitives tandis que les adolescents et les adultes les conçoivent vraiment comme des classes logiques. On retrouverait alors la psychogénèse qui serait seulement masquée par le fait que les comportements identiques correspondent parfois à des procédures différentes.

Un critère souvent utilisé pour savoir si les sujets conçoivent de véritables classes logiques est la réussite à l'épreuve de quantification de l'inclusion: «y a-t-il plus de B ou plus de A?» étant donné deux sous-ensembles disjoints A et A' inclus dans un ensemble B. Il est normal de s'attendre à ce que des sujets capables de construire des classes logiques règlent correctement les rapports de ces classes en extension. Un échec à cette épreuve associé avec la constitution de classes logiques dans la tâche de rangement d'objets indiquerait que celles-ci ne sont en réalité que des «collections non figurales» (Piaget et Inhelder, 1959). Carbonnel (1978), qui a employé la quantification de l'inclusion avec un matériel d'animaux, à trouvé en effet plus de sujets faisant des classes logiques que de sujets réussissant à la Q.I. Il est intéressant pour notre propos de noter que la corrélation était au contraire parfaite à tous les âges entre réussite à la Q.I. et réalisation des deux types de classes (logiques et collectives) lors des deux rangements demandés successivement.

Des recherches sur la classification et l'inclusion (Voelin, 1976) ont toutefois montré que la réussite à la Q.I. n'était pas associée, entre 8 et 10 ans, à la compréhension et à l'utilisation de la relation d'inclusion. La réponse correcte «il y a plus de fleurs que de fleurs jaunes parce qu'il y a aussi des vertes» peut résulter de la comparaison en extension (dans le sens d'étendue spatiale) de deux classes disjointes, et non pas incluses, la classe A des fleurs jaunes et la classe B des fleurs jaunes et des fleurs vertes. Cette conception repose sur le fait que lorsqu'on demande comment faire pour obtenir plus de A que de B, les enfants de 8-10 ans ne trouvent pas la question absurde et cherchent même à y parvenir en ajoutant des fleurs jaunes ou en ôtant des fleurs vertes.

Ces résultats ont été retrouvés par Markman (1978) et Bideaud (1981). Charnallet (1981) apporte un élément de preuve. Mis en présence de 6 fraises et 5 oranges, les enfants sont priés de poser dans un panier «plus de fruits que de fraises». L'une des conduites assez fréquemment observée (elle se classe 3ᵉ par sa fréquence parmi les 6 conduites distinguées au second essai) consiste à faire deux parts séparées dans le panier, l'une composée de fraises et l'autre composée à la fois de fraises et d'oranges dont le total est plus grand. Les enfants se justifient disant que l'une est les fraises et l'autre est les fruits. L'un d'eux va même jusqu'à déclarer : « dans ce paquet-là c'est les fraises-fraises et dans celui-là, c'est les fraises-fruits ». Parmi les 145 enfants examinés, du C.P. au C.M.2, cette conduite est la plus observée au C.E.2 (8-9 ans) où elle atteint 28 %. La moitié des enfants qui la donnent réussissent à la quantification de l'inclusion, présentée à tous les sujets avec un matériel de fleurs.

Même quand elle est réussie sans inclusion, l'épreuve de la Q.I. permet de distinguer les sujets capables de construire des classes logiques et les autres. Qu'elles soient comparées en extension comme des classes disjointes ou comme des classes incluses, ces classes A et B n'en sont pas moins des classes taxonomiques définies par des propriétés communes et détachées des objets concrets. Toutefois, si l'on veut utiliser la notion de registres de fonctionnement à propos des activités de catégorisation, il est préférable de choisir des sujets de 11 ans et plus puisque ces activités continuent à se développer entre 8 et 10-11 ans et qu'un nouveau registre fonctionnel, celui de l'inclusion, est disponible à la fin de cette période.

2. *Formalisation et réalisation.* Une autre référence théorique qui peut servir à analyser le fonctionnement cognitif dans notre optique est la distinction proposée par Reuchlin (1973) entre deux processus collaborant ou se trouvant au contaire en concurrence dans l'adaptation cognitive : la formalisation et la réalisation. A l'époque de cet article, son auteur voulait surtout insister sur l'idée que lorsqu'il s'agit de réagir rapidement ou lorsqu'il s'agit des activités de la vie quotidienne qui ne posent pas à chaque instant un problème nouveau, le sujet n'analyse pas la situation en logicien et il ne fonctionne pas nécessairement au niveau de développement le plus élevé qu'il a atteint (formalisation). Il utilise plutôt ses acquis antérieurs, des « blocs unitaires d'informations », connaissances privées de leur fondement logique, immédiatement accessibles, constituant ainsi des modalités d'adaptation plus économiques que la formalisation (réalisation).

Dans l'analyse que nous faisons ici du fonctionnement cognitif, *nous appelons réalisation l'usage d'un niveau opératoire déjà dépassé par le sujet dans un problème où il pourrait utiliser son niveau opératoire le plus élevé ou un niveau opératoire plus élevé.* Pour reprendre l'exemple de la conservation du nombre élémentaire, un enfant de 8 ans, qui peut traiter la question en termes quantitatifs (formalisation), la traitera peut-être au moyen de la conservation de l'identité des objets, qui relève d'un niveau de développement antérieur, si on lui présente un matériel de paniers et d'anses (réalisation). Au contraire, un enfant de 5 ans, qui traite la question avec la même logique qualitative de l'identité, fonctionne à son niveau de développement maximum ; nous dirons qu'il formalise. Cette définition de la réalisation, qui est une spécification de celle de Reuchlin, permet de synthétiser la distinction entre formalisation et réalisation et la notion de registres de fonctionnement. On ne peut parler de registres de fonctionnement que pour les sujets qui ont la possibilité de fonctionner dans la situation suivant plusieurs stades. Dans notre exemple, l'enfant de 5 ans n'a pas d'autre manière possible de réussir, la logique de l'identité correspond à son stade de développement et non à un registre. Pour l'enfant de 8 ans ou plus et pour l'adulte, cette même logique de l'identité est un mode de fonctionnement plus économique et suffisant pour donner la bonne réponse (réalisation). Elle est un registre car le sujet peut aussi traiter la question comme conservation numérique (formalisation). De la même façon, l'usage de classes collectives ou thématiques dans une tâche de rangement d'objets qui peut être accomplie au moyen de classes logiques ou taxonomiques peut être interprété à la fois comme le fonctionnement d'un registre préopératoire et comme l'intervention de la réalisation à la place de la formalisation, chez les sujets disposant des deux modes de catégorisation. On peut chercher dans quelles conditions les changements de registre se produisent, c'est-à-dire quand la réalisation se substitue à la formalisation. Dans un travail antérieur (Carbonnel, Longeot, 1979) nous avons étudié comment les variations de la signification des contenus jouent un rôle important en ce domaine de la catégorisation.

Le développement intellectuel s'accomplissant dans la direction d'un détachement des formes et opérations de la pensée par rapport aux objets concrets, les mots formalisation et réalisation conviennent pour désigner des registres fonctionnels qui renvoient à des stades successifs. Le stade le plus avancé résultant en effet d'une formalisation à partir des stades précédents, ces derniers manifestent une plus forte dépendance de la pensée à l'égard du réel.

Si l'on se demande quel est le rapport entre ces notions de formalisation et de réalisation et la théorie de l'équilibration par laquelle Piaget (1975) cherche à expliquer le développement intellectuel, on dira que le processus de l'équilibration majorante correspond à la formalisation quand la résistance des objets est telle qu'aucun des registres de fonctionnement disponibles ne peut résoudre le problème, même celui du stade actuel de l'enfant. Nous concevons la formalisation non seulement comme les instruments d'analyse les plus évolués dont dispose le sujet mais aussi comme les mécanismes susceptibles de construire de nouvelles coordinations d'actions, c'est-à-dire les nouveaux instruments cognitifs par rapport auxquels les anciens deviennent l'un des registres de la réalisation.

Cette conception a été mise en question par Lautrey (1981). En admettant que la recherche de nouvelles coordinations de schèmes est due à un conflit et que le conflit résulte lui-même d'une contradiction entre la centration par la pensée d'un caractère A, puis d'un caractère B, puis des deux à la fois, il estime que le modèle de Piaget ne permet pas de comprendre comment on peut passer d'une centration à la centration opposée parce qu'il ne prend en considération que l'opérativité du sujet. Pour rendre compte de ce mouvement et, par suite, du déclenchement du processus de l'équilibration majorante, il paraît nécessaire de faire appel aux aspects figuratifs de la connaissance, perception, imagerie mentale pour l'essentiel, en leur attribuant une indépendance par rapport à l'opérativité bien plus grande que ne le faisait Piaget. En tant que source autonome de représentation de transformations et d'anticipation de leurs résultats, ces aspects figuratifs de la connaissance expliquent comment l'enfant peut changer de centration. Ce sont eux que Lautrey appelle processus de réalisation. Au monisme de la conception précédente qui réduit la réalisation aux anciennes formalisations, il oppose le dualisme des deux sources de la connaissance, formalisation et réalisation. En fait, l'opposition ne porte que sur le mécanisme de l'équilibration, qui est du ressort unique de la formalisation dans la première conception et qui repose sur la complémentarité de la formalisation et de la réalisation dans la seconde conception. La première conception ne nie évidemment pas que la perception constitue une source autonome de connaissances, avec ses propres mécanismes, mais elle réserve l'expression «réalisation» aux modes de fonctionnement opératifs ou conceptuels déjà dépassés au cours du développement opératoire. En ce sens, les deux conceptions ne sont peut-être pas complètement incompatibles.

II. L'APPROCHE DIFFERENTIELLE

Trois types de tâches ont été choisies pour étudier la variabilité interindividuelle de la variabilité intra-individuelle du fonctionnement intellectuel: les activités de classification ou catégorisation d'objets, les procédures utilisées dans les activités de permutation d'objets, les procédures utilisées dans la quantification des probabilités. Nos recherches portant sur le fonctionnement au niveau opératoire formel, nous avons retenu les deux sortes d'opérations qui caractérisent ce stade : les opérations combinatoires, avec les permutations, et la coordination de deux systèmes opératoires distincts (structure INRC), avec les notions de proportionnalité et de probabilité. Nous avons estimé que les activités de catégorisation complétaient bien ces opérations, puisque les classifications opératoires n'achèvent leur construction qu'au stade formel. Avec les classifications, les permutations qui consistent en une sériation des sériations, et la proportionnalité numérique, notre échantillon de situations recouvre toute l'étendue des opérations logiques étudiées dans la perspective piagétienne, c'est-à-dire classes, relations et nombres, selon le titre d'un des ouvrages de logique de Piaget.

Suivant la problématique exposée dans l'introduction de ce chapitre, nous pensions que les individus se différencieraient dans ces tâches par des préférences stables pour un mode de fonctionnement ou un autre, malgré les effets généraux, parfois puissants, produits par les situations sur l'usage de ces modes de fonctionnement. Nous appellerons *attitude cognitive ou orientation cognitive* ces manières individuelles et dominantes de fonctionner dans une tâche donnée et à un niveau opératoire donné.

Le premier couple de ces attitudes cognitives que nous avons supposées est celui qui consisterait pour un individu à fonctionner généralement à son niveau opératoire le plus élevé ou au contraire à utiliser des registres de fonctionnement antérieurs. C'est l'orientation cognitive nommée *formalisation-réalisation*. L'hypothèse d'un usage préférentiel de la formalisation et de la réalisation se trouvait déjà dans Reuchlin (1973), bien que l'auteur ne donnât pas à la réalisation une signification identique à celle qui vient d'être indiquée. Dans la première partie nous avons vu comment les modifications apportées aux contenus influencent les stratégies et les procédures employées par les sujets. Nous avons supposé que les individus se différencient par *une plus ou moins grande sensibilité à ces influences des contenus*. C'est là un second couple d'attitudes cognitives opposées. Un troisième distinguerait les individus *selon que dominent chez eux l'élaboration de l'information et sa transformation ou la soumission aux données extérieures perçues*. Certains sujets préféreraient soumettre les données à des cadres conceptuels qu'ils construisent pour les penser tandis que d'autres conduiraient leur activité cognitive de manière à reproduire le réel le plus fidèlement possible.

Cette opposition rappelle la distinction entre les aspects opératifs et les aspects figuratifs de la pensée ou encore entre les opérations et la représentation. Bideaud et Lautrey (1983) l'étudient en particulier à propos de l'inclusion et des stratégies à la quantification de l'inclusion. Nous l'entendons plutôt comme une plus ou moins grande indépendance de la pensée à l'égard des objets, selon l'expression de Roulin (voir ci-dessous en C).

Nous avons parlé jusqu'ici d'attitudes cognitives. Si elles existent, il se pourrait aussi qu'elles constituent diverses manifestations *d'une dimension plus large*. Le moyen de s'en assurer consiste à chercher si les indicateurs des attitudes cognitives sont en corrélation, à niveau opératoire constant. S'ils l'étaient, on pourrait peut-être parler alors de style cognitif. Or, a priori, rien n'empêche de le supposer. Fonctionner dans son registre le plus élevé la plupart du temps ou, au contraire, changer de registre en fonction des situations et employer la réalisation, plus économique que la formalisation, c'est se montrer plus ou moins sensible à l'influence du contenu. Et les différences individuelles de sensibilité aux contenus peuvent être elles-mêmes considérées comme exprimant la plus ou moins grande dépendance des sujets à l'égard des objets. Si l'on prend l'exemple de la catégorisation des objets, établir à tout coup des classes logiques ou bien tantôt des classes logiques et tantôt des classes thématiques suivant la nature du matériel, c'est adopter une attitude de formalisation ou une attitude de réalisation. Mais c'est aussi se montrer peu influencé ou très influencé dans sa manière de catégoriser par les divers contenus de la tâche. C'est enfin tendre à transformer les objets et leurs ensembles naturels quand on construit des classes logiques qui ne prennent en compte que quelques aspects communs de ces objets, alors que c'est se conformer aux totalités empiriques et dépendre des objets quand on les réunit dans leur intégrité concrète et selon les rapports spatiaux et fonctionnels qu'ils entretiennent habituellement.

La question que posent inévitablement ces attitudes cognitives, surtout si elles constituent un style cognitif, est celle de *leurs rapports avec un autre style cognitif, la dépendance-indépendance à l'égard du champ* (D.I.C.). En effet, si on définit la D.I.C. en suivant Huteau (1981, conclusion du chapitre 5) comme la dominance des référents externes ou des référents internes, on voit la ressemblance de cette définition et de celle des attitudes cognitives. Elle est d'autant plus forte qu'en ce qui concerne les activités intellectuelles ces dominances se spécifient en dominance des formes ou dominance des contenus de la pensée. L'expression même de dépendance-indépendance à l'égard de l'objet (D.I.O.) indique pour le moins une analogie entre les deux styles. Nous aurons à nous demander s'il s'agit seulement d'une analogie verbale, la dépendance du *champ perceptif visuel* étant fondée sur des processus bien différents des processus en œuvre dans la dépendance du *champ conceptuel* (D.I.O.). Il se peut au contraire que la dépendance à l'égard des objets de la pensée ne soit que la manifestation sur le plan intellectuel d'un style très général recouvrant la perception, l'intelligence et la personnalité globale avec ses relations sociales, comme le supposait Witkin. Dans ce cas, les recherches présentées ici ne seraient qu'une contribution nouvelle à l'étude de la dépendance-indépendance à l'égard du champ. Il se peut enfin que les rapports de la D.I.O. et de la D.I.C. soient plus complexes et des hypothèses seront énoncées sur ce point à la fin de ce texte.

A. Les différences interindividuelles dans la formalisation et la réalisation

1. L'appartenance d'un élément à un ensemble

Nous avons fait allusion à la fin de la première partie à un travail montrant que les variations de la signification des contenus déterminent le registre fonctionnel utilisé par les sujets dans leurs catégorisations (Carbonnel, Longeot, 1979). Dans les exercices de contenus divers d'une tâche demeurant formellement identique, il s'agissait de savoir si tel élément appartenait ou non à tel ensemble et de dire pourquoi en quelques lignes. Nous rappelons ci-dessous deux de ces exercices pour faciliter la compréhension du commentaire des résultats obtenus dans les diverses recherches:

Item Jacqueline:
- X est l'ensemble des gens qui ont un oiseau,
- soit l'ensemble Y = { Perroquet, pigeon, moineau },
- Jacqueline a un pigeon.
Questions 1. Jacqueline est-elle élément de l'ensemble X?
          2. Jacqueline est-elle élément de l'ensemble Y?

Item Grenoble:
- F est l'ensemble des villes de France,
- soit l'ensemble A = { 24, 365, 170.000 },
- Grenoble est une ville de 170.000 habitants.
Questions 1. Grenoble est-elle élément de l'ensemble F?
          2. Grenoble est-elle élément de l'ensemble A?

Une réponse positive à la 2e question de ces items indique que les sujets interprètent les données comme des classes thématiques (collectives). Comme ils le disent, «Grenoble est dans l'ensemble A puisque le nombre de ses habitants en fait partie», le nombre des habitants, les habitants eux-mêmes et toute la ville pour finir, comme totalité empirique, spatiale et fonctionnelle. Une réponse négative traduit l'application des règles de la théorie des ensembles, dont on s'est assuré, grâce au 1er item, que les enfants s'en souviennent : « non, parce que Grenoble n'est pas un nombre », « non, parce que Jacqueline n'est pas un oiseau ». Les sujets interprètent alors les ensembles comme des classes logiques ou taxonomiques : les oiseaux, les nombres, etc. Les contenus influencent fortement le type d'interprétation des ensembles. Dans l'étude citée plus haut, sur 115 élèves de 5e, on obtenait 31 % de bonnes réponses pour l'item Grenoble et 78 % pour l'item Jacqueline, les autres items se situant entre ces deux extrêmes. Dans une étude sur laquelle nous reviendrons en B-2, les items Jacqueline et Grenoble ont donné respectivement 93 % et 32 % de bonnes réponses avec 55 élèves de 5e (Longeot et al., 1982a). Dans deux autres études ils ont donné respectivement 81 % et 35 % (Brenet, 1983), 67 % et 22 % (Laloupe, 1983), toujours avec des élèves de 5e (57 dans la 1re, 69 dans la 2e).

Dans les trois dernières de ces études, les 4 items (en plus de l'item de mise en route et de contrôle sur la connaissance de l'écriture des ensembles en extension et de la règle d'appartenance) ont été les mêmes. Dans la première, 3 items étaient communs avec ceux des autres études. Dans toutes ces études, les items ont été ordonnés de la même manière par leur total de bonnes réponses révélant ainsi la constance de l'effet de la signification des contenus sur le registre du fonctionnement cognitif. Les items constituent même une assez bonne échelle unidimensionnelle. Les indices d'amélioration sur le hasard (Longeot, 1969) calculés sur les 4 items et sur les sujets n'ayant donné ni le maximum ni le minimum de bonnes réponses sont 0,78, 0,64 et 0,73 pour les études dans leur ordre de citation. La valeur plus faible du second indice s'explique par un léger effet d'ordre entre les 2 items de position intermédiaire. Les deux ordres de passation étant traités dans la même analyse hiérarchique, cet effet d'ordre abaisse nécessairement l'indice. Etant donné la valeur de ces indices, on peut considérer que l'induction de classes collectives par les différents contenus se hiérarchise aussi nettement que des items de stades différents dans des épreuves d'application collective !

Cette hiérarchie stable montre que l'on a affaire non seulement à un mécanisme général mais aussi à des différences interindividuelles. Les effets des contenus ne se traduisent pas par 100 % de classes collectives ou 100 % de classes logiques. Les sujets ont un total de bonnes réponses qui s'étend de 0 à 4 (tous les items). L'ensemble des items est une dimension qui différencie les sujets, une échelle unidimensionnelle, précisément. La notation de 0 à 4 points, justifiée par l'analyse hiérarchique, les distingue d'après leur tendance plus ou moins vive à fonctionner dans un registre faible ou élevé en matière de catégorisation d'objets. Nous désignerons par la suite cette variable par l'abréviation E.M.4 (ensembles, méréologie, 4ᵉ version).

2. Tentatives pour obtenir une dimension plus générale

Si ces différences interindividuelles sur les modes de fonctionnement dans les activités de classification correspondent bien à des attitudes cognitives stables, on doit les retrouver dans d'autres tâches que l'E.M.4 et toutes ces tâches doivent être en corrélation. Dans leur étude d'un style conceptuel, Kagan, Moss et Sigel (1963) avaient observé une liaison entre divers indicateurs du fonctionnement en termes de classes relationnelles, analytiques et inférentielles, tels que appariement de figures dans des séries de trois, rangement de figures, rappel de listes de mots, associations de mots, liaison plus nette chez les garçons que chez les filles. Bien qu'utilisant des tâches moins nombreuses et moins variées, nous n'avons pas obtenu des résultats aussi positifs.

Dans une première recherche nous avons appliqué à 41 élèves de 5ᵉ l'E.M.4 et l'épreuve de rangement d'objets de Carbonnel (1978, voir plus haut en I.B.). On trouva avec l'E.M.4 des résultats semblables à ceux des études déjà citées: répartition des bonnes réponses de 0 à 4, hiérarchie quasi parfaite des 4 items. En revanche, on ne put observer aucune association entre l'E.M.4 et l'épreuve de rangement d'objets. La raison en paraît simple. L'épreuve de rangement différencie très mal ces enfants déjà avancés dans leur développement intellectuel. Lors du 1ᵉʳ rangement, le chemin de fer est la seule classe collective possible, elle s'impose par sa prégnance à des enfants qui, à cet âge, sont capables de la composer exhaustivement. Elle s'impose plus que les diverses classes logiques possibles (véhicules, objets verts, etc.). 27 sujets sur les 34 qui sont au moins du stade préformel la donnent. La consigne demandant de faire autrement lors du 2ᵉ rangement, les sujets sont pratiquement obligés de faire une classe logique, quelle que soit leur préférence cognitive. En fait, 29 sujets donnent une classe logique au 2ᵉ rangement. Dans ces conditions, cette épreuve ne permet évidemment pas d'étudier des différences interindividuelles puisque les réponses sont presque entièrement déterminées par les contraintes du contenu et de la consigne.

C'est pourquoi nous avons repris la recherche avec une autre situation de catégorisation et l'E.M.4 (Longeot, Laloupe, 1983). Dans cette nouvelle situation empruntée à Carbonnel (1982), on présente au sujet deux ensembles d'objets, l'un composant une classe collective, l'autre une classe logique. On donne au sujet un nouvel objet en lui demandant dans quel ensemble il va le mieux. On lui demande aussi que nommer les deux ensembles, de justifier son choix, de dire ce que l'on pourrait ajouter ou retirer dans ces ensembles. Dans l'un des 2 items on a la classe collective de la ferme et la classe logique des animaux. Dans l'autre, on a la classe collective du garage et la classe logique des objets rouges, ceux-ci étant de nature très diverse. L'objet à placer est une vache dans le premier et une boîte à outil rouge dans le second. A la différence de l'épreuve utilisée antérieurement, les classes sont déjà constituées et le sujet doit seulement interpréter l'objet ambigu qu'on lui remet comme un élément de classe collective (la vache fait partie d'une ferme) ou comme un élément de classe logique (la vache est un animal), en fonction de son attitude cognitive et aussi de la suggestion plus ou moins forte due au matériel. Cette épreuve E.C. (ensembles, choix) semble donc plus proche de l'E.M.4 dans laquelle le sujet doit interpréter l'ensemble unique qu'on lui présente pour décider si un nouvel élément lui appartient ou non. Dans l'épreuve de rangement, il devait trier et sélectionner dans un matériel fourni en vrac et construire lui-même une classe, qu'elle soit logique ou collective, avec les objets retenus. 69 élèves de 5e ont été soumis aux deux épreuves. Leur niveau opératoire a été contrôlé au moyen de l'E.C.D.L. (épreuves lampes, dessins, jeu de lettres). Parmi eux, 15 se situaient encore au stade opératoire concret et donnaient massivement (14 sur les 15) des interprétations en classes collectives à l'E.C. En enlevant ces enfants et les 19 dont le niveau opératoire était très hétérogène, la liaison (X^2) entre l'E.M.4 et l'E.C. ne s'est pas révélée significative. En ne considérant que les filles la probabilités est juste de .05 (test de probabilité exacte). Ainsi, les résultats obtenus jusqu'à maintenant en essayant de fonder les différences d'orientation cognitive dans les activités de catégorisation sur la stabilité des sujets dans des tâches diverses ne sont guère satisfaisants.

B. Les différences interindividuelles de sensibilité aux contenus

1. La stabilité de l'algorithme utilisé dans les activités de permutation

Nous avons évoqué dans la première partie (en A-3) le travail de Mendelsohn (1981a) qui montre les mécanismes généraux par lesquels des contenus différents provoquent l'usage d'algorithmes différents dans la construction des permutations. Il s'agit maintenant de savoir si les individus se distinguent dans leur réaction à ces effets des contenus. Une différence pourrait être leur soumission plus ou moins grande à ces effets. Elle se traduirait en une variable simple : le changement ou non de l'algorithme quand change le contenu. Nous avons pris en considération l'algorithme par lequel le sujet commence la tâche. C'est celui qui est directement influencé par le matériel. Les changements d'algorithmes qui se produisent éventuellement par la suite sont plutôt dus aux difficultés rencontrées en cours d'action et aux moyens mis en œuvre pour les surmonter. On donne au sujet l'épreuve deux fois avec un contenu différent et on note si le même algorithme est employé au début ou non. La recherche de Mendelsohn avait révélé de si grandes différences de fréquence dans l'usage des divers algorithmes entre le contenu chiffres et le contenu couleurs qu'il semblait peu vraisemblable d'obtenir une différenciation des sujets, la plupart devant faire preuve d'instabilité. En nous limitant à 2 contenus pour ne pas multiplier les passations, nous avons préféré présenter aux sujets les contenus jetons colorés et lettres, en variant leur ordre d'un sujet à l'autre, bien entendu, et en laissant s'écouler de 3 à 5 semaines entre les deux passations selon les expérimentations. Dans ces expérimentations sur des élèves de 5e, la variable stabilité-instabilité de l'algorithme initial a différencié convenablement les sujets. La proportion des enfants dans les 2 catégories oscille autour de la moitié : 51 stables et 40 non stables dans une étude avec Dupraz et Hollard (1982), respectivement 29 et 26 dans Longeot, Fuzelier, Roulin, Zarpas (1982), 26 et 31 dans un travail de Brenet (1983).

Il s'agit alors de savoir si cette variable se distingue du niveau opératoire. Dans les 2 premières études citées il n'y a pas d'association entre eux (test de logique des propositions TOFLP et test d'opération de probabilité TOFP dans la 1re, test d'opérations combinatoires TOFC dans la 2e). Dans la 3e, qui traite séparément les résultats des deux sexes, on trouve une liaison significative à .001 chez les filles avec le test de facteur G de Cattell (échelle 2) mais aucune différence chez les garçons (T de Student sur la moyenne au Cattell des stables et des non stables). La variable sensibilité aux contenus ne se confond donc pas avec le niveau intellectuel des enfants.

2. *Elargissement de la variable sensibilité aux contenus*

Nous avons cherché si une relation existe entre la stabilité de l'algorithme initial aux permutations et les modes de fonctionnement dans les activités de catégorisation. Les sujets qui interprètent presque toujours les ensembles présentés aux items de l'E.M.4 comme des classes logiques sont moins soumis aux contenus que les autres. En effet, ces sujets doivent résister à la suggestion par certains contenus d'une interprétation en classe collective. Il est tentant d'affirmer que M.

Martin est élément de l'ensemble de villes V = { Paris, Brest, Marseille } sachant qu'il habite à Paris «parce que sa ville est dans l'ensemble», mais c'est oublier qu'un élément n'appartient à un ensemble défini en extension que s'il figure dans la liste. «M. Martin n'est pas dans la liste» ou «V est un ensemble de villes et M. Martin n'est pas une ville», répondent ceux qui résistent à la suggestion ou qui définissent l'ensemble en compréhension comme classe logique. On s'attend donc à une corrélation entre le fait d'être stable aux permutations en dépit du changement de contenu et une note élevée à l'E.M.4.

L'expérimentation a porté sur les 55 élèves de 5e des deux sexes dont il a déjà été question plusieurs fois (Longeot, Fuzelier, Roulin, Zarpas, 1982).

Ils passaient l'E.M.4 à la 1re séance, après les permutations, et le test de niveau combinatoire (sans les items de permutation, évidemment) en dernier, à la 2e séance. Cette recherche ayant été publiée, nous nous contenterons de rappeler qu'une liaison significative à .01 a été mise en évidence par X^2 et que cette liaison à .01 subsiste quand on la calcule avec seulement les 41 enfants qui ont atteint le stade formel.

C. Les différences interindividuelles dans la dépendance-indépendance à l'égard des objets

1. L'instabilité de la stratégie employée dans une tâche finalisée comme les permutations et le registre fonctionnel utilisé dans la classification d'objets sont des indicateurs de sensibilité aux contenus. Mais la préférence pour le fonctionnement dans un registre de classes logiques ou dans un registre de classes collectives pourrait indiquer aussi une attitude cognitive, soit d'élaboration conceptuelle active des données, soit de recherche de conformité des concepts avec le monde extérieur. De même, l'usage du même algorithme aux permutations quel que soit le contenu pourrait être le fait de sujets qui structurent eux-mêmes les objets au lieu que leur activité soit structurée par ceux-ci.

On peut donc présenter ici, comme recherche sur la dépendance-indépendance à l'égard des objets (D.I.O), une tentative pour mettre en relation la stabilité de l'algorithme initial et le mode de fonctionnement dans les classifications. Celui-ci a été examiné au moyen d'une situation de rangement d'objets inspirée de celle de Carbonnel (1978) mais comportant davantage de possibilités de construire des classes collectives et des classes logiques que le matériel dit de la Gare. Cette situation (Ohlmann, 1982) comprend 22 objets qui peuvent être groupés en des classes collectives telles que la cuisine, ou même la maison, les sports d'hiver et en des classes logiques telles que les meubles, les véhicules, le matériel de sports d'hiver, etc. Deux rangements successifs sont demandés.

Les résultats de cette expérience (Longeot, Dupraz, Hollard, 1982) qui a porté sur 91 élèves de 5e des deux sexes ont été totalement négatifs sur le point qui nous occupe. Aucune liaison n'a été constatée entre les deux variables, que l'on considère le mode de classification à chaque rangement séparément ou aux deux rangements ensemble (sujets donnant 2 classes logiques ou 2 classes collectives ou changeant de catégorisation).

Il est difficile de comprendre ces résultats négatifs par rapport aux résultats positifs observés avec l'E.M.4 et rapportés au paragraphe précédent. Il se peut que nous soyons tombés sur le 1 %, les résultats avec l'E.M.4 étant significatifs avec ce risque. Il se peut au contraire qu'il y ait une association avec la stabilité de l'algorithme dans un cas et non dans l'autre, la différence étant due à des caractères propres à l'épreuve de rangement d'objets. Dans la situation de la maison, les objets sont nombreux et très divers, ils permettent de nombreux groupements, aussi bien en classes logiques qu'en classes collectives. Ces dernières, qui sont loin d'épuiser tout le matériel, demandent une activité de structuration interne des données aussi importante que les premières. Parmi les nombreux objets elles ne s'imposent pas plus que les autres à la pensée du sujet, elles donnent lieu à la même élaboration conceptuelle. Le sujet ne peut pas fonder ses groupements sur la signification de totalités empiriques qui n'apparaissent pas facilement dans le matériel présenté. De ce fait, des attitudes cognitives opposées de soumission aux significations des objets ou de transformation des données ne peuvent plus se manifester, puisque de toute façon il faut transformer les données. Il s'agit là d'une hypothèse après coup qui exige une nouvelle expérimentation. Elle serait plus convaincante si la recherche citée plus haut (en A-2), qui mettait en relation l'E.M.4 et une épreuve de catégorisation dans laquelle une classe collective et une classe logique sont présentées déjà constituées, avait apporté des résultats plus nets (Longeot, Laloupe, 1983) sur l'exitence d'une dimension assez générale de préférence pour les classes collectives ou pour les classes logiques. En effet, une autre hypothèse s'appuierait sur l'absence d'une telle dimension pour expliquer les résultats positifs avec une épreuve et négatifs avec une autre.

2. Attitude cognitive de dépendance-indépendance à l'égard des objets et procédures dans les situations de comparaison de proportions et de probabilités

Une seconde approche dans l'étude de la D.I.O. a utilisé l'épreuve numérique bien connue de quantification de probabilités (Q.P.), dans laquelle le sujet doit choisir parmi 2 collections composées de jetons de 2 sortes, celle qui est la plus favorable pour attraper un jeton d'une certaine sorte, quand on prend les jetons au hasard dans les collections. Nous avions constaté une assez grande diversité des arguments donnés par les sujets du stade opératoire formel pour justifier leur choix. Nous avions alors supposé qu'elle s'expliquait par des styles cognitifs que nous avions nommés formalisation et réalisation. Les arguments, ou procédures dans un sens large de ce mot, des réalisateurs consisteraient à traiter les jetons des 2 sortes, par exemple ceux marqués d'une croix et ceux qui ne le sont pas, comme des objets et non comme des nombres, ou plutôt comme des nombres d'objets et non comme des nombres purs ou des rapports purement numériques. Les procédures formalisatrices consisteraient à calculer les rapports numériques des numérateurs entre eux et des dénominateurs entre eux ou bien du numérateur et du dénominateur de chaque collection. Ou encore elles consisteraient à calculer un dénominateur commun aux deux collections pour comparer ensuite les numérateurs. Si on prend l'exemple de l'item opératoire formel où il faut choisir entre 2 croix sur 6 jetons et 3 croix sur 8 jetons, formaliser serait comparer 0,33 et 0,375 ou les numérateurs de 8/24 et de 9/24. Réaliser serait diviser les numérateurs (objets avec croix) par les jetons sans croix (objets jaunes ou autres objets) et, par suite, comparer 0,50 et 0,60. Ou encore ce serait fragmenter la plus petite collection de jetons en 2 sous-collections composées de 3 jetons et la plus grosse en 3 sous-collections, 2 de 3 jetons, 1 de 2 jetons. Le sujet préfère 3/8 parce que si dans toutes les sous-collections il y a une croix, il y a un jeton perdant de moins dans l'une de ses sous-collections (Longeot, 1980).

En somme, la formalisation reviendrait à constituer l'ensemble des cas possibles à partir des 2 sortes d'objets réels, les cas favorables et les cas défavorables. Ces cas possibles sont construits à partir des objets concrets, jetons avec croix et jetons sans croix, c'est en cela qu'il y a élaboration des données. La réalisation se contente de calculer les rapports sur les données elles-mêmes, la pensée s'ajuste au réel sans le transformer. Réalisation signifiait travail sur le réel, conception réaliste, et formalisation signifiait mise en forme des données ou approche plus abstraite de la pensée. La signification des deux mots s'éloignant d'une façon considérable de celle que Reuchlin (1973) leur avait donné, il nous paraît préférable de les abandonner et de les réserver à la stabilité ou à la variation du registre de fonctionnement employé par l'individu. Les mots dépendance et indépendance à l'égard des objets nous semblent désigner aussi bien les deux catégories de procédures décrites ci-dessus.

Dès notre première recherche (Longeot, 1980), nous avions constaté la forte sensibilité de la distribution des procédures formalisatrices et réalisatrices aux conditions particulières de passation de l'épreuve. Laisser une trace écrite de la composition des 2 collections pendant que le sujet traite l'item augmente le nombre des procédures à base de calcul par rapport aux procédures à base de manipulation d'objets (la fragmentation en sous-collections). Cela augmente du même coup la proportion des procédures formalisatrices. La question qui se pose alors est celle de la fidélité ou stabilité de la différenciation des individus par ces procédures. La même question est posée par le fait que les sujets n'emploient pas toujours le même type de procédure à tous les items. Nous avons travaillé dans des classes de seconde (63 sujets, puis 28).

Une seconde recherche dans des classes de 4e (Longeot et al., 1982b), utilisait les 2 conditions de l'épreuve avec les mêmes 45 élèves, d'abord la condition classique, ensuite la condition où le nombre des croix et le nombre total de jetons sont écrits sur une bande de carton placée à côté de la collection concernée, les jetons à croix étant tournés de façon que les croix ne sont plus visibles. Les sujets étant notés dans chaque condition de 0 à 2 (pas de formalisations, formalisation ou réalisation suivant les items, formalisations seulement) et les 2 notes étant additionnées, on obtenait une variable de 0 à 4 points. On considérait les individus comme plus ou moins dépendants à l'égard des objets d'après cette note, ce qui est une manière provisoire de répondre à la question posée plus haut de la stabilité de la variable. On la suppose continue plutôt que discontinue, d'où la variation du type de procédures employé par les sujets, variation qui n'est pas nécessairement le signe d'une inconsistance de la différenciation interindividuelle.

Cette recherche a abouti à une conclusion et à une hypothèse qui renforce la conclusion. Jusqu'au niveau opératoire préformel inclusivement, les sujets n'utilisent que des procédures réalisatrices (ou de dépendance à l'objet). Dans un item préformel comme 1/2 et 2/4, ils disent qu'il y a autant de croix que de jaunes, argument mettant en rapport les objets favorables et les objets défavorables, mais de façon additive. Ils disent aussi qu'en mettant chaque croix avec chaque jaune, il ne reste rien, donc c'est pareil, procédure de mise en correspondance terme à terme des croix et des non croix avec évaluation des restes (réalisation par fragmentation des collections en sous-collections ou «paquets» de jetons). Les sujets de niveau opératoire formel utilisant les procédures formalisatrices aussi bien que réalisatrices il en résulte une relation entre le stade des sujets et leur attitude cognitive : tous les sujets des stades concret et préformel sont réalisateurs. On voit qu'il s'agit d'une relation implicative et non d'une relation d'équivalence ou corrélation. Quand le niveau de développement logique ne permet pas encore un raisonnement multiplicatif, les rapports numériques sont traités additivement ou par des procédures bijectives assez primitives et il s'ensuit que le fonctionnement est nécessairement réalisateur. Comme les styles cognitifs ne présentent un intérêt que s'ils ne se confondent pas avec les niveaux du développement, on en conclut qu'il vaut mieux travailler avec des adultes pour obtenir le maximum de stades formels et exploiter les données à stade constant.

La relative rareté des procédures formalisatrices quand on emploie la technique classique nous a suggéré l'hypothèse suivant laquelle une partie des procédures réalisatrices traduit le souci d'éviter de calculer. Les opérations arithmétiques élémentaires seraient encore mal maîtrisées, même en classe de seconde. C'est le manque d'automatisation de l'outil arithmétique qui détournerait de son utilisation et provoquerait l'utilisation d'un grand nombre de procédures réalisatrices, celles par manipulation des jetons et fragmentation des collections. On retrouve la conclusion qu'il est préférable d'expérimenter avec des adultes ayant fait des études prolongées pour atténuer l'effet de ce facteur scolaire.

C'est pourquoi la suite des recherches sur les différences de fonctionnement dans la tâche de quantification des probabilités a employé des bacheliers, en général non scientifiques, pour éviter une automatisation des réponses formalisatrices cette fois, la plupart étant étudiants ou professionnels de carrières sociales ou d'éducation physique et sportive. J.L. Roulin, qui les a menées, désigne la réalisation au moyen du rapport des cas favorables et des cas défavorables par R1, la réalisation en fragmentant les collections par R2 et selon que cette fragmentation est accomplie par mise en correspondance 1 croix contre 1 jaune ou d'une autre manière, $R2_a$ ou $R2_b$. Les procédures formalisatrices sont désignées par F (Roulin, Longeot, 1985). L'hypothèse du rôle des opérations arithmétiques est étudiée en faisant varier la grandeur des collections à travers les items. L'idée est qu'avec de plus grands nombres, les sujets en difficulté sur le facteur numérique (N) changeront la procédure qu'ils utilisent avec des nombres plus petits et d'après leur attitude cognitive (F ou R1). Ils adopteront une procédure de fragmentation (R2) destinée à faciliter le traitement des données numériques par une simplification. Ce facteur de «numérosité» est une variable de contenu entraînant une variabilité intra-individuelle des procédures en interaction avec une variable interindividuelle, le facteur numérique. Une autre variable interindividuelle est supposée ici, c'est la préférence des sujets pour un fonctionnement F ou R1 quand les nombres ne sont pas trop grands. C'est une seconde hypothèse. Une troisième hypothèse consiste à supposer qu'à niveau opératoire identique les rapports entre nombre de croix et nombre de non croix, qui varient suivant les items, entraînent l'utilisation de procédures différentes. En particulier, quand les nombres de cas favorables et défavorables ne diffèrent que d'une unité, la procédure de mise en correspondance terme à terme avec comparaison des restes ($R2_a$) serait fortement induite. C'est là une autre variable de contenu jouant sur la variabilité intra-individuelle. Quatre sortes d'items devront donc être soumis aux sujets: petits nombres induisant $R2_a$ comme 2/5, 3/7, grands nombres induisant $R2_a$ comme 8/17, 9/19, petits nombres induisant $R2_b$ comme 2/6, 3/8 et grands nombres induisant $R2_b$ comme 5/15, 6/17.

Sur les 69 sujets examinés avec les permutations et les courbes mécaniques de l'ECDL, 48 ont été retenus parce qu'ayant atteint au moins le stade formel A à ces 2 épreuves opératoires. Ils ont dû répondre à 8 items de la Q.P. (2 de chaque catégorie), à l'item 1/3, 2/5 au début et à l'item 3/7, 5/11 à la fin, ce dernier servant surtout à un entretien clinique. Nous passons sur les contrôles méthodologiques et les techniques d'analyse, puisque la recherche est publiée, et nous nous contentons d'en rappeler les résultats. Les 2 facteurs de contenu, numérosité et structuration numérique des items, interviennent bien dans la variabilité intra-individuelle et dans le sens voulu par les hypothèses. Un fait important est leur interaction. Les items suggérant la procédure $R2_b$ (rapports d'un tiers ou presque) ne rendent pas les calculs plus difficiles quand les nombres augmentent. L'effet des grands nombres est plus marqué dans les items suggérant la mise en correspondance terme à terme.

Ces processus généraux ne sont pas les seuls qui déterminent l'usage des procédures dans la Q.P. De toute façon, certains sujets utilisent des procédures formalisatrices qui ne sont pas affectées par la structure des items et que la numérosité ne fait pas disparaître complètement. La préférence pour un fonctionnement en F ou en R peut contribuer à expliquer comment les procédures sont choisies, à condition qu'il s'agisse d'une variable stable. En calculant l'association entre les 4 sortes d'items par des X^2 on peut évaluer cette stabilsté. Les 6 X^2 sont significatifs à .001, malgré les sources d'instabilité que sont les 2 variables de contenu. Comment s'assurer que la variable numérosité est elle-même fondée sur une variable interindividuelle, le facteur N ? Déjà, la comparaison de la fréquence du calcul chez les sujets en fonction de leur baccalauréat nous apporte une indication. En distinguant 3 catégories de baccalauréats (scientifiques, littéraires, mixtes), la différence d'emploi des procédures avec calcul et sans calcul est significative à .01.

C'était supposer que les scientifiques ont acquis une plus grande familiarité avec les calculs numériques que les littéraires. La liaison ne peut pas s'expliquer par des différences de niveau opératoire car on n'observe pas de différence dans l'emploi du calcul selon que les sujets se situent aux stades formels A ou B. Dans une nouvelle recherche, Roulin (1985) fournit une preuve plus directe. Pour 30 sujets comparables aux précédents et divisés en 2 groupes suivant qu'ils se servent de la fragmentation ou non, l'analyse de variance sur les notes à un test de facteur N donne une différence très significative (P proche de .001).

3. Le style cognitif dépendance-indépendance à l'égard des objets

On voit que les attitudes cognitives de dépendance et d'indépendance à l'égard de l'objet ont pu être établies en prenant pour indicateur la Q.P.

Cependant, en analysant le fonctionnement cognitif dans cette tâche, on trouve qu'au moins 2 variables interindividuelles et 2 variables générales y interviennent, sans parler du niveau opératoire, contrôlé ici. Si la complexité du fonctionnement est aussi grande dans les autres indicateurs du style cognitif, cela pourrait expliquer la difficulté que nous avons rencontrée jusqu'ici pour mettre en évidence des corrélations entre ces indicateurs. Or ces corrélations sont nécessaires pour passer des attitudes cognitives à un style cognitif plus général. C'est ainsi que Roulin (1985) se proposait de chercher s'il existe une liaison entre la D.I.O. à la Q.P. et la préférence pour les classes collectives ou pour les classes logiques à l'E.M.4. Il a dû renoncer à exploiter les données de l'E.M.4 parce qu'un effet d'ordre massif s'y manifestait et rendait l'épreuve inapte à différencier les adultes. Suivant qu'ils commençaient par un item induisant plutôt des classes logiques ou plutôt des classes collectives, les sujets ne donnaient plus ensuite que des classes logiques ou des classes collectives. D'autre part, comme la Q.P. ne constitue un indicateur de D.I.O. qu'avec des adultes, le problème de la corrélation entre les deux variables est insoluble. L'étude de la corrélation entre la Q.P. et la stabilité de l'algorithme initial à l'épreuve des permutations semblerait mieux appropriée avec des adultes. Dans la mesure où la sensibilité du fonctionnement aux contenus peut être considérée comme un aspect de ce style cognitif plus général de D.I.O., l'association observée chez les élèves de 5e entre la stabilité de l'algorithme initial et l'E.M.4 est un premier pas en direction de ce style.

D. Dépendance-indépendance de l'objet et dépendance-indépendance du champ

Comme nous le remarquions à la fin de l'introduction à cette seconde partie, nous nous trouvons en face de trois éventualités quant aux rapports de la D.I.O. et de la D.I.C., à supposer que la D.I.O. ait quelque généralité comme variable différenciant les individus. Il s'agit de trouver des moyens d'expérimenter sur elles. Une démarche pourrait être la suivante. Si les deux styles n'ont rien de commun, si les notions de dépendance et d'indépendance ne sont qu'analogiques quand elles concernent les objets et les concepts d'objets et quand elles concernent le champ perceptif, sans renvoyer à des processus identiques, alors on ne doit observer aucune corrélation entre leurs indicateurs respectifs. Cette prévision est facile à tester. La D.I.C. a 2 indicateurs classiques, le R.F.T. et les E.F.T. Pour la D.I.O. on peut choisir les deux tâches qui se sont déjà trouvées en corrélation: l'E.M.4 et les permutations avec 2 contenus différents. On s'attend à une liaison entre indicateurs du même style mais non entre indicateurs de styles différents. L'hypothèse serait démentie si on constatait une liaison entre indicateurs de styles différents.

Dans ce cas, pour départager les deux autres éventualités, on pourrait comparer les profils des corrélations de la D.I.C. et de la D.I.O. avec d'autres variables interindividuelles. On connaît, par de nombreuses études, les relations existant entre la D.I.C. et d'autres variables cognitives, qu'elles relèvent de mécanismes perceptifs ou de processus intellectuels. Si les indicateurs de la D.I.O révélaient des relations identiques, on en conclurait que les deux styles n'en font qu'un. La D.I.O. serait la D.I.C. décrite au niveau de l'intelligence, alors que la D.I.C. déborde de toute part, en principe, ce plan fonctionnel. Dans le cas opposé, la D.I.O. ne serait pas la D.I.C. mais les deux styles auraient quelque chose de commun. Il reste à savoir quoi, et aussi à comprendre en quoi ils diffèrent.

Notre étude de ces 2 questions consiste à adopter d'abord l'hypothèse de travail de Ohlmann à propos de la D.I.C. (1985). Il suppose que l'expression D.I.C. recouvre des fonctionnements perceptifs bien différents. L'indicateur des E.F.T. demande de retrouver dans une figure complexe une figure simple vue préalablement; par conséquent il requiert une capacité d'analyse (destructuration et restructuration du champ visuel). Il s'agit d'une approche analytique opposée à une approche globale ou syncrétique. L'autre indicateur, le R.F.T., est basé sur une concurrence des informations proprioceptives et des informations visuelles dans le redressement de la baguette à la verticale, la dominance de ces dernières donnant moins de précision, à cause d'un effet de champ dû au cadre, en particulier. Les processus à l'œuvre dans les deux tâches sont nettement différents et la corrélation entre elles est seulement moyenne. Suivant Ohlmann, il faut appliquer les deux épreuves aux sujets et réserver les appellations d'indépendants et de dépendants du champ à ceux qui ont une performance de même sens dans les deux. Les sujets ayant une meilleure performance au R.F.T. qu'aux E.F.T. peuvent être nommés «posturaux» et les sujets ayant une meilleure performance aux E.F.T. qu'au R.F.T. sont dits «analytiques». On fait ainsi éclater l'ancien style D.I.C. en 4 catégories de sujets en croisant leurs résultats aux 2 indicateurs.

Les sujets indépendants et dépendants des objets s'opposent aussi par une approche de destructuration-restructuration des données et une approche de recherche de conformité aux données, plus globalisante par conséquent (classes logiques contre classes collectives, rapport au dénominateur construit ou entre objets réels, etc.). Notre hypothèse sera que le point commun entre D.I.C. et D.I.O. est l'approche analytique ou globalisante des données. Il en découle que nous prévoyons une forte corrélation entre les indicateurs de la D.I.O. et les E.F.T. mais pas entre ceux-là et le R.F.T. La liaison avec les E.F.T. s'explique par la structuration interne ou externe, l'absence de liaison avec le R.F.T. s'explique par le fait que les indépendants des objets peuvent être aussi bien des indépendants du champ que des analytiques faibles au R.F.T., tandis que les dépendants des objets peuvent être aussi bien des dépendants du champ que des posturaux bons au R.F.T. L'étude des trois hypothèses que nous venons de présenter a été commencée par F. Brenet dont certains résultats relatifs à l'E.M.4 et aux permutations ont été exposés plus haut.

III. CONCLUSION

Les 3 attitudes cognitives que nous avons étudiées se distinguent d'une façon très relative. Elles sont définies surtout par rapport au type de tâche dans lequel elles se manifestent. D'autre part, elles sont pratiquement interchangeables. Par exemple, les 2 groupes de procédures qui caractérisent la dépendance ou l'indépendance à l'objet dans la Q.P. peuvent parfois être considérés comme des registres fonctionnels puisque la mise en correspondance terme à terme des 2 sortes de jetons relève d'un niveau de développement antérieur au formel et que cette procédure est employée par des sujets du stade formel sous l'effet du contenu numérique. Il s'agit donc autant des attitudes formalisation-réalisation que des attitudes D.I.O. Autre exemple, l'E.M.4, avec la notation de 0 à 4 points d'après le nombre de réponses sans classe collective, évalue plutôt la préférence pour les classes logiques ou pour les classes collectives que la sensibilité aux contenus car, malgré l'effet variable de ceux-ci, les sujets qui ont 0 interprètent systématiquement en classes collectives et ceux qui ont 4 en classes logiques. Une différenciation en termes de sensibilité aux contenus aurait consisté à opposer les notes extrêmes (insensibilité) et les notes intermédiaires (sensibilité). En utilisant cette variable nous avons constaté qu'elle ne corrèle avec rien. L'E.M.4 décrit donc bien l'attitude formalisation-réalisation et quand il corrèle avec la stabilité de l'algorithme aux permutations, ce n'est pas par la sensibilité des sujets aux contenus, spécifique de la tâche des permutations, mais par une orientation cognitive plus large, la dépendance ou indépendance de l'objet. La D.I.O. nous semble désigner le mieux ce qu'ont en commun les 3 attitudes cognitives puisqu'elles entrent toutes les 3 dans cette définition. Mais ont-elles quelque chose en commun?

Comme on l'a vu, les expériences réalisées en vue d'établir l'existence d'un style cognitif regroupant ces attitudes cognitives semblables, mais observables dans des tâches différentes, n'ont pas souvent permis des conclusions positives. Il est aisé de faire apparaître la variabilité interindividuelle de la variabilité intra-individuelle dans chacune des tâches utilisées : classification d'objets signifiants, permutations, probabilités. Il est plus ardu de montrer que les différentes manifestations de cette variabilité sont en corrélation. Nous y sommes parvenus pour l'activité procédurale dans les permutations et la catégorisation dans l'E.M.4. Nous n'y sommes pas parvenus pour la même épreuve des permutations et une autre tâche de catégorisation : le rangement d'objets. Entre ces 2 tâches de catégorisation la liaison est nulle et entre l'E.M.4 et une troisième tâche de catégorisation (E.C.) elle est douteuse. Pour achever ces études de corrélations, il faudrait chercher s'il y en a une entre les permutations et la Q.P., deux tâches où ce sont les procédures qui nous intéressent plutôt que les concepts.

Quoi qu'il en soit d'un style général et de ses rapports avec la D.I.C., nous pensons que nos résultats montrent la pertinence du modèle proposé par Reuchlin (1978) des vicariances associées aux différences individuelles.

La compréhension du fonctionnement cognitif ne peut se passer de l'approche différentielle. Dans l'étude de l'interdépendance des modes de fonctionnement et des contenus de la pensée, l'analyse des processus resterait incomplète si elle ne faisait pas intervenir «la variance interindividuelle sous forme des facteurs de variation systématique venant enrichir le modèle d'une psychologie générale des situations» (Reuchlin, 1981, p. 388). L'exemple de la quantification des probabilités est le meilleur, parce que le plus finement étudié. L'approche génétique (Inhelder, Piaget, 1951) avait mis en lumière les niveaux successifs d'élaboration de la notion de proportion à travers les réponses données aux items. Une approche générale est venue la compléter en expliquant la variabilité intra-individuelle, non intégrable dans les niveaux opératoires, par certaines propriétés du contenu numérique, telles que l'écart entre le nombre des cas favorables et celui des cas défavorables. Des procédures différentes sont mises en action en fonction de cet écart dont certaines sont en apparence régressives (les fragmentations bijectives). Cependant, on ne comprend pas encore pourquoi certains sujets utilisent ces procédures bijectives et d'autres non tant que l'on ne prend pas en considération les différences interindividuelles de familiarité avec les opérations arithmétiques élémentaires. La faiblesse en facteur numérique conduit certains d'entre eux à éviter les calculs et à user d'une technique de fragmentation des collections qui est une simplification et qui prend la forme d'une mise en correspondance des 2 sortes de jetons quand celles-ci sont en nombre égal ou presque.

Il est probable que l'on trouverait des interactions de ce genre entre variables générales et variables différentielles dans les autres tâches si l'on faisait progresser l'analyse jusqu'au point où J.L. Roulin l'a menée avec la Q.P. Il se pourrait alors que les difficultés rencontrées jusqu'ici pour valider nos hypothèses soient en grande partie levées.

BIBLIOGRAPHIES

BAYLOR (G.), LEMOYNE (G.), Experiments in seriation with children: towards an information processing exploration of the horizontal decalage, *Revue canadienne des Sciences du Comportement*, 1975, 7 (1), 4-29.
BIDEAUD (J.), Les expériences d'apprentissage de l'inclusion et la théorie opératoire, *Psychologie Française*, 1981, *26* (3-4), 238-258.
BIDEAUD (J.), LAUTREY (J.), De la résolution empirique à la résolution logique du problème de l'inclusion: évolution des réponses en fonction de l'âge et des situations expérimentales, *Cahiers de Psychologie Cognitive*, 1983, *3*, (3), 295-326.
BJORKLUND (D.F.), ZAKEN-GREENBERG (F.), The effects of differences in classification style on preschool children's memory, *Child Development*, 1981, *52*, 888-894.
BRENET (F.), *Formalisation-réalisation et dépendance-indépendance à l'égard du champ*, Mémoire de DEA, Université des Sciences Sociales, Grenoble, 1983.
BRESSON (F.), Notes sur les problèmes posés aux théories génétiques des comportements par les évolutions non monotones, in *Psychologie expérimentale et comparée*, Paris, P.U.F., 1977.
CARBONNEL (S.), Classes collectives et classes logiques dans la pensée naturelle, *Archives de Psychologie*, 1978, *46*, (177), 1-19.
CARBONNEL (S.), Influence de la signification des objets dans les activités de classification, *Enfance*, 1982, (3), 193-210.
CARBONNEL (S.), LONGEOT (F.), Inclusion, appartenance et pensée naturelle, *Cahiers de Psychologie*, 1979, *22*, 85-98.
CHARNALLET (A.), *Etude génétique de l'inclusion*, mémoire de D.E.A., Université des Sciences Sociales, Grenoble, 1981.
DENNEY (N.), Evidence for developmental changes in categorization criteria for children and adults, *Human development*, 1974, *17*, 41-53.
FREY (L.), Sériation et transitivité, *Cahiers de Psychologie*, 1964, 7 (4), 143-157.
GILLIERON (C.), Décalages et Sériation, *Archives de Psychologie*, 1976, *44*, monographie 3, 152 pages.
HORNEMANN (J.), Influence du contenu sur la résolution de problèmes logiques, *Enfance*, 1974, (1-2), 45-62.
HUTEAU (M.), *Cognition et personnalité, la dépendance-indépendance à l'égard du champ*, Paris, Université René Descartes, thèse de Doctorat d'Etat, 1981.
KAGAN (S.), MOSS (H.A.), SIGEL (I.E.), Psychological significance of styles of conceptualization, *Monog. Soc. Res. in Child Develop.*, 1963, *28*, 73-112.
LANGE (G.), JACKSON (P.), Personal Organization in Children's free recall, *Child Development*, 1974, *45*, 1060-1067.
LAUTREY (J.), La variabilité intra-individuelle du niveau du développement opératoire et ses implications théoriques, *Bulletin de Psychologie*, 1980, *33* (345), 685-697.
LAUTREY (J.), L'équilibration suffit-elle à guider la coordination des actions? *Psychologie Française*, 1981, *26*, (3-4), 259-272.
LONDEIX (H.), *Approche génétique et différentielle du développement intellectuel*, Thèse de doctorat de 3ᵉ cycle, Université de Bordeaux II, 1983.
LONGEOT (F.), *Psychologie différentielle et théorie opératoire de l'intelligence*, Paris, Dunod, 1969.
LONGEOT (F.), Pensée naturelle, proportionnalité et efficience en mathématique, *Bulletin de Psychologie*, 1980, *33* (345), 711-717.
LONGEOT (F.), FUZELIER (B.), ROULIN (J.L.), ZARPAS (D.), La sensibilité du fonctionnement de la pensée à la signification des contenus, considérée comme un style cognitif, *L'année Psychologique*, 1982a, *82*, 337-352.

LONGEOT (F.), DUPRAZ (M.), GIROUD-CHARPIOT (J.), HOLLARD (S.), PATUREL (T.), Registres fonctionnels dans les activités de classification et procédures formalisatrices ou réalisatrices dans la quantification des probabilités, *Cahiers de Psychologie cognitive*, 1982b, *2*, (3), 291-312.
LONGEOT (F.), DUPRAZ (M.), HOLLARD (S.), Document interne du Laboratoire de Psychologie expérimentale de Grenoble, 1982.
LONGEOT (F.), BACONNIER (F.), MADELAINE (V.), SALAMA (M.), *Approche différentielle des modes de classification sur objets significatifs*, Mémoires de maîtrise, Université des Sciences Sociales, Grenoble, 1982.
LONGEOT (F.), LALOUPE (B.), *Approche différentielle de choix de classification*, document interne du laboratoire de psychologie expérimentale de Grenoble, 1983.
MARKMAN (E.M.), Empirical versus logical solutions to part-whole comparison, problems concerning classes and collections, *Child Development*, 1978, *49*, 168-177.
MARKMAN (E.M.), SEIBERT (J.), Classes and collections, internal organization and resulting holisting properties, *Cognitive Psychology*, 1976, *8*, 561-577.
MENDELSOHN (P.), Analyse procédurale et analyse structurale des activités de permutation d'objets, *Archives de Psychologie*, 1981a, *49*, (3), 171-197.
MENDELSOHN (P.), *Logique structurale et logique procédurale*, thèse de doctorat de 3ᵉ cycle, Université des Sciences Sociales, Grenoble, 1981b.
MONTANGERO (J.), Expérimentation, réussite et compréhension chez l'enfant, dans trois tâches d'élévation d'un niveau d'eau, par immersion d'objets, *Archives de Psychologie*, 1977, *45* (174), 127-147.
OHLMANN (T.), Plasticité des activités classificatoires, *Bulletin de la Société Française pour l'étude du comportement animal*, 1982, *2*, 371-380.
OHLMANN (T.), Variabilité intra-individuelle et dépendance-indépendance à l'égard du champ visuel, dernier chapitre du présent ouvrage.
ORSINI-BOUICHOU (F.), MALACRIA-ROCCO (J.), Des régularités à l'induction opératoire, *Cahiers de Psychologie*, 1978, *21*, 123-138.
PIAGET (J.), *L'équilibration des structures cognitives*, Paris, P.U.F., 1975.
PIAGET (J.), Le possible, l'impossible et le nécessaire, *Archives de Psychologie*, 1976, *44*, (172), 281-298.
PIAGET (J.) et al., *Le possible et le nécessaire*, tome 1: L'évolution du possible chez l'enfant, Paris, P.U.F., 1981.
PIAGET (J.), INHELDER (B.), *La genèse de l'idée de hasard chez l'enfant*, Paris, P.U.F., 1951.
PIAGET (J.), INHELDER (B.), *La genèse des structures logiques élémentaires*, Neuchatel, Delachaux et Niestlé, 1959.
PIAGET (J.), SINCLAIR (H.), VINH-BANG, *Epistémologie et Psychologie de l'identité*, Paris, P.U.F., 1968.
REUCHLIN (M.), *La psychologie différentielle*, Paris, P.U.F., 1969.
REUCHLIN (M.), Formalisation et réalisation dans la pensée naturelle: une hypothèse, *Journal de psychologie normale et pathologique*, 1973, (4), 389-408.
REUCHLIN (H.), Processus vicariants et différences individuelles, *Journal de psychologie normale et pathologique*, 1978, (2), 133-145.
REUCHLIN (M.), Apports de la méthode différentielle à la psychologie générale, *Journal de psychologie normale et pathologique*, 1981, (4), 377-395.
ROULIN (J.L.), *Approche différentielle des procédures dans une épreuve de quantification de probabilités*, thèse de doctorat de 3ᵉ cycle, Université Grenoble II, 1985.
ROULIN (J.L.), LONGEOT (F.), Quantification des chances ou quantification des probabilités, in *Psychologie développementale, problèmes et réalités*, Bruxelles, Mardaga, 1985.

SMILEY (S.S.), BROWN (A.L.), Conceptual preference for thematic or taxonomic relations: a non monotonic age trend from preschool to old age, *Journal of experimental child psychology*, 1979, *28*, 249-257.

SZEMINSKA (A.), De l'identification à la conservation opératoire, *Bulletin de Psychologie*, 1977, *30*, (3-9), 369-375.

VERGNAUD (G.), DURAND (G.), Structures additives et complexité psychogénétique, *Revue Française de pédagogie*, 1976, *36*, 28-43.

VERGNAUD (G.), RICCO (G.), Psychogénèse et programme d'enseignement: différents aspects de la notion de hiérarchie, *Bulletin de Psychologie*, 1977, *30*, (330), 877-882.

VERMERSCH (P.), *Une approche de la régulation de l'action chez l'adulte. Registres de fonctionnement, déséquilibre transitoire et microgenèse*, thèse de doctorat de 3ᵉ cycle, Laboratoire de psychologie du travail, Paris, 1976.

VERMERSCH (P.), Une problématique théorique en psychologie du travail. Essai d'application de la théorie opératoire de l'intelligence de J. Piaget à l'analyse du fonctionnement cognitif, *Travail Humain*, 1978, *41*, 265-280.

VERMERSCH (P.), Peut-on utiliser les données de la psychologie génétique pour analyser le fonctionnement cognitif des adultes? *Cahiers de Psychologie*, 1979, *22*, 59-74.

VOELIN (C.), Deux expériences à propos de l'extension dans l'épreuve de la quantification de l'inclusion, *Revue Suisse de Psychologie*, 1976, *35*, 269-284.

WORDEN (P.), Effect of sorting on subsequent recall of unrelated items: a developmental study, *Child Development*, 1975, *46*, 687-695.

WORDEN (P.), The effect of classification on organized free recall in children, *Journal of experimental psychology*, 1976, *22*, 519-529.

Chapitre IV
Raisonnement et langage : structures, procédures et logique du sujet

M. MOSCATO
Université de Rouen

I. INTRODUCTION

La variabilité du fonctionnement cognitif est abordée dans ce chapitre à travers l'étude de certaines dimensions qui permettent une analyse des rapports que le sujet entretient avec le langage dans des situations de résolution de problèmes.

L'examen de la littérature consacrée à ces questions fait apparaître que la plupart des recherches n'ont donné lieu qu'à des *modèles* où le langage est souvent envisagé comme une condition situationnelle sur laquelle la pensée est susceptible de s'exercer. Dans cette perspective les chercheurs ont principalement mis l'accent sur la structure des énoncés en tant que source de difficultés dans l'accès à la réponse et sur la façon dont les sujets comprennent les données verbales, ce qui renvoie à un ensemble de questions que nous discuterons.

Un *problème*, s'il est défini par la nature de la situation dans laquelle le sujet est placé, peut être également décrit par la procédure que le sujet applique pour parvenir à la solution, cette procédure constituant un ensemble d'indices qui renseignent sur le fonctionnement du sujet. La question est de savoir *où* le sujet prend l'information et sur quel *registre* il construit sa procédure. Nous entendons par *registre* le système de traitement de l'information sélectionnée, c'est-à-dire le système de règles qui assure la transformation et le codage des données.

En d'autres termes, un registre désigne les fonctions cognitives *préférentielles* sollicitées par la situation.

Nous définissons le langage comme un ensemble de fonctions cognitives, c'est-à-dire comme une classe de programmes de traitement de l'information. On peut à cet égard, comme nous l'avons proposé en divers endroits (Moscato, 1983, 1984), opérer une distinction entre les fonctions *potentielles* (ou virtuelles), qui représentent les programmes fournis par l'espèce, l'organisation neuro-biologique, l'appartenance à un stade de développement, et les fonctions d'*actualisation* (ou exécutrices) qui désignent les compositions effectives réalisées par le sujet. Ceci conduit à envisager le langage à la fois comme une fonction potentielle et une fonction d'actualisation. Le langage est une fonction potentielle car il représente la connaissance des signes et des règles de la langue et que cette connaissance est nécessaire pour uitiliser l'information verbale. Mais le langage et également une fonction d'actualisation car il contribue — sans toutefois être le seul en œuvre — à la sélection de programmes de traitement de l'information verbale (compréhension) et de programmes verbaux de traitement de l'information (production). Cette dichotomie en rejoint d'autres, comme celles qui se rapportent aux oppositions entre *structure* et *procédure* et entre *compétence* et *performance* auxquelles sont associés les noms de J. Piaget et de N. Chomsky, et pose la question de savoir si les différences *stables* observées dans l'échec ou dans la réussite d'une tâche traduisent diverses formes de fonctionnement cognitif ou si elles ne sont que des modalités d'actualisation de la même fonction.

La résolution de problèmes verbaux, comme c'est le cas des syllogismes, permet d'étudier cette question. Une façon d'analyser les compositions intellectuelles du sujet peut être envisagée dans ce domaine en se demandant si les opérations de traitement correspondent aux principes décrits par les logiciens. En d'autres termes, il s'agit de savoir si les programmes de traitement s'organisent au niveau d'un parallélisme structuro-procédural, c'est-à-dire dans le cadre d'une correspondance isomorphique entre la logique du modèle et la logique du sujet, ou si au contraire la logique du modèle et la logique du sujet constituent deux niveaux d'analyse dont il faut rechercher les distances, les articulations et les incompatibilités.

Les pages qui suivent tentent de répondre à cette question. Dans un premier temps, nous passerons en revue un certain nombre de modèles qui réduisent l'activité du sujet à quelques principes formels (logiques et/ou linguistiques). Puis nous décrirons une dimension organisatrice du fonctionnement cognitif, la *dépendance-indépendance à l'égard du langage*, qui rend compte de la réalité psychologique de certains registres cognitifs en jeu dans le raisonnement syllogistique.

II. L'APPORT DE LA PSYCHOLOGIE CLASSIQUE

A. Quelques définitions

Les études sur la déduction ont, dans une large mesure, porté sur le raisonnement syllogistique. L'exemple même du syllogisme est le suivant : *Tous les hommes sont mortels, Socrate est un homme*, par conséquent, *Socrate est mortel*. Le syllogisme repose sur trois termes : *le grand terme*, constitué par le prédicat (P) de la conclusion, *le petit terme*, constitué par le sujet (S) de la conclusion et *le moyen terme* (M) qui permet de mettre les deux autres en relation. Trois propositions composent le syllogisme : la *majeure*, constituée par le grand et le moyen terme ; la *mineure*, formée du petit et du moyen terme, le petit et le grand temes composent la *conclusion*. Les termes du syllogisme sont liés par des rapports implicatifs. Ainsi, si le fait d'être un *homme* implique *mortel* et que *Socrate* implique *homme*, la conclusion est que *Socrate* implique *mortel*.

La logique aristotélicienne distingue plusieurs catégories de propositions utilisées dans le syllogisme :
- Üniverselle affirmative ; *tous les X sont Y* (A).
- Universelle négative : *Nul X n'est Y* (E).
- Particulière affirmative : *Quelques X sont Y* (I).
- Particulière négative : *Quelques X ne sont pas Y* (O).

Par arrangement des termes dans la majeure et la mineure, il est possible d'obtenir quatre figures de syllogismes, qui, combinées aux différents types de propositions (A, E, I, O), permettent d'extraire les 19 modes de syllogismes étudiés par la logique classique. Le tableau I fait apparaître les diverses figures et les modes du syllogisme.

Dans la première figure, le moyen terme est le sujet dans la majeure et le prédicat dans la mineure, ce qui permet quatre modes où la conclusion est valide. Dans la seconde figure, le moyen terme est prédicat à la fois dans la majeure et la mineure (quatre modes valides). Dans la troisième figure, le moyen terme est sujet dans les deux prémisses (six modes valides). Enfin, dans la quatrième figure, le moyen terme joue le rôle de prédicat dans la majeure et de sujet dans la mineure (5 modes valides).

Tableau 1: Figures et modes du syllogisme

FIGURES		MODES
I	M - P majeure S - M mineure ───────── S - P conclusion	AAA, EAE, AII, EIO
II	P - M majeure S - M mineure ───────── S - P conclusion	EAE, AEE, EIO, AOO
III	M - P majeure M - S mineure ───────── S - P conclusion	AAI, IAI, AII, EAO, OAO, EIO
IV	P - M majeure M - S mineure ───────── S - P conclusion	AAI, AEE, IAI, EAO, EIO

B. Mécanismes en jeu dans le raisonnement syllogistique

La structure des énoncés, dans les épreuves de raisonnement syllogistique, constitue bien souvent une source d'erreurs pour les sujets. Plusieurs auteurs ont essayé de dégager un certain nombre de principes susceptibles d'expliquer ces difficultés, tout en rendant compte des différents processus mis en œuvre dans le raisonnement syllogistique. L'effet d'atmosphère, décrit par Woodworth et Sell (1935) et Sells (1936), et repris par différents auteurs (Underwood, 1949; Miller, 1951; Woodworth et Schlosberg, 1956) a été l'objet de diverses critiques, notamment celle de Chapman et Chapman (1959). Notre propos est ici de montrer que l'explication par l'effet d'atmosphère et par les principes étudiés par Chapman et Chapman, loin de se contredire, conduisent aux mêmes prédictions et aux mêmes résultats.

1. L'effet d'atmosphère

Pour Woodworth et Sells (1935), la résolution de syllogismes met en jeu un «effet d'atmosphère». Cet effet traduit, par l'intermédiaire des prémisses, une «impression globale», qui conduit à une conclusion construite sur le modèle de la forme des prémisses. Par exemple «quelques Grecs sont des hommes» (I) et «quelques hommes sont intelligents» (I), conduit à la conclusion que «quelques Grecs sont intelligents» (particulière affirmative, I, dont la validité est discutable). Une prémisse négative (E ou D) produit, selon les auteurs, une atmosphère négative. Une prémisse affirmative (A ou I) crée une atmosphère affirmative. Une proposition universelle (A ou E) crée une atmosphère universelle et une proposition particulière (I ou O) produit une atmosphère particulière. Par ailleurs, la combinaison d'une universelle et d'une particulière produit une atmosphère particulière et la combinaison d'une affirmative et d'une négative produit une atmosphère négative (cf. tableau II). Ceci permet un certain nombre de prédictions pour des recherches empiriques.

Tableau II: L'effet d'atmosphère

PREMISSES	ATMOSPHERE
Affirmative (A, I)	Affirmative
Negative (E, O)	Négative
Universelle (A, E)	Universelle
Particulière (I, O)	Particulière
Univers. (A, E) × Part. (I, O)	*Particulière*
Affirm. (A, I) × Négat. (E, O)	*Négative*

A cet effet d'atmosphère, les auteurs ajoutent un principe de *prudence* (caution) qui explicite les erreurs sur lesquelles se portent plus facilement les sujets. Ce principe explique une certaine tendance à accepter une conclusion *faible* du genre «quelques X sont Y» (I) ou «quelques X ne sont pas Y» (O), plutôt qu'une conclusion *forte* du type «tous les X sont Y» (A) ou «Nul X n'est Y» (E).

L'effet d'atmosphère est illustré par une recherche de Sells (1936) où l'auteur présentait à des sujets 169 syllogismes parmi lesquels 127 ne donnaient lieu à aucune réponse valide. Les réponses possibles étaient au nombre de quatre : *absolument vrai, probablement vrai* (réponses en accord avec les items), *indéterminé* et *absolument faux* (en désaccord avec les items). Chez les sujets en accord avec les conclusions des items invalides, Sells trouve un taux d'erreurs très important, et il remarque que le type de conclusions erronées le plus accepté variait largement dans l'ensemble des items proposés. Pour Sells, ces résultats sont imputables à l'effet d'atmosphère. Pour l'auteur, le principe de *prudence* est en liaison avec l'effet d'atmosphère. Il constate que les réponses obtenues dans le cas des prémisses AA, quand l'effet d'atmosphère joue, sont de type A (conclusion forte) ou I (conclusion faible), et Sells fait remarquer que dans pratiquement tous les cas ses prédictions se sont avérées exactes. Ainsi, l'acceptation d'une conclusion de type I (faible) est toujours plus fréquente que A (forte). De même, le pourcentage d'accord avec une proposition O (faible) est toujours supérieur à celui obtenu pour E (conclusion forte).

Il est cependant permis de penser que les résultats obtenus par Sells sont en partie attribuables au type d'épreuve utilisée. Si un sujet accepte une conclusion A (*tous les hommes sont mortels*), il est logique de penser qu'il acceptera également une conclusion I (*quelques hommes sont mortels*), tout comme un accord avec la conclusion *nul homme n'est sauvage* (E) doit également se traduire par un accord avec *quelques hommes ne sont pas sauvages* (O). Autrement dit l'acceptation d'une conclusion A ou E doit conduire nécessairement à l'acceptation de I ou de O, et par conséquent le taux d'accord avec des conclusions I ou O devrait être sensiblement égal à celui obtenu pour A et E. C'est le même raisonnement que tiennent Chapman et Chapman (1959) pour lesquels les résultats de Sells sont davantage dus à un artefact qu'à un effet d'atmosphère.

2. *L'acceptation de la réciproque et l'inférence vraisemblable*

Pour Chapman et Chapman, si l'effet d'atmosphère est fondamental, on devrait le vérifier dans une épreuve à choix multiple. Ils présentent ainsi à des sujets 42 items constitués chacun de deux prémisses, et une liste de cinq conclusions possibles. Exemple :
Some L's are K's.
Some K's are M's.
Therefore :
1. No M's are L's.
2. Some M's are L's.
3. Some M's are not L's.

4. None of these.
5. All M's are L's.

Dans les 42 items, la réponse correcte est *none of these*. Par ailleurs, les sujets doivent résoudre 10 items pour lesquels une réponse peut être trouvée.

Les résultats donnent 20 % de réponses correctes. Les auteurs pensent qu'un certain nombre d'erreurs peut être attribuable au fait que les sujets ne s'attendaient sans doute pas à une épreuve où les items n'ont pas de solution. D'une façon générale, et dans un item donné, c'est-à-dire indépendamment de la figure syllogistique, les erreurs se centrent sur une conclusion donnée. Par exemple, pour la paire de prémisses AE, les auteurs trouvent 82 réponses E dans la figure I, 85 réponses E pour la figure III. Pour la paire de prémisses OI, ils connaissent 59 réponses O pour la figure I, 52 pour la figure III et 55 pour la figure IV. Chapman et Chapman notent cependant une exception dans la répartition des erreurs. Elle concerne les items EO et OE, où les réponses se répartissent sur E et sur O, avec une légère préférence pour O dans le cas de EO, et pour E dans le cas de OE. Mais pour les autres items présentant une symétrie de construction, les résultats se centrent sur une seule réponse. Par exemple dans AI et IA, les sujets donnent I pour réponse. Dans AO et OA, ils donnent O.

La question est de savoir si l'effet d'atmosphère joue un rôle dans la répartition des erreurs. Il est à noter que si l'effet d'atmosphère joue un rôle pour les items IE et OE, les sujets devraient donner des réponses de type O. Or, il n'en est pas ainsi puisque les sujets de Chapman et Chapman centrent leurs réponses sur E. Il en est de même pour EO. Si l'on tient compte du principe de *prudence*, il semble peu applicable, notamment pour IE, OE et EO, mais aussi pour AA, AE et EE. Ces résultats ne semblent dénoter aucune conformité avec les travaux de Sells.

Chapman et Chapman présentent deux principes d'explication du raisonnement syllogistique.

a) L'acceptation de la réciproque

Les auteurs s'appuient sur les travaux de Wilkins (1928) et sur ceux de Sells (1936), qui ont déterminé que bon nombre de sujets interprètent *tous les Y sont X* (A) par *tous les X sont Y* (A) et *quelques Y ne sont pas X* (O) par *quelques X ne sont pas Y* (O). En d'autres termes, les sujets utilisent la réciproque de la proposition. Or, une telle interprétation n'est pas correcte : la réciproque de *tous les hommes sont mortels* (c'est-à-dire *tous les mortels sont des hommes*) n'est pas valide.

De la même façon, la réciproque de *quelques vertébrés ne sont pas mammifères* ne donne pas une proposition valide (*quelques mammifères ne sont pas vertébrés*). Or, l'acceptation de la réciproque donne des propositions exactes dans le cas de I et E. Ainsi, *quelques vertébrés sont mammifères* (I) donne *quelques mammifères sont vertébrés* (proposition I, valide), tout comme *nul insecte n'est mammifère* (E) donne *nul mammifère n'est insecte* (E, valide). Par ailleurs, la vérité d'une particulière affirmative (I) ne permet pas toujours d'affirmer la vérité de l'universelle affirmative (A). Ainsi, *quelques vertébrés sont des mammifères* a une extension trop faible pour pouvoir affirmer que *tous les vertébrés sont des mammifères*. Néanmoins, ce type de raisonnement, bien qu'incorrect dans bon nombre de cas, correspond d'après les auteurs, à des habitudes cognitives du sujet et justifie un certain nombre d'erreurs.

b) L'inférence vraisemblable

A ce principe d'acceptation de la réciproque, Chapman et Chapman adjoignent un second principe dit d'inférence vraisemblable (probalistic inference), antérieurement discuté par Mill (1879) et Cohen et Nagel (1934). Selon ce principe, les objets ayant en commun plusieurs propriétés (ou qui produisent des effets similaires) sont plus ou moins les mêmes objets, et les objets n'ayant en commun aucune propriété (ou ne produisant aucun effet similaire) sont des objets différents. Dans le cas du syllogisme, la propriété commune est le moyen terme (M) par l'intermédiaire duquel il est possible d'obtenir des inférences vraisemblables, comme c'est le cas dans l'exemple suivant : *La substance jaune et poudreuse est souvent du soufre; quelques tubes à essais contiennent de la substance jaune et poudreuse*; par conséquent *quelques tubes à essais contiennent du soufre* (syllogisme en seconde figure). Dans cet exemple, le moyen terme est utilisé pour donner une conclusion dont la vérité n'est cependant que probable. Cette manière de raisonner est néanmoins courante. Les praticiens de la recherche l'utilisent parfois pour construire des hypothèses, c'est-à-dire des ensembles de propositions vraisemblables (probables); c'est grâce à l'expérimentation que le caractère probable va se transformer en une réelle vérité (ou fausseté).

Ces deux principes expliquent, selon Chapman et Chapman, certaines erreurs effectuées par les sujets dans le raisonnement syllogistique. Lorsqu'on lui présente les deux propositions suivantes *quelques X sont Y* (I) et *quelques Z ne sont pas Y* (O), le sujet considère que *quelques X* et *quelques Z* n'ont pas en commun la propriété Y et aboutissent à la conclusion que *quelques Z ne sont pas X*. Dans le cas d'une proposition de type O, où le moyen terme est le sujet (et non plus le prédicat), le sujet doit transformer la proposition M - P en P - M pour exprimer la réciproque, ce qui est un processus acceptable mais produit une source d'erreur. La démonstration est la même en ce qui concerne le principe d'inférence vraisemblable dans le cas des syllogismes construits avec des propositions I et E.

Dans les items formés de deux propositions E, le sujet aboutit à une conclusion de type E. Dans l'exemple suivant : *aucun X n'est Y* et *aucun Z n'est Y*, X et Z ne partagent pas la propriété Y. Par inférence vraisemblable le sujet est conduit à formuler la conclusion *aucun Z n'est X* (universelle négative, E). Il en est également ainsi pour les items formés de deux propositions O. Il faut cependant remarquer que le premier principe joue un rôle dans le cas de OO, où le sujet doit rétablir la réciproque des propositions, lorsque le syllogisme est de figure II. Dans le cas des items EO et OE, Chapman et Chapman concluent à l'utilisation de l'inférence vraisemblable.

3. Confrontation

L'examen de ces deux modèles fait apparaître qu'ils se situent à deux niveaux. Alors que les principes de Sells concernent la structure même du syllogisme (l'*effet d'atmosphère* se rapportant à la *qualité* et le principe de prudence se rapportant à la *quantité*) et en ce sens se réfèrent à des éléments extérieurs aux sujets, les principes de Chapman et Champan sont liés aux mécanismes de raisonnement et par conséquent appartiennent au sujet. La question est maintenant de savoir si les travaux de Chapman et Chapman invalident réellement ceux de Woodworth et Sells (1935) et ceux de Sells (1936).

Plusieurs chercheurs ont tenté de déterminer la pertinence des deux modèles. Begg et Denny (1969) ont répété l'expérience de Chapman et Chapman. Ils présentent aux sujets des syllogismes où la majeure est systématiquement présentée après la mineure. Les résultats obtenus s'éloignent significativement des résultats de leurs prédécesseurs, particulièrement au niveau des paires OE et EO pour lesquelles les réponses O et I sont les plus fréquentes, là où Chapman et Chapman enregistraient des réponses O et E. Les différences dans les résultats se retrouvent également dans les travaux de Roberge (1970).

Il est possible d'établir un tableau (tableau III) mettant en relation les prédictions de Sells (conformément au tableau II) et les résultats de Chapman et Chapman.

D'une façon générale, les résultats de Chapman et Chapman sont conformes à ceux de Sells en ce qui concerne l'effet d'atmosphère, excepté pour l'item IE qui, selon Sells, devrait donner lieu à une réponse de type O (tableau III). On peut penser cependant que cette exception n'est pas probante car la conclusion retenue dans ce cas se situe dans une atmosphère négative conforme aux hypothèses de Sells. Au niveau des items OE et EO (où Chapman et Chapman notent des réponses E et O), peut-on dire que les erreurs soient davantage imputables à l'acceptation de la réciproque et à l'inférence vraisemblable plutôt qu'aux principes décrits par Sells? Nous avons personnellement testé l'homogénéité de la répartition des réponses E et O pour les deux items. Les calculs font apparaître qu'il n'est pas possible ici de se décider en faveur de Sells ou de Chapman et Chapman ($X^2 = 3,049$, ddl = 2, NS, dans OE, $X^2 = 1,4932$, ddl = 2, NS dans EO). Quant au principe de prudence, il ne semble pas s'appliquer à tous les items, notamment pour AA, EE, AE et IE, et il n'est pas possible de se prononcer pour OE et EO (du fait de l'homogénéité des répartitions). Mais cela ne remet pas nécessairement en cause ce principe. Sells précise d'ailleurs (1936), que le principe de prudence n'est pas toujours intégré à l'effet d'atmosphère.

Par conséquent, les modèles explicatifs présentés par Sells et par Chapman et Chapman ne sont pas incompatibles. L'effet d'atmosphère

Tableau III: *Comparaison entre les prédictions de Sells et les résultats de Chapman et Chapman*

ITEMS	PREDICTIONS DE SELLS		RESULTATS DE CHAPMAN ET CHAPMAN
	effet d'atmosphère	principe de prudence	
AA	A	I	A
II	I	I	I
EE	E	O	E
OO	O	O	O
IE	O	O	E
OE	O	O	O et E
EO	O	O	O et E
AE	E	O	E
AI	I	I	I
IA	I	I	I
AO	O	O	O
OA	O	O	O
IO	O	O	O
OI	O	O	O

semble jouer dans une épreuve à choix multiple. Rappelons cependant que l'épreuve dont disposaient les sujets de Chapman et Chapman (les problèmes n'avaient pas de solution) a sans doute induit davantage d'erreurs que dans le cas de l'épreuve de Sells où le sujet avait à vérifier la vérité d'une conclusion et non à choisir une réponse parmi plusieurs possibles. Notons néanmoins qu'il n'est pas toujours possible d'associer les réponses erronées à l'effet d'atmosphère. Simpson et Johnson (1966) ont montré que l'utilisation d'une méthode d'entraînement diminue largement le rôle de l'effet d'atmosphère. Notons que pour Miljkovitch (1976), le recours aux principes de Sells ou à ceux de Chapman et Chapman n'est pas indispensable, la démarche du sujet pouvant changer selon le type de syllogisme présenté. Pour l'auteur, les réponses erronées se rapportent davantage à un choix intuitif qu'à un type de raisonnement spécifique. Après avoir procédé à une analyse des correspondances des réponses obtenues à des items analogues à ceux utilisés par Chapman et Chapman, Miljkovitch conclut que «... même si les explications des Chapman et celles de Woodworth et Sells comportent une part de vérité, il faut admettre qu'elles ne sont pas les causes les plus déterminantes dans la répartition des réponses qu'on observe» (1976).

III. RAISONNEMENT ET LOGIQUE OPERATOIRE

La déduction, comme tout comportement, est relative à un mode d'élaboration mentale particulier. Les modèles considérés plus haut ne s'interrogent pas sur la nature profonde des éléments cognitifs qui permettent le fonctionnement des principes déductifs. Il s'agit donc maintenant de décrire la structure responsable de ce fonctionnement et de déterminer la réalité psychologique de cette structure. Toute l'œuvre de Piaget est une tentative de dégager les mécanismes généraux impliqués dans les activités cognitives. L'étude de la déduction y tient une place centrale. Nous voudrions ici résumer les idées de l'auteur sur ce point, ce qui nous permettra ensuite de limiter la portée de la syllogistique classique sur laquelle s'appuient les travaux de Sells et de Chapman et Chapman.

A) Les fondements de la déduction selon Piaget

La déduction (cf. Piaget, 1949, édition 1972), qui consiste à tirer des conclusions à partir de propositions, met en jeu un certain nombre d'opérations logiques. La logique interpropositionnelle repose sur le calcul des propositions qui lui-même s'appuie sur un certain nombre d'axiomes établis antérieurement à l'œuvre de Piaget par des logiciens comme Whitehead et Russell, Hilbert et Ackermann[1]. Ces axiomes sont au nombre de quatre et peuvent être formulés de la façon suivante[2] :

Axiome I   : ⊢── (pvq)   ⊃   p[3]
Axiome II   : ⊢── p   ⊃   (pvq)
Axiome III : ⊢── (pvq)   ⊃   (qvp)
Axiome IV : ⊢── (p   ⊃   q)   ⊃   [(r v p)   ⊃   (r v q)]

Il s'agit maintenant de définir la structure opératoire d'ensemble impliquée par la réunion de ces axiomes. Pour Piaget, cette structure fait apparaître neuf aspects.

1. L'emboîtement des parties dans le tout

Une proposition p appartient à un tout constitué de p et d'un certain nombre d'autres propositions réunies à p par des liaisons disjonctives (axiome II). Par exemple, la réunion des propositions p = x_1 est mammifère et q = x_1 est un vertébré donne la relation p ⊃ (pvq), ce qui correspond à l'inclusion sur le plan de la logique des classes. Ce premier aspect est essentiel pour Piaget et appartient autant à la logique des propositions qu'à la logique des classes ou des relations.

2. L'emboîtement de la partie en elle-même (ou du tout dans lui-même)

C'est l'axiome I. Hilbert et Ackermann en font un principe premier. Cela semble difficile à admettre car une proposition appartient toujours à un ensemble (Axiome II). Il satisfait néanmoins au principe de cohérence et représente sur le plan des classes la tautification (A ∪ A = A).

---

[1] Dans *Logique et connaissance scientifique* (Paris, Gallimard, 1976, ouvrage composé sous la direction de J. Piaget), le lecteur trouvera de passionnants commentaires concernant ces auteurs et leur œuvre dans le domaine de la logique. Il pourra également consulter l'indispensable ouvrage de R. BLANCHE: *La logique et son hisotire d'Aristote à Russell*, Paris, A. Colin, 1970.
[2] Ces axiomes s'écrivent de façons différentes selon les auteurs. Nous ne présentons ici que la formulation de Hilbert et Ackermann. Piaget (1972) discute ces différentes formulations pp. 284-304.
[3] ⊢── signifie que l'expression qui suit est un axiome.
   ⊃ = relation d'implication.

3. La commutativité de la réunion des parties

Cet axiome, exprimé par l'axiome III, (pvq) ⊃ (qvp), a son correspondant au niveau des classes (commutativité de l'addition) et au niveau des relations (commutativité de l'addition des relations symétriques). Piaget montre que certaines formulations de l'axiome III, notamment celle de Frege[4] (1879) qui le traduit en implication -⊢—($\bar{p}$ ⊃ q) ⊃ ($\bar{q}$ ⊃ p) - permet d'inclure à ce niveau la réciprocité car ($\bar{p}$ ⊃ q) ⊃ ($\bar{q}$ ⊃ p) autorise l'implication ($\bar{q}$ ⊃ p) ⊃ ($\bar{p}$ ⊃ q), ce qui donne l'équivalence ($\bar{p}$ ⊃ q) ≡ ($\bar{q}$ ⊃ p).

4. L'ordre des emboîtements

Contrairement à l'axiome III et à la réunion des parties (pvq), l'axiome II ne présente pas la propriété de commutativité du fait de l'emboîtement des parties dans le tout. Ceci ne permet pas l'obtention d'une relation d'équivalence entre p ⊃ (pvq) et (pvq) ⊃ p. Par conséquent l'axiome II suppose une distinction entre l'ordre p ⊃ q et l'ordre q ⊃ p. Cette caractéristique n'est pas nouvelle, elle existe au niveau des classes (inclusions ordonnées: A ⊆ B ⊆ C ⊆ D...). Il est à noter que l'opposition entre le § 3 et le § 4 est importante sur le plan pratique. Ainsi, lorsque l'on donne une tâche de déduction à un sujet, il est nécessaire de savoir si l'on se situe au niveau de l'ordre ou indépendamment de l'ordre.

5. L'intersection des parties (ou des totalités)

Comme cela existe sur le plan de la logique des classes (intersection de classes), l'opérateur (pvq) permet trois éventualités d'associations: (p.q), (p.$\bar{q}$) et ($\bar{p}$.q). Ce qui signifie que la conjonction (p.q) est une possibilité d'intersection dans le cas de propositions partiellement disjointes.

6. La transitivité des emboîtements

L'axiome IV est un point essentiel dans la déduction et exprime la transitivité des emboîtements de partie à tout. (p ⊃ q) ⊃ [(pvr) ⊃ (qvr)] permet les associations suivantes: (p.q.r)v (p.q.$\bar{r}$) v ($\bar{p}$.$\bar{q}$.r) v ($\bar{p}$.q.r) v ($\bar{p}$.q.$\bar{r}$). Si l'association ($\bar{p}$.q.r) est nulle, l'axiome IV reste vrai. Il reste toujours vrai si l'on remplace ($\bar{p}$.$\bar{q}$.r) par ($\bar{p}$.q.r) — dans

---

[4] On peut trouver de nombreux éléments sur l'œuvre de Gottlob Frege (1848-1925) dans l'ouvrage de Jean LARGEAULT: *Logique et philosophie chez Frege*, Paris-Louvain, Nauwelaerts, 1970.

ce cas $r \supset q$ — et dans le cas où $r \supset p$. Dans ce dernier cas ($r \supset p$), nous sommes au niveau de la hiérarchie des emboîtements

$$[(p \supset q) . (r \supset p)] \rightarrow (r \supset q)$$

7. La complémentarité

Les axiomes de Hilbert et Ackermann ne mettent pas explicitement à jour la relation de complémentarité, ou réversibilité simple, c'est-à-dire la négation et l'inverse d'opérations, lesquelles peuvent porter sur une proposition simple ou sur une liaison entre propositions. La complémentarité joue un rôle fondamental dans la déduction et correspond à une réversibilité par rapport à l'affirmation complète. La négation de (pvq) est ($\bar{p}.\bar{q}$) et la négation de ($\bar{p}.\bar{q}$)) est (pvq), qui réunies, constituent la complémentaire de l'affirmation complète, (p.q) v (p.$\bar{q}$) v ($\bar{p}$.q) v ($\bar{p}.\bar{q}$). La complémentarité intervient dans la réversibilité et atteste de la cohérence et de la non-contradiction des emboîtements. Chaque axiome contient (pvq), qui, composée avec son inverse ($\bar{p}.\bar{q}$), donne la négation complète (o), garant de la non-contradiction, (pvq) . ($\bar{p}.\bar{q}$) ↔ (o).

8. La réciprocité

La complémentarité ne suffit pas à elle seule pour assurer la réversibilité du système, laquelle suppose également une réversibilité par réciprocité. La réciprocité peut être considérée comme une complémentarité par rapport à l'équivalence ($p \equiv q$) laquelle résulte de la composition d'une opération et de son inverse : ($p \supset q$) . ($q \supset p$) ↔ $p \equiv q$. La réciprocité se trouve impliquée dans l'axiome III. En effet ⊢(pvq) $\supset$ (qvp) signifie que l'on a aussi ⊢(qvp) $\supset$ (pvq). Par conséquent, (pvq) $\supset$ (qvp). Dans la logique des classes, cela correspond à une vicariance.

9. La substitution

La substitution n'est pas une opération axiomatisable. Elle joue cependant un rôle important dans la déduction. Seules les liaisons équivalentes peuvent être substituées, ce qui n'implique pas le fait que ces liaisons doivent être identiques. Ainsi, ($p \supset q$) = ($\bar{p}$vq). Pour ces deux liaisons le calcul est le même : (p.q) v ($\bar{p}$.q) v ($\bar{p}.\bar{q}$). Si dans la déduction on pose l'équivalence, ces liaisons sont substituables, sans cependant être identiques.

Ces neuf points permettent l'analyse du mécanisme opératoire impliqué dans les quatre axiomes d'Hilbert et Ackermann. La question est maintenant de déterminer la structure d'ensemble du système.

Pour Piaget, il est possible de réduire davantage les opérations inhérentes à cette logique. Ceci pose la question suivante: la déduction s'explique-t-elle en termes de groupe, de réseau ou de groupement? Pour les mathématiciens la déduction s'établit dans le cadre d'un groupe. Certains opèrent une distinction entre le groupe des équivalences ($\equiv$) et le groupe des disjonctions exclusives (w), ce dernier étant à la base de l'algèbre de Boole. Or, l'introduction d'une opération supplémentaire ne définit pas un groupe mais un anneau (l'anneau est en effet obtenu en ajoutant au groupe une opération extérieure), ce qui revient à poser l'équivalence a priori. Par ailleurs, les propriétés du groupe[5] ne rendent pas compte des auto-emboîtements lesquels supposent la présence de propriétés supplémentaires (identiques spéciales). Il apparaît donc que l'exclusion (w) et la conjonction (.) ne représentent pas le fondement de la logique bivalente. Ce fondement est-il assuré par la disjonction non exclusive (v) et la conjonction (.), lesquelles permettent de rendre compte des auto-emboîtements (identiques spéciales)? La réunion de ces deux opérations met en évidence une structure d'ensemble qui, selon Piaget, constitue un réseau (ou lattice) dont le «meet» ou «infimum» (le plus grand des minorants) correspond à la conjonction (p.q), et dont le «join» ou «supremum» (le plus petit des majorants) correspond à la disjonction (pvq)[6].

Le réseau n'est pas sans poser de problèmes par le fait qu'il possède une réversibilité incomplète. La conjonction (.) et la disjonction (v) ne sont ni dans un rapport de complémentarité (inversion) ni dans un rapport de réciprocité. Par contre, ces opérations sont corrélatives. Parmi les transformations fondamentales de la déduction (inversion, réciprocité et corrélativité), le réseau ne possède que la corrélativité. Piaget écrit que le réseau «... exprime bien un mécanisme logique essentiel d'inclusion de la partie dans le tout et d'intersection corrélative. Mais il néglige la réversibilité qui constitue la caractéristique la plus spécifique de toute transformation logique» (1972, p. 317).

---

[5] Ces propriétés sont les suivantes (Piaget, 1972, p. 276): a) la composition de deux éléments de l'ensemble est encore un élément de l'ensemble; b) la composition est associative; c) chaque élément a un inverse; d) il existe un élément neutre; e) la composition est commutative.
[6] Le réseau est applicable à différentes structures comme par exemple aux nombres entiers où le «meet» est représenté par le PGCD et le «join» par le PPCM.

Par conséquent, le groupe, par son caractère trop limité, et le réseau, du fait de sa réversibilité incomplète, ne sont pas adéquats pour expliciter l'ensemble des opérations de la logique bivalente. Il s'agit donc de définir une structure susceptible d'offrir les propriétés du réseau (particulièrement en ce qui concerne les emboîtements) et celles du groupe (la réversibilité). Piaget montre que la structure d'ensemble propre à la logique bivalente est le groupement (déjà enveloppé dans l'axiome de Nicod) qui, fondé dans la composition de la disjonction (vp) et de son inverse, la négation conjointe (.p̄), possède à la fois la réversibilité du groupe et les emboîtements de partie à tout ce qui caractérise le réseau. Pour Piaget «... toutes les opérations de la logique bivalente sont réductibles à un seul et même 'groupement' caractérisé par ses lois bien définies de réversibilité, de composition contiguës (complémentarité), d'emboîtements dichotomiques et d'auto-emboîtements (identiques spéciales)» (1972, p. 342). Le rôle de l'implication (et de sa réciproque, l'équivalence) est fondamental au niveau de ce groupement (pvp̄) = T. Par exemple (xvy) = z signifie $x \supset z$, $y \supset z$, $(xvy) \supset z$ et $z \supset (xvy)$, c'est-à-dire des relations de partie à tout qui ne sont rien d'autre que des implications. L'importance des implications est due également à la transitivité des emboîtements qu'elles permettent. Par conséquent, la déduction s'appuie dans une large mesure sur l'implication et l'équivalence.

En conclusion, on peut dire que le groupement des opérations (vp) et (.p̄) constitue le fondement de la déduction, la cohérence de l'ensemble étant assurée par la réversibilité (complémentarité, réciprocité et corrélativité).

B. Logique classique et logique opératoire

Les particularités de la déduction étant définies, la question est maintenant de savoir quels sont les rapports entre la syllogistique classique et la logique opératoire.

Bien que la logique intrapropositionnelle et la logique interpropositionnelle présentent des caractères propres, il existe une certaine correspondance entre les deux domaines, comme le montre en partie l'analyse des neuf points de la déduction (cf. ci-dessus). Pour Piaget, «... les opérations interpropositionnelles constituent une formalisation d'éléments empruntés par abstraction aux opérations intrapropositionnelles elles-mêmes: étant plus 'abstraites' que celles-ci, elles en dégagent, en effet, un mécanisme plus général et plus profond; mais étant abstraites de celles-ci, elles comportent la réalisation possible d'un modèle isomorphe à leur champ de départ concret» (1972, p. 350). Certains logiciens, comme Serrus (1945), considèrent que la logique interpropositionnelle est plus générale que la logique intrapropositionnelle. Une telle idée conduit à penser que l'accès à la pensée formelle est équivalent à la maîtrise d'un haut degré de généralité. Or, il est possible d'atteindre ce degré sans pour autant être au stade formel, comme en témoignent certains enfants du stade concret qui peuvent manifester un haut niveau de généralisation et ne possèdent cependant pas les opérations de la logique interpropositionnelle. La différence fondamentale entre ces deux logiques vient du fait que les opérations de la logique intrapropositionnelle, dont la construction s'appuie sur les actions du sujet, portent sur le *contenu*[7] des propositions, tandis que les opérations de la logique interpropositionnelle portent sur leur *forme*, laquelle constitue la caractéristique la plus générale de la proposition. Ceci permet la réalisation d'un schème qui n'est plus limité au plan des situations particulières, mais qui est utilisable quelles que soient les classes et les relations rencontrées. La logique classique est plus limitée. Elle repose sur la notion de *concept* et attribue au *jugement* (composition de concepts) une valeur primordiale. Dans le langage de la logique classique, le terme «concept» renvoie essentiellement à la notion de *classe* en distinguant l'*extension*, c'est-à-dire l'ensemble des éléments appartenant à la classe, et la *compréhension* laquelle se rapporte aux attributs de ces éléments (prédicat). La définition du concept en extension est cependant insuffisante car, même la présence d'un seul argument (une catégorie) n'exclut pas la relation, comme par exemple l'équivalence entre les éléments. La logique classique apparaît ainsi comme prisonnière de la notion de classe, ce qui lui confère son caractère limité, et conduit à l'envisager comme un cas particulier de la logique des propositions.

Les quatre types de propositions susceptibles d'être rencontrées dans le syllogisme (A, E, I, O) ont leur correspondant au niveau de la logique interpropositionnelle. L'universelle affirmative (A) «tout X est Y» peut exprimer qu'un élément de X a le caractère Y («x_1 est Y» ou «x_2 est Y»), ou que quelques éléments de X sont Y («x_1, x_2, x_3 sont Y»), ou bien que tous les éléments de X ont la propriété Y («tous les x sont Y»). On constate ici, comme dans toute inclusion de classes, que l'attribut Y a une extension supérieure ou égale à celle de X. Ce type de rapport existe également au niveau des propositions.

---

[7] «Le 'contenu' d'une liaison opératoire est constitué par les données, où les termes pouvant leur être substitués, tandis que la 'forme' est ce qui demeure inchangé au cours de telles substitutions» (Piaget, 1972, p. 39).

Des deux propositions suivantes, p = *quelques étudiants sont Africains* (I) et q = *quelques étudiants ne sont pas Français* (O), on extrait l'implication p ⊃ q, qui correspond sur le plan des classes à l'inclusion P ⊃ Q, où Q a une extension supérieure ou égale à P. On peut donc dire avec Piaget que «... l'implication comporte une quantification par sa 'forme' même, puisque q est 'toujours' vraie quand p est vraie et p «quelquefois» vraie quand q est vraie. Cette quantification intensive correspond à celle de l'inclusion P ⊃ Q, qui exprime l'universelle affirmative» (1972, p. 355). Piaget montre également que l'implication p ⊃ q̄ correspond à l'universelle négative (E). Les deux particulières O et I équivalent respectivement à la négation de A ($\overline{p \supset q} \leftrightarrow p.\bar{q}$) et de E ($\overline{p \supset \bar{q}} \leftrightarrow \bar{p}.q$).

Il est possible de faire correspondre les opérations de la logique interpropositionnelle aux rapports définis par la logique classique et qui concernent les différentes relations entre les propositions A, E, I et O (contradictoires, subalternes et subcontraires, lesquelles consti-

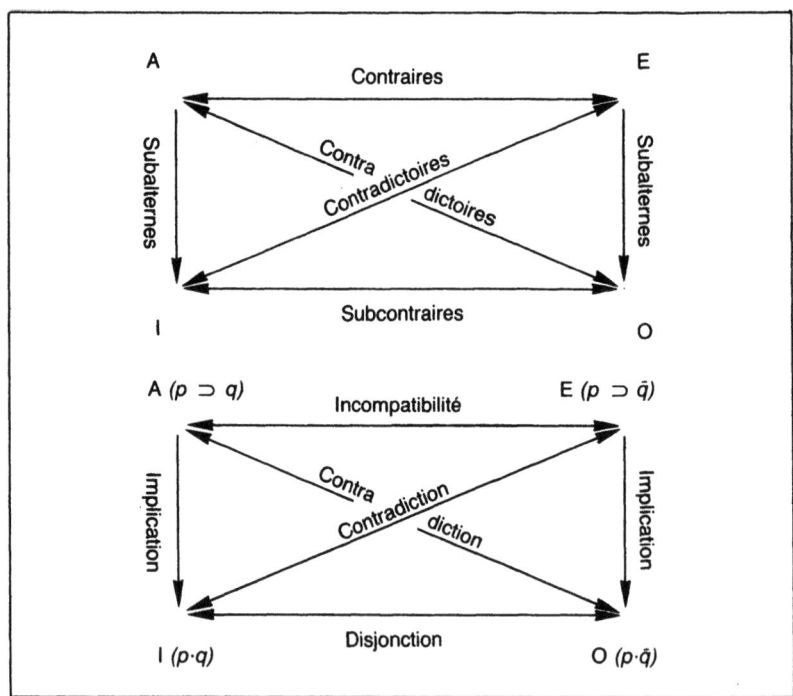

Fig. 1. Correspondance entre le carré d'opposition et les opérations de la logique interpropositionnelle (d'après Piaget, 1972, p. 356).

tuent ce que l'on appelle le « carré d'opposition ») (cf. fig. 1). Compte tenu de ces nouveaux rapports, Piaget analyse les 19 modes du syllogisme et montre que l'on peut, là aussi, les relier au calcul propositionnel (1972, pp. 358-359). Mais, par rapport aux propositions syllogistiques dont les caractères de « vrai » et de « faux » reposent sur le contenu des classes qu'elles manipulent, la vérité et la fausseté des propositions de la logique interpropositionnelle qui leur correspondent s'appuient sur leur forme interpropositionnelle.

Les transformations définies par la logique classique (conversions, contrapositions et négations) n'échappent pas à l'examen de Piaget qui analyse leur limite en ce qui concerne la réversibilité et leur manque d'opérations multiplicatives. Par conséquent, l'opposition essentielle entre la logique classique et la logique opératoire «... tient au caractère imparfait du formalisme de la syllogistique qui, faute d'un algorithme abstrait, atteignant la généralité du pur calcul interpropositionnel, n'a su dominer ni la question de la réversibilité ni même celle des emboîtements multiplicatifs » (Piaget, 1972, p. 364). Se situant sur le plan intrapropositionnel, la logique classique ne permet pas une étude rigoureuse et complète des mécanismes impliqués dans la déduction.

IV. PLURALITE DES PROCESSUS D'EXECUTION

Les syllogismes dont nous avons parlé précédemment reposent sur la manipulation de la relation d'inclusion. Or, le raisonnement déductif peut s'appuyer sur d'autres types de relations comme le montrent les exemples suivants :
Vincent est plus grand que Lucien.
Lucien est plus grand que Jacques.

Par conséquent :
Vincent est plus grand que Jacques.

Le train de Bordeaux est plus rapide que le train de Lyon.
Le train de Lille est plus lent que le train de Lyon.

Par conséquent :
Le train de Bordeaux est plus rapide que le train de Lille.

Ce type de problème (problème à trois termes) constitue ce que l'on appelle le *syllogisme linéaire* et repose, non pas sur la relation d'inclusion, mais sur la *relation d'ordre*. Le problème à trois termes comporte généralement deux prémisses (énoncé) et une question : *Si*

Luc est meilleur que Jean et si Jean est meilleur que Pierre, alors qui est le meilleur? Le problème est résolu quand le sujet parvient à établir la sériation des trois termes contenus dans les prémisses: Luc > Jean > Pierre (sériation de relations asymétriques transitives). Ce type de raisonnement a largement été étudié. L'analyse des mécanismes mis en jeu dans la résolution a donné naissance à plusieurs explications dont certaines mettent l'accent sur les facteurs cognitifs et d'autres sur les facteurs linguistiques.

A. Les modèles explicatifs non linguistiques

1. *Le modèle opérationnel de Hunter*

Pour Hunter (1957) la facilité avec laquelle le sujet établit la sériation L > J > P [8], dépend du type de présentation des prémisses.

    I. L > J, J > P
    II. L > J, P < J
    III. J < L, P < J
    IV. J < L, J > P

La présentation I est la plus maniable. Dans l'exemple suivant: *L est meilleur que J* et *J est meilleur que P*, le sujet arrive à la solution par suppression des deux occurrences de J. Hunter pense que cette présentation constitue un ordre *naturel* conduisant plus aisément à la réponse. L'activité du sujet dans les cas II, III et IV conduit donc à des transformations permettant d'arriver à la présentation «naturelle» des prémisses (I: L > J, J > P). L'auteur propose deux opérations mentales d'où le nom de modèle opérationnel) susceptibles de rendre compte de la démarche du sujet, opérations qui peuvent être indépendantes l'une de l'autre.

a) La conversion (C)

La conversion est un changement apporté au niveau du sens de la liaison unissant deux termes. La première prémisse crée une «orientation» (de l'action). La conversion affecte selon Hunter la seconde prémisse. La réalisation de la sériation L > J > P (dans II) implique la conversion de la deuxième prémisse:

$$P < J \xrightarrow{C} J > P$$

---

[8] L = Luc, J = Jean, P = Pierre.

b) La «réordination» (R)

La *réordination* est un changement apporté au niveau de l'ordre de présentation des prémisses. Dans le cas du problème III par exemple (J < L, P > J), pour réaliser la sériation P < J < L, le sujet doit réordonner les énoncés de la façon suivante :

$$J < L, P < J \xrightarrow{R} P < J, J < L$$

Ces deux opérations ne sont pas toujours indépendantes comme le montre la résolution du problème IV (J < L, J > P). Le sujet doit établir la sériation P < J < L. Dans un premier temps, il convertit la deuxième prémisse :

$$J > P \xrightarrow{C} P < J$$

et dans un deuxième temps, il réordonne les deux prémisses.

Ainsi présentés, les problèmes sont de complexité croissante. Par ailleurs Hunter montre que la distribution des temps de résolution fait apparaître que la *réordination* est plus difficile que la conversion. La figure 2 représente l'algorithme de résolution prédit par le modèle de Hunter. Dans le tableau IV figurent les transformations à effectuer selon le type de problème. On remarque que les problèmes de type I ne subissent aucune transformation. Les problèmes de type II et III subissent chacun une transformation. Mais étant donné que la réordination est plus difficile que la conversion II est plus aisé à résoudre que III. Enfin, Hunter prédit deux transformations pour les problèmes de type IV. Par conséquent, on peut hiérarchiser les problèmes selon la difficulté de résolution. Si t désigne le temps de résolution, nous avons la hiérarchie suivante :

$$t\ I < t\ II < t\ III < t\ IV$$

2. Le modèle de la paralogie spatiale et le modèle de l'image

Le modèle de la paralogie spatiale — introduit par De Soto et Coll. (1965) — prédit que la résolution des problèmes à trois termes met en jeu une représentation spatiale des trois termes. Deux principes supportent ce modèle : le principe d'ancrage aux extrémités et le principe de préférence directionnelle.

Les auteurs présentent à 117 sujets (jeunes adultes) des problèmes à trois termes (A, B, C) dont la construction utilise les quatre combi-

152 FONCTIONNEMENT COGNITIF ET INDIVIDUALITE

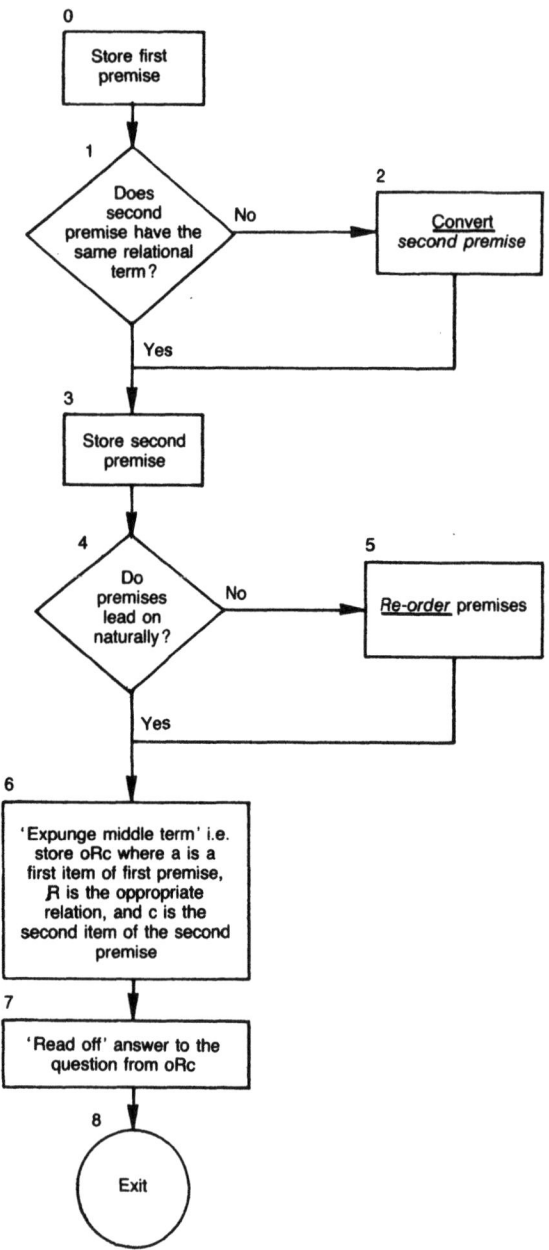

Fig. 2. Le modèle opérationnel de Hunter (1957), d'après Wason et Johnson-Laird, 1972, p. 101.

Tableau IV: *Transformations prédites par le modèle opérationnel de Hunter (1 signifie que l'opération est à faire et 0 signifie que l'opération n'est pas à faire*

	PROBLEMES	CONVERSION	REORDINATION
I	L > J J > P	0	0
II	L > J P < J	1	0
III	J < L P < J	0	1
IV	J < L J < P	1	1

naisons des comparatifs *meilleur que* et *pire que* (Exp. n° 1). Ces combinaisons sont chacune utilisées quatre fois. Par ailleurs, quatre questions sont posées alternativement: *A est-il meilleur que C?, C est-il meilleur que A?, A est-il pire que C?* et *C est-il pire que A?* Ceci permet d'obtenir 64 problèmes (huit fois huit couples de prémisses, cf. Tableau V). Les sujets disposent de 10 secondes pour répondre «oui», «non» ou «je ne sais pas». La variable analysée est le pourcentage de réponses correctes.

De Soto et Coll. remarquent qu'au niveau d'une prémisse, quand *le meilleur* est donné en premier et *le pire* en second (*A est meilleur que B* plutôt que *B est pire que A*), la résolution est plus facile. Au

Tableau V: *Types de problèmes utilisés par De Soto et Coll. (1965)*

A > B B > C	A > B C < B
B > C A > B	C < B A > B
B < A C < B	B < A B > C
C < B B < A	B > C B < A

niveau d'un couple de prémisse, la résolution est plus facile quand la première prémisse comporte le terme *meilleur*. Il s'agit d'un phénomène d'*ancrage aux extrémités*. Ce phénomène n'est pas nouveau. Plusieurs chercheurs dont Volkmann (1951) et Feigenbaum et Simon (1962) ont montré que dans une série ordonnée, les éléments extrêmes sont souvent utilisés comme repères pour évaluer la position des autres.

(1) A n'est pas aussi mauvais que B.
    C n'est pas aussi bon que B.
(2) B n'est pas aussi bon que A.
    B n'est pas aussi mauvais que C.

Pour De Soto et Coll. la résolution est plus aisée quand le sujet procède de l'extrémité vers le milieu (cas de l'exemple 1) que dans le cas contraire (exemple 2), « We hypothesize that it is helpful to the subject if the first element in the premisse is an end element in the ordering, the best or the worst, so that the premisse proceeds toward the middle rather than from the middle toward an end » (1965).

En questionnant les sujets, les auteurs constatent que la résolution s'appuie sur une image mentale. Les sujets ont tendance à se représenter les termes sur un axe vertical avec *le meilleur* en haut et *le pire* en bas. Tout semble se passer comme si *meilleur que* était traduit en image par *au-dessus de* et *pire que* par *au-dessous de (principe de préférence directionnelle)*.

Pour vérifier cette hypothèse, les auteurs présentent à des sujets un certain nombre de phrases du type *A est meilleur que B* (Exp. n° 2). On donne aux sujets des feuilles de réponses sur lesquelles sont représentées quatre cases (2 verticalement et 2 horizontalement) comme le montre la figure 3. La tâche du sujet consiste à placer A et B dans deux des cases. Pour 25 sujets et pour le type de phrase *A est meilleur que B*, on obtient des réponses réparties comme suit (Fig. 4).

Pour le type de phrase *A a les cheveux plus foncés que B*, les résultats sont plus hétérogènes (Fig. 5).

Ces résultats font apparaître que dans le cas des comparatifs *meilleur que* la préférence directionnelle est dirigée du haut vers le bas. Elle est dirigée du bas vers le haut quand les éléments relationnels sont du type *pire que*. Pour *clair* et *foncé* les résultats ne permettent pas de conclusions bien fermes. Il est possible cependant dans ce dernier cas d'émettre quelques hypothèses sur l'orientation gauche-droite. Ceci conduit à la question de savoir si le sujet dispose d'un modèle de représentation spatiale particulier.

RAISONNEMENT ET LANGAGE 155

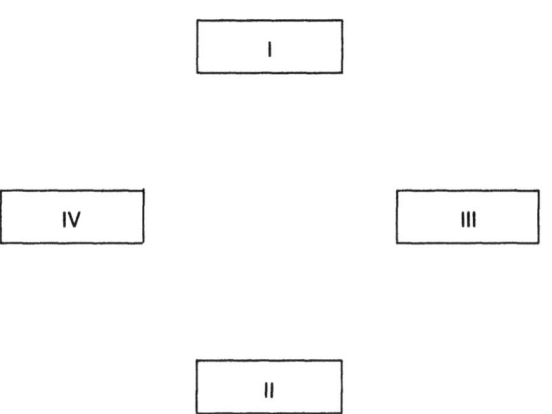

Fig. 3. Configuration du matériel expérimental dont disposaient les sujets de De Soto et Coll. (1965) dans l'expérience n° 2.

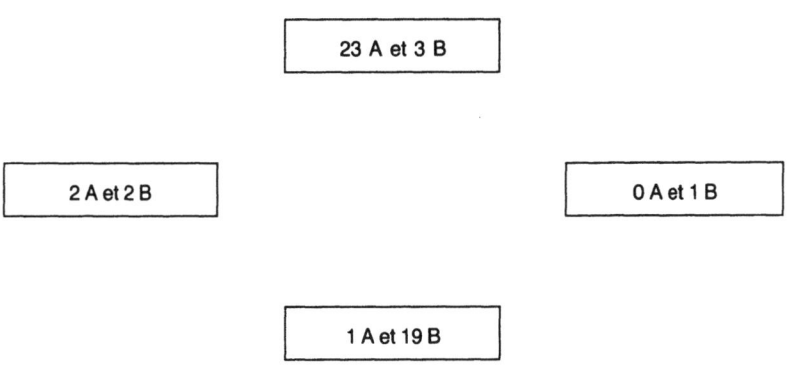

Fig. 4. Résultats obtenus par les sujets de De Soto et Coll. (1965) dans l'expérience n° 2 (N = 25 sujets) pour la phrase *A est meilleur que B*.

Les auteurs réalisent sur ce point une expérience (Exp. n° 3) sur 146 sujets. Cette expérience, semblable à l'expérience n° 1 comporte des prémisses utilisant les combinaisons de différents comparatifs. Ceci donne 4 listes :

1re liste : combinaison de *meilleur que* et de *pire que*
2e liste : combinaison de *au-dessus de* et de *au-dessous de*
3e liste : combinaison de *à gauche de* et de *à droite de*
4e liste : combinaison de *plus clair que* et de *plus foncé que*

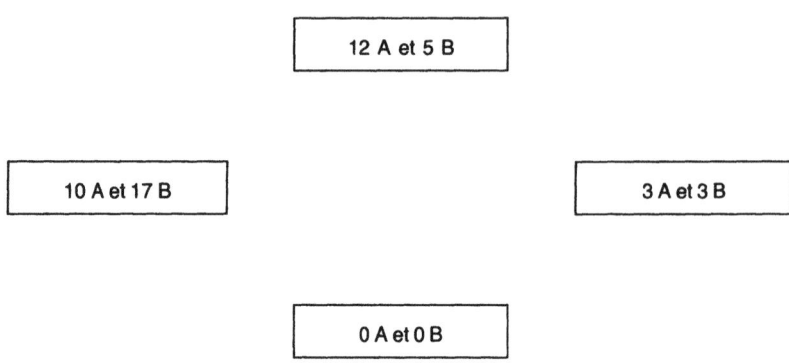

Fig. 5. Résultats obtenus par les sujets de De Soto et Coll. (1965) dans l'expérience n° 2 (N = 25 sujets) pour la phrase *A a les cheveux plus foncés que B*.

Les résultats obtenus (pourcentage de réponses correctes) pour les listes 1 et 2 sont comparables et confirment l'utilisation d'un schéma préférentiel «haut-bas». Mais l'utilisation d'un schéma «gauche-droite» n'est vérifiée que dans 50 % des items (comparaison des listes 3 et 4). Les auteurs concluent à l'existence d'un modèle de représentation spatiale où la prédominance est donnée à l'axe vertical: «People are good at thinking of elements as ordered because they can readily arrange them approprialy on an axis — ordinarily the vertical axis — in their cognitive space» (De Soto & Coll., 1965). Dans une étude ultérieure (Handel, London, De Soto, 1968), les auteurs confirment ces résultats.

Le modèle de la paralogie spatiale est sans doute plus complet que celui développé par Hunter et permet de prévoir plus précisément les difficultés rencontrées par les sujets dans la résolution de problèmes à trois termes.

Le principe d'ancrage aux extrémités ne recueille cependant pas l'unanimité des chercheurs. Dans une série d'expériences, Huttenlocher et ses collaborateurs (Huttenlocher, Eisenberg, Strauss, 1968; Huttenlocher, Higgins, Milligan, Kauffmann, 1970), tout en acceptant le principe de préférence directionnelle, ont montré que les erreurs des sujets ne se situaient pas au niveau de l'ancrage, mais au niveau de la structure linguistique des prémisses. Ils présentent un modèle, *le modèle de l'image*, qui constitue un complément au modèle de De Soto et Coll. Le point de départ de leur modèle peut se résumer ainsi :

ordonner les termes mentalement présente des difficultés comparables à celles rencontrées dans des situations concrètes (physiques).

Dans une expérience consistant à ranger des blocs (Huttenlocher et Strauss, 1968), des enfants doivent parvenir à *le bloc bleu est au-dessus du bloc marron*. Les auteurs montrent que lorsque l'élément à déplacer correspond au sujet grammatical de la phrase, l'épreuve est effectuée plus rapidement, tandis que les enfants sont généralement plus lents lorsqu'il y a correspondance entre l'objet à déplacer et l'objet grammatical. Pour Huttenlocher, ces résultats sont difficilement explicables par l'ancrage.

Huttenlocher signale que le point de départ de la représentation se situe au niveau de la première prémisse. Lorsque dans cette dernière l'objet à déplacer coïncide avec la fonction grammaticale correspondante, le sujet doit convertir cette prémisse afin de permettre la représentation imagée. On peut penser également qu'au lieu de convertir la première prémisse, le sujet l'encode et fasse porter la conversion sur la seconde prémisse (cela n'est cependant pas toujours vrai, cf. Tableau VI).

Tableau VI: Opérations prédites par le modèle de De Soto et Coll. (1965): 1 signifie que l'opération est à faire et 0 signifie que l'opération n'est pas à faire

Problèmes	Conversion de la première prémisse	Préférence haut - bas	Conversion de la seconde prémisse
A > B B > C	0	0	1
B > C A > B	1	1	0
B < A C < B	1	0	0
C < B B < A	0	1	1
A > B C < B	0	0	0
C < B A > B	0	1	0
B < A B > C	1	0	1
B > C B < A	1	1	1

Bien que la conversion n'apparaisse pas dans le modèle de De Soto, cette notion est intéressante : *une conversion opérée au niveau de la première prémisse apporte parfois un changement de sens de l'axe spatial de référence qui ne s'oriente plus de haut en bas mais de bas en haut* (cf. Tableau VI).

Ainsi reformulée, on peut représenter les différentes opérations prédites par le modèle de la paralogie spatiale (Tableau VI) et schématiser l'algorithme de résolution (Fig. 6).

B. Le modèle linguistique de Clark

Pour Clark (1969) le raisonnement déductif met en œuvre les processus linguistiques que l'on trouve généralement au niveau de la compré-

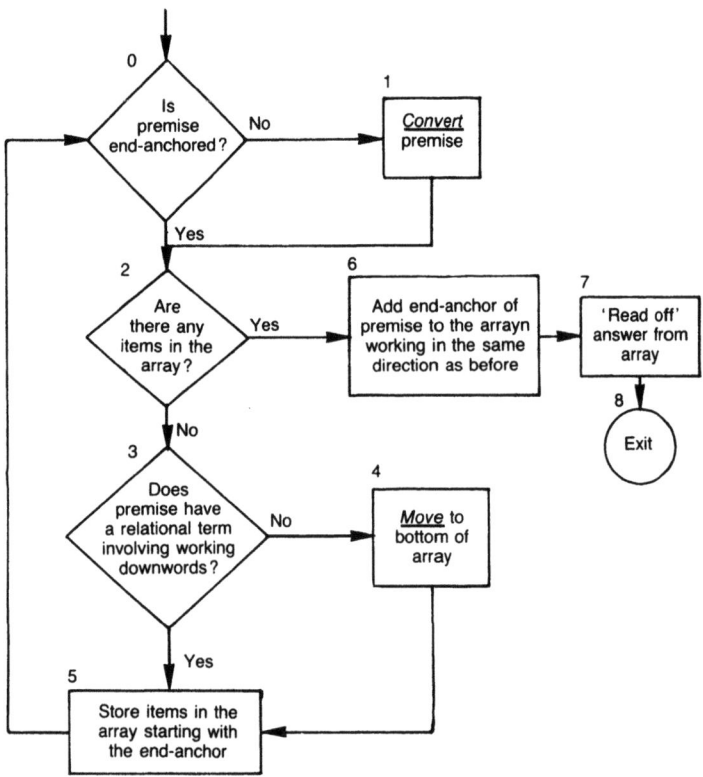

Fig. 6. Le modèle de De Soto et Coll. (1965), d'après Wason et Johnson-Laird, 1972, p. 106.

hension du langage. La résolution de problèmes à trois termes s'effectue en vertu de trois principes linguistiques.

1. Le principe de la primauté des relations fonctionnelles

Une des difficultés de la compréhension se situe, selon Clark, non pas au niveau de la structure superficielle, comme semble l'indiquer Huttenlocher, mais au niveau de la structure profonde de la phrase. Dans les phrases au comparatif, les relations fonctionnelles (Chomsky, 1965) sont contenues dans les suites de base. *Luc est bon* et *Pierre est bon* sont les suites de base de la phrase *Luc est meilleur que Pierre*. Ce type de phrase apporte une double information : a) *les relations fonctionnelles* et b) *le comparatif*. La phrase *Luc est meilleur que Pierre* est interprétée comme suit : *Luc est bon* plus que *Pierre est bon*, ce qui semble signifier, compte tenu des présuppositions du modèle génératif, que la relation Sujet-Prédicat est comprise plus rapidement que la relation unissant les deux propositions (suites de base). En d'autres termes, le principe de la primauté des relations fonctionnelles atteste que (a) est plus accessible que (b).

Cette accessibilité ne s'effectue pas d'emblée. Elle est fonction de la *complexité dérivationnelle*⁹ de la phrase.

(1) Pierre est pire que Jean.
    Jean est pire que Luc.
(2) Luc n'est pas aussi mauvais que Jean.
    Jean n'est pas aussi mauvais que Pierre.

Les prémisses de ces deux problèmes ont des suites de base identiques (*Luc est mauvais, Jean est mauvais, Pierre est mauvais*), mais la complexité dérivationnelle dans le cas de (1) est moins élevée que celle de (2). Le principe de primauté des relations fonctionnelles prédit que le sujet mettra moins de temps pour résoudre (1) que (2).

2. Le principe de catégorisation lexicale

Les adjectifs antonymes comme *bon* et *mauvais*, *long* et *court*, sont souvent asymétriques (Chomsky, 1965; Greenberg, 1966; Lyons, 1968). Le sens de certains adjectifs positifs (*bon, long*...) est stocké de façon moins complexe que dans le cas de leur contraire par le fait qu'il existe une différence dans la complexité sémantique de ces couples. La phrase *Jean est meilleur que Pierre* nous renseigne essentielle-

---

⁹ La complexité dérivationnelle peut être considérée comme un indice de complexité syntaxique (cf. Moscato et Wittwer, 1981).

ment sur la place respective occupée par Jean et par Pierre. Mais lorsque l'on dit *Pierre est pire que Jean*, Pierre et Jean se situent tous les deux dans la catégorie des *mauvais*. Tout ceci signifie que *bon* correspondant à *Jean est meilleur que Pierre* peut avoir un sens *dénominatif* ou un sens *contrastif*, alors que le sens de *mauvais* correspondant à la phrase *Pierre est pire que Jean* est interprété dans un sens *contrastif*. Selon le principe de catégorisation lexicale, le sens dénominatif des adjectifs est codé plus facilement que leur sens contrastif. Il est donc permis de penser, en ce qui concerne les problèmes à trois termes, que les prémisses comportant l'adjectif *bon (Jean est meilleur que Pierre*, ou *Pierre n'est pas aussi bon que Jean*) seront généralement interprétés selon le sens dénominatif de *bon*, et par conséquent seront compris plus rapidement que les prémisses comportant l'adjectif *mauvais* (*Pierre est pire que Jean* ou *Jean n'est pas aussi mauvais que Pierre*), ces dernières étant interprétées selon le sens contrastif de *mauvais*.

3. Le principe de congruence

La compréhension de la question ne suffit pas pour résoudre le problème. Le sujet doit rechercher, au niveau des relations fonctionnelles, une information congruente avec la question.

Soit le problème suivant :
B est meilleur que C.
B est pire que A.

L'analyse des prémisses conduit aux situations suivantes :
- 1re prémisse : B est plus bon, C est moins bon.
- 2e prémisse : B est plus mauvais, A est moins mauvais.

La prise en compte des deux occurrences de B permet de stocker :
C est le moins bon.
B est intermédiaire.
A est le moins mauvais.

La question *qui est le meilleur ?* ne trouve pas directement sa réponse car il y a toujours incongruence. Le sujet doit alors, selon Clark, convertir la question en *qui est le moins mauvais ?*, ce qui permet évidemment d'extraire la solution A.

Le principe de congruence est en germe dans le modèle opérationnel. Hunter souligne que certains sujets, au lieu de convertir la seconde prémisse, convertissent la première, ceci en relation avec la question.

Il note également que le problème est résolu plus facilement quand la question est *qui est le meilleur?*

Pour vérifier la pertinence des hypothèses prédites par ces trois principes, Clark présente à des sujets (jeunes adultes) un certain nombre de problèmes construits en utilisant différentes formes comparatives de *bon* et de *mauvais*. La variable observée est le temps de résolution. Le tableau VII fait apparaître les résultats (en secondes) obtenus par Clark.

Tableau VII: Résultats (logarithmes des temps de résolution) obtenus par les sujets de Clark pour des problèmes comportant des comparatifs simples (d'après H.H. Clark, 1969, p. 393)

Forme du problème	Analyse	Forme de la question		
		Le meilleur?	Le pire?	Moyenne
I . A est meilleur que B	A est bon B est bon	0,61	0,68	0,64
II . B est pire que A	A est mauvais B est mauvais	1,00	0,62	0,81
I'. A pas aussi mauvais que B	A est mauvais B est mauvais	1,73	1,58	1,66
II'. B pas aussi bon que A	A est bon B est bon	1,17	1,47	1,32

Ces résultats confirment l'ensemble des prédictions de l'auteur. Dans une seconde expérience (même recherche), Clark montre que son modèle est également applicable à la résolution de problèmes à trois termes.

Dans la représentation en termes de théorie de l'information, Wason et Johnson-Laird (1972) opèrent une distinction entre les principes appliqués aux énoncés du problème (principe de primauté des relations fonctionnelles et principe de catégorisation lexicale) et le principe concernant la question. L'algorithme de résolution est représenté par les figures 7 et 8.

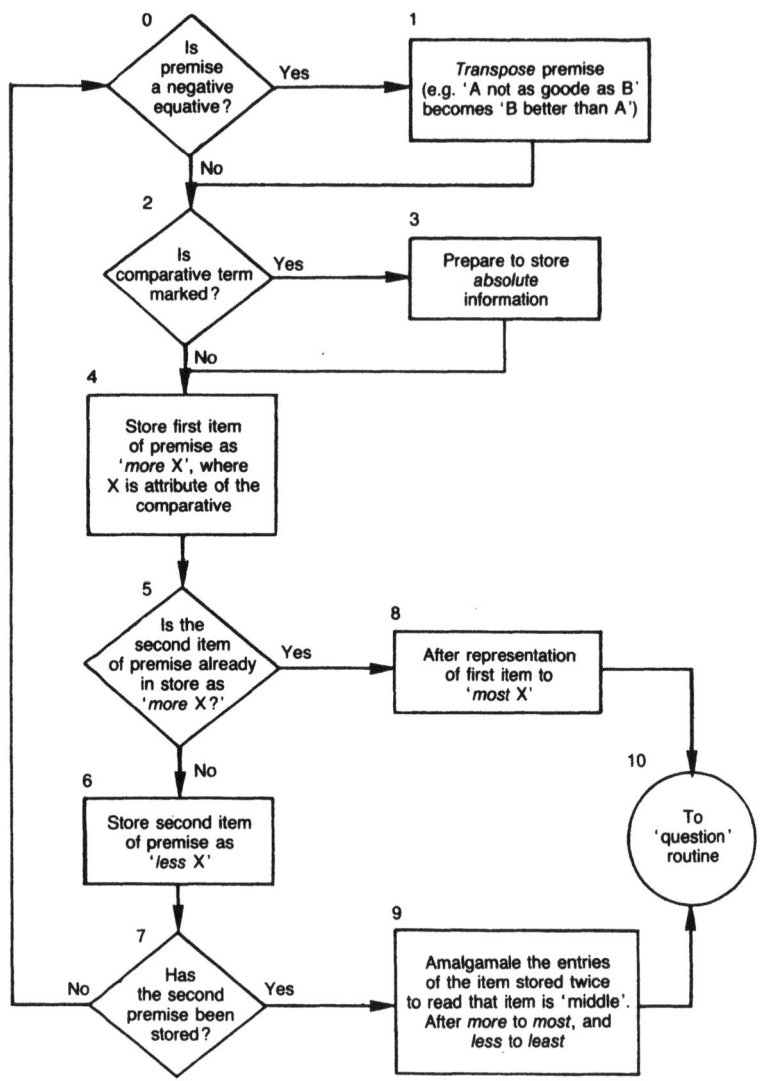

Fig. 7. Le modèle de Clark (1969) : utilisation du principe de la primauté des relations fonctionnelles et du principe de catégorisation lexicale (d'après Wason et Johnson-Laird, 1972, p. 114).

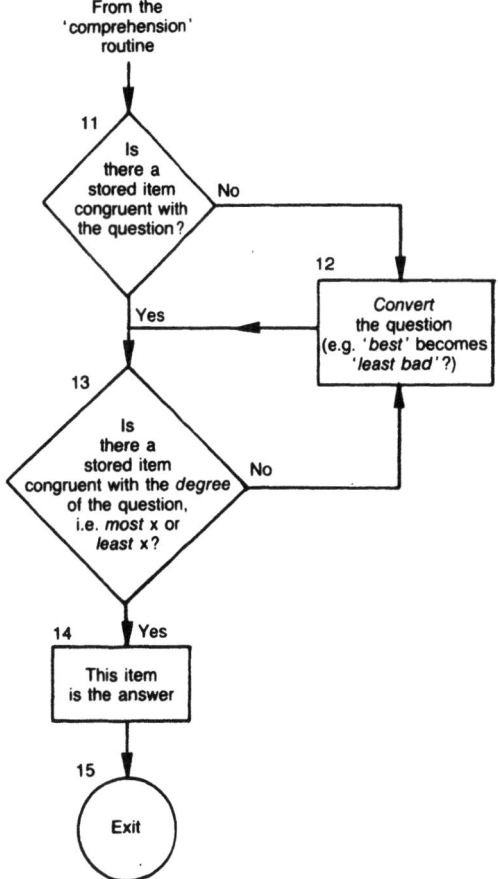

Fig. 8. Le modèle linguistique de Clark (1969) : utilisation du principe de congruence (d'après Wason et Johnson-Laird, 1972, p. 117).

C. Discussion

1. Les contradictions

Les principes développés par le modèle de la paralogie spatiale et le modèle de l'image, et les principes se rapportant au modèle linguistique de Clark conduisent-ils aux mêmes prédictions ?

Soit les deux exemples suivants :
(1) A est meilleur que B.
    C est pire que B.
(2) B est meilleur que C.
    B est pire que A.

La disposition des termes A et C dans le premier exemple permet un phénomène d'ancrage (De Soto et Coll.), phénomène que l'on ne retrouve pas au niveau de l'exemple (2). Il apparaît donc, en vertu du principe de De Soto, que (1) est plus facile à résoudre que (2).

Le principe de congruence (Clark), appliqué aux mêmes exemples, se traduit par des prédictions opposées. Considérons que la question posée soit *qui est le meilleur?* Nous avons observé (cf. plus haut) que cette question nécessite dans le cas de (2) une opération de conversion. Or, cette conversion n'est pas utile en ce qui concerne l'exemple (1).

En effet, l'analyse des prémisses fait apparaître que :
- pour la première prémisse :
  A est plus bon
  B est moins bon
- pour la seconde prémisse :
  C est plus mauvais
  B est moins mauvais

Ceci permet la représentation suivante :
A est le meilleur
B est intermédiaire
C est le plus mauvais

Cette représentation offre une information congruente avec la question (Q : *qui est le meilleur?* ; R : *A est le meilleur*), ce qui ne rend donc pas nécessaire l'opération de conversion. (1) serait donc plus difficile que (2).

Considérons maintenant les exemples (3) et (4) :
(3) A n'est pas aussi mauvais que B.
    C n'est pas aussi bon que B.
(4) B n'est pas aussi bon que B.
    B n'est pas aussi mauvais que C.

Pour De Soto, les éléments relationnels *pas aussi bon que* (ex. 4) déterminent une préférence directionnelle dirigée de bas en haut, ce qui demande un travail plus complexe que dans le cas de l'orientation haut → bas engendrée par *pas aussi mauvais que* (ex. 3). Ainsi, conformément aux travaux de l'auteur, (3) devrait être plus facile à résoudre que (4). Le principe de catégorisation lexicale (Clark) nous amène à des prédictions différentes. En effet, si le sens dénominatif de l'adjectif *bon* est codé plus facilement que le sens de *mauvais*, il est permis de penser que l'exemple (3) est plus difficile que l'exemple (4).

Nos exemples sont bien sûr en nombre limité mais ils traduisent cependant bien les difficultés rencontrées dans un rapprochement des modèles en question. Ces contradictions ont donné lieu à une controverse entre Huttenlocher et Clark. Nous n'en rapporterons ici que les principaux éléments.

2. *La controverse Huttenlocher-Clark*

a) Le point de vue de Huttenlocher

Pour Huttenlocher et Higgins (1971, 1972), les trois principes de Clark ne sont pas de nature à rendre compte des processus du raisonnement en œuvre dans la résolution des syllogismes à trois termes. Leurs critiques concernent essentiellement quatre points.

Premier point: le principe de catégorisation lexicale. Pour les auteurs, les adjectifs appartiennent à plusieurs catégories sémantiques. La question est pour eux de savoir quel est le lien entre ces différentes catégories, particulièrement dans le cas de la sériation de plusieurs termes selon une qualité définie. A cet égard, Mann (1968) propose à des sujets de définir des adjectifs selon les critères *favorable* et *défavorable*. Il constate, au niveau des réponses, que cette distinction rend compte de la différence entre adjectifs catégorisés (critère *favorable*) et les adjectifs non catégorisés (critère *défavorable*). Par ailleurs, Mann observe que les définitions se rapportant à «défavorable» sont souvent données négativement. Dans une expérience semblable, Huttenlocher et Higgins (1971) parviennent à des résultats similaires et concluent que d'une façon générale, et par rapport aux adjectifs non marqués (non catégorisés), les adjectifs marqués sont définis négativement (par exemple, *mauvais* est défini par *pas bon*).

En s'appuyant sur les travaux de Sherman (1969) — pour lequel les phrases négatives comportant des adjectifs catégorisés sont plus difficiles que ces mêmes phrases avec des adjetifs non catégorisés — Huttenlocher et Higgins considèrent que le principe de la catégorisation lexicale ne trouve sa réalité qu'au niveau de la négativité, ce qui exclut la valeur de la distinction entre sens nominal (dénominatif) et sens contrastif des adjectifs (Clark, 1969). Par aileurs, Huttenlocher souligne qu'il n'y a pas de preuves empiriques des difficultés dues à cette distinction (1971).

Deuxième point: le principe de la primauté des relations fonctionnelles. Dans une phrase au comparatif, l'important réside moins, selon Huttenlocher et Higgins, dans les suites de base que dans les éléments relationnels comparatifs. Ceci semble contredire largement le principe de la primauté des relations fonctionnelles. Les prémisses comportant les adjectifs *bon* et *mauvais* ont des significations sous-jacentes différentes. Le principe de Clark ne précise en rien les relations unissant ces significations. Huttenlocher et Higgins soulignent également que le principe de la primauté des relations fonctionnelles est difficilement acceptable pour certains types de phrases comme *un hippopotame est plus petit qu'un éléphant* (qui implique la vérité de *un hippopotame est petit* et de *un éléphant est petit*), ou comme *les jets sont plus lents que les fusées* (qui présuppose que les assertions *les jets sont lents* et *les fusées sont lentes* soient vraies).

Troisième point: le principe de congruence. Le principe de congruence (Clark) n'est pas, selon Huttenlocher et Higgins, un principe pertinent. Avant de répondre à la question, le sujet établit une représentation imagée de trois termes dont la disposition dans l'espace cognitif permet de répondre à n'importe quelle question. La compréhension de l'adjectif contenu dans cette dernière ne devient donc accessible qu'après son utilisation (d'où la notion d'*accessibilité temporaire*), ce qui réduit les difficultés dues à la question. En se référant aux données recueillies par Clark, Huttenlocher et Higgins pensent que ce qui est primordial, ce n'est pas que l'adjectif de la question trouve son écho dans la prémisse contenant la réponse, mais la relation entre l'adjectif de la question et celui de la seconde prémisse.

Quatrième point: l'hypothèse de la «compression». Une dernière critique de Huttenlocher et Higgins à l'égard du modèle linguistique concerne le fait que les trois principes décrits par Clark ne rendent pas compte de la façon dont les informations sont combinées pour établir un ordre sur les trois termes. Pour Clark, il s'agit d'un phénomène de *compression* que l'auteur décrit de la façon suivante: «On fait l'hypothèse que les sujets essaient de condenser l'information contenue dans les énoncés de telle sorte que cette information soit plus facile à tenir en mémoire. L'énoncé «Jean est meilleur que William» serait stocké, non pas sous la forme complète («Jean est bon +»; «William est bon»), mais sous la forme condensée («Jean est bon +»), qui signifie «Jean est le meilleur des deux». De sorte que, quand le second énoncé est «Richard est meilleur que Jean», l'ordre des trois termes est facile à construire : étant donné que Richard est meilleur que Jean, qui est déjà le meilleur des deux, alors Richard est le meilleur, puis vient Jean, et l'autre est le moins bon » (Clark, 1969).

Soit les exemples (1) et (2) :
(1) A est meilleur que B.
  C est pire que B.
(2) B est pire que A.
  B est meilleur que C.

Si le phénomène de *compression* est valide, (1) est plus difficile que (2), alors que le principe de congruence prédit le contraire. Pour Huttenlocher et Higgins, la *compression* n'est qu'un postulat théorique, qui aboutit à des prédictions contradictoires.

Ainsi, l'analyse des processus de raisonnement dans le cas des problèmes à trois termes ne peut se faire, selon Huttenlocher et Higgins, que sur le modèle de l'image. A ces diverses critiques, Clark répond point par point.

b) Le point de vue de Clark

Dans son article de base, Clark (1969) analyse les modèles qui supposent le recours à la représentation spatiale (De Soto et Coll.) et à l'image mentale (Huttenlocher et Coll.). Il constate que ces modèles, en ce qui concerne les comparatifs tels que *pas aussi bon que* et *pas aussi mauvais que*, parviennent à des conclusions différentes de celles obtenues par le modèle linguistique. Ceci tient à deux raisons.

Une première raison de ces contradictions tient, selon Clark, au statut accordé à l'image mentale. Les auteurs présupposent «... qu'une organisation mentale devrait révéler les mêmes difficultés que leur organisation matérielle » (Clark, 1969). Or, Clark fait remarquer, en s'appuyant sur certains travaux de Huttenlocher (Huttenlocher, Eisenberg, Strauss, 1968; Huttenlocher, Strauss, 1968) que les contraintes, dans les situations matérielles, entraînent des difficultés spécifiques, comme par exemple les difficultés liées à la consigne, qui ne correspondent pas toujours à celles rencontrées dans l'espace représentatif. Par ailleurs, l'auteur fait observer qu'il n'existe pas de preuves suffisantes quant au rôle de ces images dans la résolution des syllogismes à trois termes. Clark ne rejette cependant pas leur rôle éventuel : « Naturellement, la réfutation de ces deux théories des images mentales n'entraîne pas à dire que les images n'interviennent pas lors de la résolution des problèmes à trois termes. Elles interviennent indiscutablement, encore qu'il n'y ait eu que 49 % des sujets de Clark (1969) pour déclarer qu'ils utilisaient des images spatiales. La seule conclusion solide que nous puissions tirer à l'heure actuelle c'est que l'on n'a pas démontré que l'utilisation des images spatiales influence de façon différentielle la résolution des problèmes à trois termes » (Clark, 1969).

La seconde raison tient au fait que le modèle de la paralogie spatiale et le modèle de l'image supposent que l'encodage des termes s'effectue au niveau de la structure de surface. Or, il faut distinguer selon Clark trois niveaux de l'analyse linguistique (trois profondeurs de traitement), lesquels définissent trois aspects de la compréhension (Clark, 1970).

1. *La structure de surface*. Clark considère que les différences en structure de surface coïncident avec la distinction *thème-rhème* (Halliday, 1967). Dans les phrases au comparatif comme *A est meilleur que B*, le thème est A et le rhème correspond à *est meilleur que B*. Le thème est essentiel car il permet de fixer une origine dans la comparaison. Ainsi, *A est meilleur que B* et *B n'est pas aussi bon que A* n'ont pas le même thème; par conséquent, ces deux énoncés ne peuvent être considérés comme équivalents. Pour Clark : «... the comprehension and use of thematic information is basic, so linguistic facts about them should be necessary for a full account of this aspect of comprehension » (Clark, 1970).

2. *La structure profonde*. Les présuppositions à partir de phrases contenant *meilleur que* et *aussi bon que* sont différentes de celles établies à partir des phrases contenant *pire que* et *aussi mauvais que*. Ce qui veut dire que dans les épreuves de compréhension de problèmes à trois termes, les difficultés des sujets seront en relation avec les présuppositions que nécessitent les prémisses.

3. *La structure lexico-sémantique*. La résolution d'un problème suppose une connaissance du lexique. L'asymétrie des adjectifs positifs et des adjectifs négatifs est de nature à affecter les présuppositions opérées à partir des énoncés.

Ces trois niveaux ne se répartissent sans doute pas de façon égale dans tous les problèmes, du fait que ces derniers ne réclament pas tous le traitement du même type d'information. Mais pour Clark, ces trois niveaux sont cependant indispensables pour rendre compte, de façon suffisamment rigoureuse, des difficultés de la compréhension. Notons que Clark ne se réfère qu'à la compétence linguistique.

c) *La réponse de Clark (1971, 1972)*

Premier point. Pour Clark, la distinction entre sens nominal et sens contrastif reste une distinction opérationnelle qui peut se résumer comme suit : « un adjectif non marqué utilisé dans un sens nominal est plus facile à comprendre qu'un adjectif marqué pris dans son sens contrastif » (proposition 1, Clark, 1971, p. 509). Huttenlocher et Higgins rejettent cette proposition et la remplacent par : « certains adjectifs sont les négatifs, soit de leur contraire non marqué, soit de leur contraire positif, et pour cette raison les premiers sont plus difficiles à comprendre » (proposition 2, Clark, 1971, p. 509); c'est le cas pour les adjectifs *mince, épais* et *gros*, où *gros* est le contraire non marqué de *mince* et *épais* le contraire positif de *mince*. Clark n'écarte pas l'intérêt de la proposition 2 : «... proposal 1 and proposal 2 are both in conjunction. At this point, there is evidence for both proposals and no evidence to reject either one » (1971, p. 509). En effet, l'auteur pense que les travaux de Jones (1970) et ceux de Clark (1970) constituent des preuves expérimentales suffisamment solides pour confirmer la vérité de la proposition 1 (et de la proposition 2). Par ailleurs, Clark remarque que Huttenlocher et Higgins emploient de façon impropre les termes *non marqué* et *marqué*, ce qui les conduit probablement à rejeter la proposition 1. Huttenlocher et Higgins ne semblent appliquer *non marqué* qu'aux adjectifs positifs. Or, si cet emploi est correct pour l'adjectif *riche* par exemple, qui peut signifier un *excès d'argent*, il ne l'est plus pour l'adjectif *dur* qui n'évoque pas nécessairement un *excès de dureté*.

Deuxième point. Le principe de la primauté des relations fonctionnelles repose sur l'analyse proposée par la grammaire générative. Clark (1971) soutient que la réfutation de ce principe en partant d'exemples comme *les hippopotames sont plus petits que les éléphants* ou *les jets sont plus lents que les fusées*, revient à considérer les adjectifs dans leur sens absolu. Or, l'analyse linguistique sur laquelle Clark fonde en partie son modèle, rend compte du sens relatif des adjectifs. La compréhension de la phrase *A est plus petit que B* met en jeu trois points de référence (PR, cf. figure 9). Le PR *primaire* (primary RP) concerne la totalité de l'échelle (ici la taille) et situe le sens nominal de *grand*. Le PR *secondaire* (secondary RP) définit une référence moyenne (standard) et concerne un ensemble particulier d'objets. Au-dessus du PR *secondaire*, les objets sont grands (*grand* étant pris dans son sens contrastif) et au-dessous de ce point, les objets sont petits (*petit* étant pris également dans son sens contrastif). Enfin, le PR *tertiaire* (tertiary RP) permet de situer les qualités de A et de B par rapport au PR *secondaire* et la qualité de A par rapport à celle de B. L'analyse linguistique fait remarquer que la position du PR secondaire est variable selon l'étendue de la taille des objets considérés. Dans l'exemple *les hippopotames sont plus petits que les éléphants*, on présup-

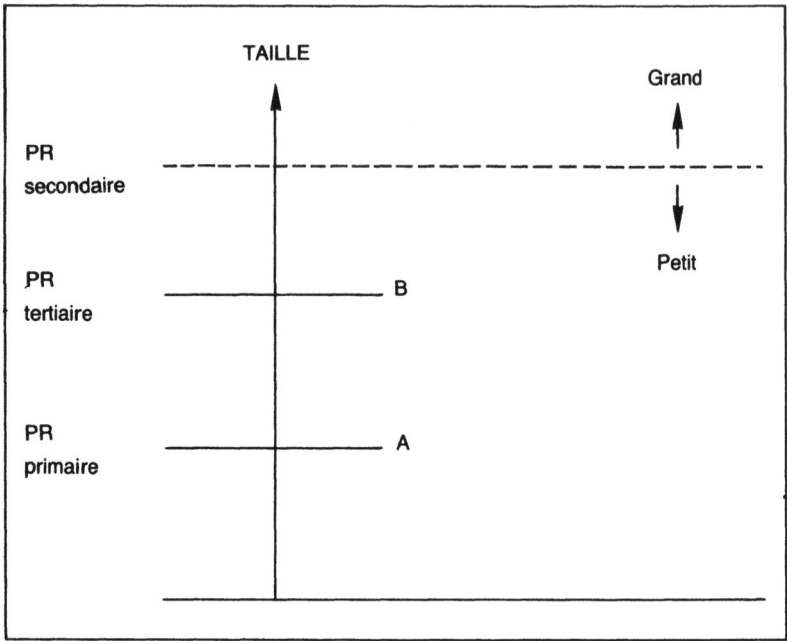

Fig. 9. Diagramme représentant les points de référence primaire, secondaire et tertiaire sur une échelle concernant la taille, pour la phrase *A est plus petit que B* (d'après Clark, 1971, p. 510).

pose effectivement que les hippopotames et les éléphants sont petits, mais «petit» est donné relativement à un très haut degré de petitesse, degré représenté par le PR *secondaire*.

Pour Clark, la réfutation du principe de la primauté des relations fonctionnelles vient du fait que Huttenlocher et Higgins ne prennent pas en considération d'une part, la position relative de *hippopotames* et de *éléphants*, et d'autre part, ces positions par rapport au PR secondaire. La démonstration serait la même pour *les jets sont plus lents que les fusées*.

Troisième point. L'auteur souligne que c'est le principe d'accessibilité temporaire, et non le principe de congruence, qui n'est pas pertinent. L'auteur fait remarquer que lorsque les prémisses contiennent les mêmes adjectifs, les prédictions établies à partir de ces deux principes se traduisent par des résultats comparables. Mais ces résultats sont différents quand les adjectifs contenus dans les prémisses ne sont pas les mêmes. Par ailleurs, Clark souligne que l'accessibilité temporaire conduit à des prédictions erronées lorsqu'il s'agit de problèmes où la réponse est indéterminée (Clark, 1969). Il note également que le principe de congruence est corroboré par des travaux expérimentaux (Clark, 1969; Clark, 1970; Trabasso, Rollins, Shaughnessy, 1971), tandis que l'accessibilité temporaire n'a trouvé aucune application expérimentale.

Quatrième point. Huttenlocher et Higgins rejettent la notion de *compression* du fait qu'elle donne lieu à des prédictions contraires au principe de congruence. Clark admet que la *compression* ne constitue pas une explication suffisante, mais là où Huttenlocher et Higgins voient une contradiction, Clark montre qu'il n'y en a pas, car la *compression* et la congruence peuvent très bien agir de façon opposée, la seconde ayant un effet supérieur à la première.

Cette réponse point par point n'est pas seulement une défense. Elle constitue également une réfutation du modèle de l'image. Clark conclut son article (1971) en écrivant: «To sum up, Huttenlocher and Higgins new theory of reasoning is defective for they have failed to establish either that the linguistic theory is in need of revision or, more seriously for their point of view, that the imagery theory has any basis in fact» (p. 513).

V. LANGAGE, RAISONNEMENT DEDUCTIF ET LOGIQUE DU SUJET

Cet examen des points de vue des auteurs sur le problème de la déduction et les débats auxquels ils ont donné lieu montre bien la complexité de l'étude des rapports entre le langage et le raisonnement déductif, complexité renforcée par le fait que loin d'accéder à la généralité, les modèles présentés prétendent y parvenir. L'ambiguïté tient également aux objectifs implicites des auteurs. Pour certains, il s'agit de cerner les caractères du raisonnement dans le cadre de la résolution de problèmes, tandis que pour d'autres, l'accent est mis au niveau de la compréhension des données du problème, ce qui constitue moins une étude des mécanismes déductifs qu'une analyse des parcours linguistiques accompagnant la résolution. La question est alors de savoir comment relier ces deux types d'approches.

A. Déduction pratique et champ lexico-sémantique

Le calcul propositionnel est-il suffisant pour rendre compte du raisonnement déductif? La réponse à cette question suppose que l'on dégage deux niveaux de la déduction. Wason et Johnson-Laird (1972) opèrent une distinction entre la *déduction pure*, comme par exemple la déduction mathématique, et la *déduction pratique*, c'est-à-dire celle que l'on rencontre dans les discussions quotidiennes de chacun. Si le calcul propositionnel permet une explication adéquate de la déduction pure (cf. Piaget, 1972), ce n'est pas le cas pour la déduction pratique qui met en jeu un certain nombre de facteurs, notamment l'étendue du champ lexico-sémantique.

Pour Collins et Quillian, la mémoire est organisée de façon hiérarchique, de telle sorte que les propriétés des objets sont stockées au niveau de la classe référentielle. Ainsi, la compréhension est d'autant plus facile que la distance entre les classes d'objets est plus étroite (phénomène d'économie cognitive). Par conséquent, la phrase *un canari est un oiseau* est comprise plus rapidement que *un canari est un animal*, *animal* ayant une étendue lexico-sémantique plus large que *oiseau*.

L'étendue du champ lexico-sémantique peut être analysée au niveau de certaines règles déductives. Lorsqu'un sujet déclare: *si je garde un animal dans mon appartement, je risque d'être expulsé*, le calcul propositionnel nous apprend que le sujet utilise la règle du modus ponens:

$$p \supset q$$
$$p$$
$$\therefore q$$

Mais par expérience, on comprend aisément que le risque n'est pas le même lorsqu'il s'agit d'un poisson rouge et lorsqu'il s'agit d'un chien. Par conséquent, la vérité de p dépend de l'étendue sémantique de *animal*. Ce facteur se retrouve dans l'utilisation d'autres règles, comme par exemple la règle du modus tollens:

$$p \supset q$$
$$\bar{q}$$
$$\therefore \bar{p}$$

Le sujet déclare *si je garde un animal dans mon appartement, je risque d'être expulsé; mais je ne cours aucun risque*. L'auditeur peut en conclure, ou bien que le sujet ne possède aucun animal, ou bien qu'il possède un poisson rouge, ou quelque animal de ce type, cette dernière éventualité étant considérée comme insuffisante pour motiver une expulsion et par cela, conférer à $\bar{p}$ une vérité quelconque. Le rôle de l'étendue du champ lexico-sémantique permet donc de supposer que la déduction n'est pas toujours indépendante de variables linguistiques.

L'échec du calcul propositionnel dans l'explication de la déduction pratique tient à sa nature bivalente. Leur différence essentielle réside au niveau de leurs présuppositions respectives. Pour la première, il s'agit de reconnaître le *logiquement vrai* du *logiquement faux*, ce qui se situe au niveau de la forme des propositions. La seconde considère le *réellement vrai* et le *réellement faux*, c'est-à-dire l'acceptation logico-sémantique des propositions et de leurs combinaisons.

B. L'évolution de la stratégie

Les contradictions entre les différents modèles, notamment celles dont nous avons débattu dans les paragraphes consacrés à la résolution des problèmes à trois termes, signifient-elles une incompatibilité entre les différents modèles ? L'examen des figures 2, 6, 7 et 8 nous permet de remarquer que la résolution met généralement en jeu une transformation par *conversion* ou par *transposition*. Ainsi *B n'est pas aussi bon que A* est intepretée comme *A est meilleur que B*. Cette interprétation détermine alors une préférence directionnelle dans le sens haut → bas. Lorsque cette opération s'applique à *A n'est pas aussi mauvais que B* qui est interprétée comme *B est pire que A*, le sens de l'axe dans l'espace cognitif s'oriente de bas en haut. Dans ce cas, les prédictions par le principe de préférence directionnelle et par celui de la catégorisation lexiccale sont les mêmes : le problème *A n'est pas aussi mauvais que B, C n'est pas aussi bon que B* (1) est plus difficile à résoudre que le problème *B n'est pas aussi bon que A, B n'est pas aussi mauvais que C* (2). L'opération de transposition (ou de conversion) rend compte d'une conformité dans les hypothèses susceptibles d'être formulées à partir des deux autres principes. Si le principe d'ancrage aux extrémités ne joue pas dans la formulation de l'exemple (2), la conversion permet une configuration des trois termes qui rend possible l'utilisation de ce principe, ce qui n'est pas le cas dans l'exemple (1). Ceci conduit à une plus grande facilité dans la résolution de l'exemple 2 et rejoint les prédictions par le principe de congruence.

Bien que ces exemples soient en nombre limité, il apparaît clairement que le modèle De Soto-Huttenlocher et le modèle de Clark, loin de se rejeter, se situe à deux niveaux différents. Le premier suppose une analyse des deux prémisses dans un espace cognitif unidimensionnel. Sur ce point, la notion d'*ordre naturel* proposée par Hunter (1957, op. cit.) est intéressante car la représentation est sans doute plus facile dans le cas d'une présentation du type *A est meilleur que B, B est meilleur que C* que dans le cas d'une présentation du type *A est meilleur que B, C est pire que B*. Nous devons cependant remarquer que l'axe de référence n'est probablement pas aussi strictement définissable que ne le pensent les partisans d'un modèle fondé sur la représentation mentale. Jones (1960, op. cit.) qui a particulièrement étudié ce point, a montré que la préférence directionnelle dépend d'un certain nombre de facteurs dont le plus pertinent se situe sur le plan de la nature des relations entre les termes. Le second est caractérisé par une analyse des organisations sémantiques. Clark, comme nous l'avons déjà mentionné, n'écarte pas l'idée d'une construction imagée, et présente un modèle centré sur un traitement séparé des informations contenues dans les prémisses. Il est permis cependant de penser que ces deux niveaux ne sont pas toujours indépendants. Wood (1969) distingue deux modes de résolution : 1) celui que les sujets développent au *début* de l'épreuve et 2) le mode de résolution *pendant* l'épreuve. Cette distinction fait apparaître une évolution de la stratégie de résolution : les sujets passeraient d'une stratégie conforme aux prédictions du modèle de l'image à une stratégie du type de celle proposée par Clark. Dans une tentative de réconcilier l'ensemble des modèles, et en s'appuyant sur les travaux de Wood, Johnson-Laird formule l'hypothèse suivante : « Le sujet doit, au cours d'une séance expérimentale, changer son type d'approche. Initialement, il utiliserait une procédure analogue à celle proposée par le modèle de l'*image*, tout en la modifiant afin d'incorporer un des principes du modèle *opérationnel* de Hunter (1957). Par la suite, et après un certain entraînement, il développerait une procédure se rapprochant davantge du modèle *linguistique*» (Johnson-Laird, 1972, p. 82).

L'hypothèse d'une évolution de la procédure de résolution est plausible mais appelle néanmoins plusieurs réserves. Tout d'abord, l'utilisation des principes du modèle opérationnel n'écarte pas le rôle possible des facteurs linguistiques. En effet, le rétablissement de l'*ordre naturel* par *conversion* ou/et par *réordination* revient à transformer les prémisses de telle sorte que celles-ci aient les mêmes présuppositions (J est bon, L est bon, P est bon, cf. tableau IV). En d'autres termes, l'opération consiste en une réduction de la complexité dérivationnelle des prémisses, ce qui rend valide le principe de la primauté des relations fonctionnelles et n'exclut pas l'éventualité d'une résolution conforme aux prédictions du modèle linguistique, là où Johnson-Laird voit l'utilisation d'un des principes du modèle de Hunter. Par ailleurs, la référence aux travaux de Wood est discutable. L'auteur utilise des problèmes à 5 termes où *plus grand* est employé comme élément comparatif relationnel dans toutes les prémisses :

D est plus grand que E.
C est plus grand que D.
A est plus grand que C.
A est plus grand que B.
B est plus grand que C.
Qui est le plus grand, B ou E?

Outre le fait que le traitement de l'information est plus complexe que dans le cas des problèmes à trois termes, deux remarques apparaissent. La première concerne les éléments relationnels (*plus grand*). L'adjectif *grand*, au sens propre, renvoie à des jugements objectifs et évoque par expérience l'idée de la verticalité, cette dernière étant propice à une représentation imagée. Ce n'est pas le cas pour les adjectifs comme *bon* ou *mauvais* qui entraînent des évaluations plus subjectives. La seconde remarque tient au fait que la répétition du même comparatif est propre à déclencher des habitudes verbales susceptibles d'entraîner la mobilisation des principes linguistiques.

Par conséquent, si les travaux de Wood peuvent rendre compte d'un changement dans le mode d'approche du sujet, il est permis de penser que c'est le type de situation expérimentale utilisée par l'auteur qui favorise ce changement. Mais cette situation est trop limitée pour en déduire l'idée que le changement de procédure est un phénomène systématique.

C. La dépendance-indépendance à l'égard du langage dans le raisonnement

La résolution de syllogisme linéaire pose la question du rôle de la structure des organisations signifiantes dans l'organisation des programmes de traitement. Ces programmes peuvent être repérés par rapport à quatre paramètres fondamentaux (Moscato, 1983) : la *nature* des opérations mobilisées par le sujet (linguistiques, logiques...), le *nombre* d'opérations, l'*ordre* selon lequel les opérations s'installent et le *temps* de traitement. L'agencement séquentiel de ces paramètres permet de catégoriser les fonctions, de comparer l'efficacité des programmes à l'intérieur d'une même catégorie, d'identifier des registres de fonctionnement et de caractériser le système cognitif par deux propriétés fonctionnelles :

- la *mobilité* des fonctions, c'est-à-dire la possibilité d'une part de sélectionner, d'actualiser, voire d'anticiper des programmes finalisés et adaptés aux exigences d'une situation et d'autre part de substituer un programmme de traitement à un autre;

- la *flexibilité* du système cognitif qui représente sa capacité à générer et repérer des invariants indépendamment des contextes et des contraintes apportées par les variations de formes et de contenus des situations.

Les travaux effectués sur ce sujet ont fourni des résultats intéressants qui éclairent la pluralité du fonctionnement cognitif lors de la résolution de syllogismes linéaires.

Dans une série d'expériences sur la résolution de problèmes à trois termes, Moscato (1976) fait apparaître que le résolution de tels problèmes est différente selon le niveau d'intelligence générale et que la résolution est généralement associée à une stratégie de *réduction linguistique*, c'est-à-dire que les sujets ont tendance à ramener la structure des énoncés à une forme plus simple par dérivation linguistique. L'idée d'une réduction spécifiquement linguistique reste cependant discutable car le niveau d'intelligence générale est probablement une variable insuffisamment fine dans ce genre de procédure. On peut en effet observer que l'équilibre évalué en terme de niveau élimine dans une certaine mesure les différences susceptibles d'être rencontrées sur le plan de l'équilibre des systèmes opératoires formels tels que l'on décrit Inhelder et Piaget (1970). On constate en effet une sensible hétérogénéité dans la mise en place des systèmes opératoires formels, certains sujets pouvant être au niveau formel dans les épreuves de combinatoires et au premier sous-stade formel dans la logique des propositions. Cette variabilité pose la question non résolue des décalages horizontaux au niveau du stade formel. Longeot (1968, 1969, 1978), qui a fortement renouvelé dans ce domaine la problématique piagétienne, a mis au point un ensemble d'instruments qui permettent d'expliciter cette hétérogénéité. L'application de ces épreuves (Epreuves de la Pensée Logique) à un groupe de jeunes adultes (Moscato, 1979) a montré que la résolution des problèmes de série à trois termes par ces sujets revêt des caractéristiques liées au mode d'équilibre des systèmes opératoires formels. Cette recherche a pu mettre en évidence deux catégories de sujets : les sujets *A* qui présentent un mode de fonctionnement où les processus linguistiques ne constituent pas un élément actif (les raisonnements de ces sujets sont centrés sur les enchaînements hypothético-déductifs des liaisons opératoires et attestent d'une maîtrise de l'ensemble des opérations qui caractérisent la fin du stade formel décrit par Inhelder et Piaget, 1970); les sujets *B* qui manifestent, dans les mêmes conditions expérimentales, des raisonnements explicables par un modèle linguistique. Ces résultats conduisent à penser que les analyses proposées par Piaget pour expliquer l'achèvement de la pensée formelle, ne trouvent leur expression que chez les sujets dont l'équilibre cognitif fonctionne indépendamment des contraintes linguistiques. D'autres confirmations de ces particularités ont été apportées par une étude sur les sujets *B* (Moscato, 1980) dont certains étaient dépendants du champ et d'autres indépendants du champ à l'épreuve des figures embrouillées (Witkin et al., 1962). Cette distinction par rapport au «style cognitif» a montré que les processus de résolution des syllogismes linéaires étaient identiques dans les deux groupes de sujets; seul se trouvait affecté le temps de résolution qui était plus long chez les sujets dépendants du champ.

Ces travaux permettent de dégager dans l'activité des sujets deux ensembles de fonctions exécutrices par lesquelles sont traitées les informations de départ: 1) les *fonctions exécutrices de centration*, c'est-à-dire les programmes organisés autour des propriétés linguistiques des prémisses; 2) les *fonctions exécutrices de décentration* qui transforment les données par compositions des relations logiques impliquées dans les problèmes. Ces fonctions sont stables et apparaissent autant chez les adolescents que chez les adultes mais à des degrés divers. Dans une certaine mesure la distinction entre ces deux types de fonctions trouve quelques analogies avec les processus de *réalisation* et de *formalisation* que propose Reuchlin (1973) pour l'étude de la «pensée naturelle».

Les résultats expérimentaux que nous avons obtenus ont permis d'isoler une dimension structurante de l'activité du sujet placés dans des situations de résolution de syllogismes linéaires, la *dépendance-indépendance à l'égard du langage*, définissable comme une capacité du sujet à fonctionner en dépassant les contraintes linguistiques des situations. Le tableau VIII résume les caractéristiques des fonctions exécutrices chez les sujets dépendants et indépendants du langage.

Il reste cependant à savoir selon quelles modalités il est possible d'intégrer à des interprétations d'ordre linguistique (sémantique) des explications de type opératoire. Sur ce point, Lehalle et Moscato (1980-1981) ont rapporté un certain nombre de données sur la résolution de syllogismes linéaires par des sujets de 6e et de 3e. Les auteurs rappellent que la comparaison de deux éléments a et b est susceptible de trois modalités: a > b, a = b, a < b. Par exemple, *Pierre n'est pas meilleur que Jean* peut donner lieu à deux interprétations. Le sujet peut en effet conclure que Pierre et Jean sont équivalents ou bien que Pierre est inférieur à Jean. Dans l'exemple *Luc n'est pas pire que Jean*, le sujet peut interpréter que Luc et Jean sont équivalents ou que Luc est supérieur à Jean.

Soient les éléments relationnels comparatifs suivants dérivés des adjectifs *bon* et *mauvais*: *meilleur que* (m), *pas meilleur que* ($\bar{m}$), *pire*

Tableau VIII: *Caractéristiques des fonctions exécutrices chez les sujets dépendants et les sujets indépendants du langage dans la résolution de problèmes de série à trois termes à support verbal (d'après M. Moscato, 1983, p. 259)*

SUJETS DEPENDANTS DU LANGAGE:

Sujets dont les raisonnements sont centrés sur les organisations signifiantes et les principes linguistiques qui s'y rattachent.

- MOBILITE
  - Nature des éléments unitaires: opérations ancrées sur les marques de l'énoncé des prémisses et de la question, notamment sur les marques lexicales et syntaxiques.
  - Nombre d'éléments unitaires: variable selon le type d'énoncé et l'ordre des prémisses (pouvant aller jusqu'à 15 et plus, cf. Johnson-Laird. *Cognition*, 1972/1).
  - Ordre séquentiel: variable selon le type d'ancrage et l'ordre des prémisses.
  - Latence de programmation: longue.

- FLEXIBILITE
  - Les paramètres varient largement selon les rapports *formes/contenus*.

SUJETS INDEPENDANTS DU LANGAGE:

Sujets dont les raisonnements sont centrés sur les enchaînements hypothético-déductifs et les principes opératoires qui les accompagnent.

- MOBILITE
  - Nature des éléments unitaires: opérations ancrées sur les relations entre les prémisses indépendamment de la question (ex. relations: identité, réciprocité, négation logique, corrélativité); importance de la réciprocité (cf. Lehalle et Moscato, 1980-1981).
  - Nombre d'éléments unitaires: variable selon le type d'ancrage mais généralement réduit.
  - Ordre séquentiel: généralement stable.
  - Latence de programmation: courte.

- FLEXIBILITE
  - Paramètres peu variables selon les rapports *formes/contenus*.

que (p) et *pas pire que* (p̄). On remarque que ces éléments relationnels sont liés par des relations inverses (négation N: m$\xleftrightarrow{N}$m̄; p$\xleftrightarrow{N}$p̄), réciproques (R: m$\xleftrightarrow{R}$p; p̄$\xleftrightarrow{R}$m̄) et corrélatives (C: p̄$\xleftrightarrow{C}$m; p$\xleftrightarrow{C}$m̄). Les comparaisons de deux objets selon ces modalités font partie d'une simplexe représenté par la figure 10.

Appliqué aux syllogismes linéaires, le modèle présente l'avantage d'intoduire deux types de variations: une *variation opératoire*, figurée par les transformations I, N, R et C et une *variation d'ordre linguistique*. Une prémisse peut en effet être formulée de façon directe (m = *meilleur que*), ou par négation lexicale (p = *pire que*), ou par négation syntaxique (m̄ = *pas meilleur que*), ou bien par les deux (p̄ = *pas pire que*). En conjuguant ces deux types de variations et en conservant les

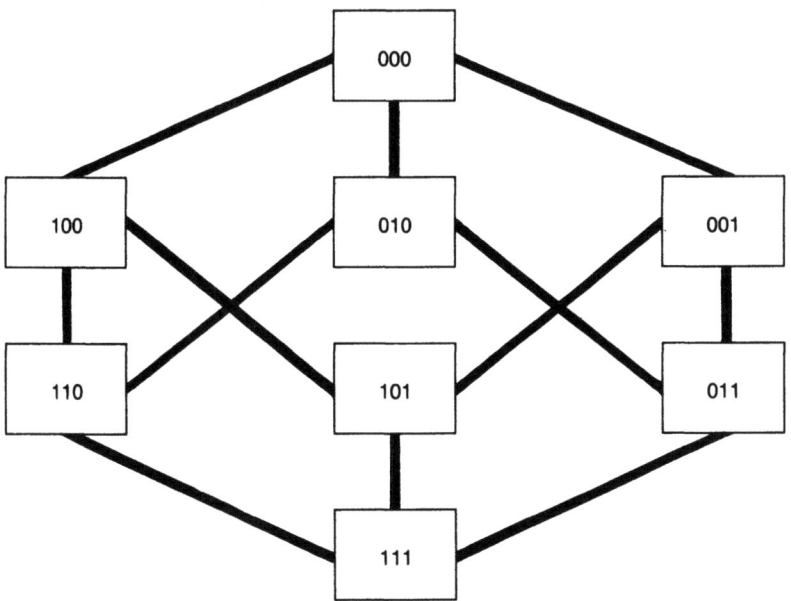

100 : pire que, moins bon que, pas aussi bon que
010 : ni meilleur ni pire, aussi, bon, aussi mauvais
001 : meilleur que, moins mauvais que, pas aussi mauvais que
110 : pas meilleur que
101 : pas égal à, pas aussi bon que, pas aussi mauvais que
011 : pas pire que, au moins aussi bon, aussi bon que

Fig. 10. Ensemble des parties d'un ensemble à trois éléments: représentation des comparaisons unidimensionnelles entre deux objets (d'après Lehalle et Moscato, 1980-1981, p. 933).

éléments relationnels comparatifs mentionnés plus haut, il est possible de construire 16 types de problèmes où l'on demande aux sujets de comparer les trois éléments X, Y et Z (cf. Tableau IX).

Tableau IX: Problèmes construits à partir du modèle. a, b, c et d représentent la variation linguistique, I, N, R et C représentent la variation opératoire. $\dot{m}$= meilleur que, $\dot{p}$ = pire que, $\bar{m}$ = pas meilleur que, $\bar{p}$ = pas pire que (d'après Lehalle et Moscato, 1980-81, p. 934)

Conditions	I	N	R	C
a	X m Y Y m Z	X m Y Y m̄ Z	X m Y Y p Z	X m Y Y p̄ Z
b	X m̄ Y Y m̄ Z	X m̄ Y Y m Z	X m̄ Y Y p̄ Z	Y p Z
c	X p Y Y p Z	X p Y Y p̄ Z	X p Y Y m Z	X p Y Y m̄ Z
d	X p̄ Y Y p̄ Z	X p̄ Y Y p Z	X p̄ Y Y m̄ Z	X p̄ Y Y m Z

La résolution de ces problèmes par les élèves de 6ᵉ et par les élèves de 3ᵉ ne fait pas apparaître, de façon globale, des différences bien nettes entre les deux catégories de sujets. Mais les auteurs constatent cependant que les sujets les plus âgés ont tendance à formuler davantage des réponses opératoires (bien que cette tendance ne soit pas statistiquement significative). Par ailleurs, ils remarquent une différence sensible dans la manipulation de la relation réciproque: «... le problème d'intégrer des données présentant une relation réciproque semble assez difficile pour les élèves de 6ᵉ et peut être de plus le *lieu d'évolution* en ce qui concerne les âges considérés».

Il apparaît en conclusion que la notion clé soit la notion de *transformation*. La plupart des modèles étudiés supportent bien l'idée d'une transformation des prémisses. Or, cette transformation peut se situer à deux niveaux: au niveau *linguistique* où, comme nous l'avons déjà mentionné, l'opération peut consister en une réduction dérivationnelle et au niveau *logique* (opératoire), ce qui suppose chez le sujet la maîtrise d'un certain nombre d'opérations intellectuelles. Nous pensons que les mécanismes de résolution sont aussi bien d'ordre cognitif que d'ordre linguistique. Ainsi, si la thèse d'une évolution de la stratégie reste discutable, ce qui l'est moins c'est l'existence de types de résolution en relation avec des modes d'organisation cognitives particulières. Il s'agit alors de déterminer quels sont les caractères d'une résolution centrée sur les processus linguistiques, ceux inhérents à une résolution spécifiquement opératoire, ainsi que la filiation génétique de ces modes d'approche. Ceci pose un problème psycholinguistique important qui est celui de déterminer la manière dont le niveau cognitif est associé à la performance linguistique dans la résolution des syllogismes linéaires.

L'évaluation du rôle du langage dans les activités déductives pose, comme nous l'avons discuté dans le présent chapitre, la question de la pertinence des modèles utilisés pour analyser les processus mis en jeu par le sujet ainsi que la question de l'adéquation des outils conceptuels et méthodologiques manipulés par les chercheurs. Nous avons évoqué et commenté un certain nombre de modèles formels dont la réalité psychologique n'est que relative. En matière de fonctionnement cognitif, toute formalisation a en effet ses limites, particulièrement lorsqu'il s'agit des réalisations psycholinguistiques liées aux processus de raisonnement. Sur ce plan, le développement, depuis quelques années, des travaux dans le domaine de la *pensée naturelle* (cf. les travaux de Longeot à l'Université de Grenoble) et dans celui de la *pragmatique du langage* (cf. Caron, 1983) ont orienté la psychologie du langage et la psycholinguistique vers des voies nouvelles, offrant aux chercheurs un ensemble méthodologique susceptible d'éclairer, à l'intérieur de problématiques originales, les questions posées par le parallélisme logico-linguistique.

BIBLIOGRAPHIE

BEGG (I.) & DENNY (J.P.), Empirical reconciliation of atmosphere and conversion interpretations of syllogistic reasoning. *Journal of Experimental Psychology*, 1969, *81*, 351-354.
CARON (J.), *Les régulations du discours*, Paris, Presses Universitaires de France, 1983.
CHAPMAN (L.P.) & CHAPMAN (J.P.), Atmosphere effect re-examined, *Journal of Experimental Psychology*, 1959, *58* (3), 220-226.
CHOMSKY (N), *Aspects of the theory of syntax*. Cambridge, Mass., M.I.T. Press, 1965.
CLARK (H.H.), Linguistic processes in deductive reasoning. *Psychological Review*, 1969, *76*, 387-404.
CLARK (H.H.), Comprehending comparatives. In: G.B. Flores d'Arçais & W.J.M. Levelt, *Advances in Psycholinguistics*. Amsterdam, North Holland, 1970, 294-306.
CLARK (H.H.), More about adjectives, comparatives and syllogisms: a reply to Huttenlocher and Higgins. *Psychological Review*, 1971, *78* (5), 505-514.
CLARK (H.H.), On the evidence concerning J. Huttenlocher a,d E.T. Higgins theory of reasoning. *Psychological Review*, 1972, *79*(5), 428-432.
COHEN (M.B.) & NAGEL (E.), *An introduction to logic and scientific methods*, Harcourt, Brace, 1934.
COLLINS (A.M.) & QUILLAN (M.R.), Does category size effect categorisation time? *Journal of Verbal Learning and Verbal Behavior*, 1972, *9*, 432-438.
DE SOTO (C.), LONDON (M.), & HANDEL (R.), Social resoning and social paralogic. *Journal of Personality and Social Psychology*, 1965, 2, 513-521.
FEIGENBAUM (E.A.) & SIMON (H.A.), A theory of social position effect. *British Journal of Psychology*, 1962, *53*, 307-320.
FREGE (G.), *Begriffsschrift, eine der arithmetischen nachgebildete formelsprache des reinen denkens*. Halle, Nerbert, 1979. Ce texte a été traduit en anglais dans le recueil de J. Van Heijennoort, *From Frege to Gödel, a source book in mathematical logic*. Cambridge Mass., Harvard University Press, 1967.
GREENBERG (J.H.), *Language universals*. The Hague, Mouton, 1966.
HALLIDAY (M.A.K.), Notes on transitivity and theme in English. *Journal of Linguistics*, 1967, *3*, 199-244.
HANDEL (R.), LONDON (M.) & DE SOTO (C.), Reasoning and spatial representations. *Journal of Verbal Learning and Verbal Behavior*, 1968, 7, 351-357.
HUNTER (I.M.L.), The solving of three-term series problems. *British Journal of Psychology*, 1957, *48*, 286-298.
HUTTENLOCHER (J.) & STRAUSS (S.), Comprehension and statement to the situation it describes. *Journal of Verbal Learning and Verbal Behavior*, 1968, 7, 300-304.
HUTTENLOCHER (J.), EISENBERG (K.) & STRAUSS (S.), Comprehension: relation between perceived actor and logical subject. *Journal of Verbal Learning and Verbal Beahvior*, 1968, *7*, 527-530.
HUTTENLOCHER (J.), HIGGINS (E.T.), MILLIGAN (C.) & KAUFFMAN (B.), The mastery of the «negative equative» construction. *Journal of Verbal Learning and Verbal Behavior*, 1970, *9*, 334-341.
HUTTENLOCHER (J.) & HIGGINS (E.T.), Adjectives, comparatives and reasoning. *Psychological Review*, 1971, *78*, 487-504.
HUTTENLOCHER (J.) & HIGGINS (E.T.), On reasoning, congruence and other matter. *Psychological Review*, 1972, *79*, 420-427.
INHELDER (B.) & PIAGET (J.), *De la logique de l'enfant à la logique de l'adolescent*, Paris, Presses Universitaires de France, 1970 (2ᵉ éd.).
JOHNSON-LAIRD (P.N.), The three-term series problems. *Cognition*, 1972, *1*, 57-82.

JONES (S.), Visual and verbal processes in problem solving. *Cognitive Psychology*, 1970, *1*, 201-214.
LEHALLE (H.) & MOSCATO (M.), Aspects logico-sémantiques dans la résolution de problèmes de série à trois termes. *Bulletin de Psychologie*, 1980-1981, *XXXIV*, 931-939.
LONGEOT (F.), La filiation des opérations intellectuelles lors du passage du stade préformel au stade opératoire formel. *Enfance*, 1968, *5*, 367-379.
LONGEOT (F.), *Psychologie différentielle et théorie opératoire de l'intelligence*, Paris, Dunod, 1969.
LONGEOT (F.), *Les stades opératoires de Piaget et les facteurs de l'intelligence*. Grenoble, Presses Universitaires de Grenoble, 1978.
LYONS, (J.), *Introduction to theorical linguistics*. Cambridge University Press, 1968.
MANN (J.W.), Defining the unfavorable by denial. *Journal of Verbal Learning and Verbal Behavior*, 1968, *7*, 760-766.
MILJKOVITCH (I.), Analyse de correspondances de réponses à des syllogismes catégoriels invalides. *Journal de Psychologie Normale et Pathologique*, 1976, *1*, 49-77.
MILLS (J.S.), *A system of logic*,Harper, 1879.
MILLER (G.A.), Speech and Language, In S.S. Stevens, *Handbook of Experimental Psychology*, New York, Wiley, 1951.
MOSCATO (M.), Rôle des facteurs intellectuels dans la résolution de problèmes à trois termes. *L'Année Psychologique*, 1976, *1*, 79-92.
MOSCATO (M.), Résolution de problèmes de série à trois termes et équilibre des systèmes opératoires formels. *Bulletin de Psychologie* (numéro spécial: la compréhension du langage), 1978-1979, *XXXII*, 821-826.
MOSCATO (M.), Dépendance-indépendance à l'égard du champ et résolution de syllogismes linéaires. *International Journal of Psychology*, 1980, *4*, 273-286.
MOSCATO (M.), La pluralité du fonctionnement psycholinguistique peut-elle être considérée comme un style cognitif? In: Groupe de Recherche Ontogenèse des Processus Psychologiques (Eds.), *La Pensée Naturelle: Structures, Procédures et Logique du sujet*, Paris, Presses Universitaires de France, 1983, 255-262.
MOSCATO (M.), Construction et actualisation du langage. In: M. Moscato et G. Pieraut-Le Bonniec (Eds.), *Le Langage: Construction et Actualisation*. Rouen, publication de l'Université de Rouen, ouvrage publié avec le concours du C.N.R.S., 1984, 9-16.
MOSCATO (M.) & WITTWER (J.), *La psychologie du langage*. Paris, Presses Universitaires de France, 1981 (2ᵉ édition).
PIAGET (J.), *Traité de logique*. Paris, Dunod, 1972 (nouvelle édition du traité de logique publié en 1949 chez A. Colin).
REUCHLIN (M.), Formalisation et réalisation dans la pensée naturelle : une hypothèse. *Journal de Psychologie Normale et Pathologique*, 1973, *4*, 389-407.
ROBERGE (J.J.), An reexamination of the interpretation of errors in formal syllogistic reasoning. *Psychol. Sci.*, 1970, *19* (6), 331-333.
SELLS (S.B.), The atmosphere effect: an experimental study of reasoning. *Archives of Psychology*, 1936, *29*, 3-72.
SHERMAN (M.), *Some effects of negation and adjectival marking on sentence comprehension*. Thèse de Doctorat non publiée, University of Harvard, 1968.
SIMPSON (M.E.) & JOHNSON (D.M.), Atmosphere and conversion errors in syllogistic reasoning. *Journal of Experimental Psychology*, 1966, *72*, 197-200.
TRABASSO (T.), ROLLINS (H.) & SHAUGHNESSY (E.), Storage and verification in processing concepts. *Cognitive Psychology*, 1971, *2*, 239-289.
UNDERWOOD (B.J.), *Experimental Psychology*. New York, Appleton Century Crofts, 1949.

VOLKMAN (J.), Scale of judgment and their implications for social psychology. In: J.H. Rohrer & M. Sherif, *Social Psychology at the cross-road*. New York, Harper, 1951.
WASON (P.C.) & JOHNSON-LAIRD (P.N.), *Thinking and reasoning*. London, B.J. Batsford Ltd, 1972.
WILKINS (M.C.), The effect of changed material on ability to do formal logistic reasoning. *Archives of Psychology*, 1928, *16*, 1-83.
WITKIN (H.A.), DYK (H.B.), FATERSON (H.F.), GOODENOUGH (D.R.) & KARP (S.A.), *Psychological differenciation*, New York, Wiley, 1962.
WOOD (D.J.), *The nature and development of problem solving strategies*. Thèse de doctorat non publiée, University of Nottingham, 1969.
WOODWORTH (B.S.) & SCHLOSBERG (H.), *Experimental Psychology*. New York, Holt, 1956.
WOODWORTH (R.S.) & SELLS (S.B.), An atmosphere effect in formal syllogistic reasoning. *Journal of Experimental Psychology*, 1935, *18*, 451-460.

Chapitre V
Variabilité intra-individuelle et dépendance-indépendance à l'égard du champ visuel[1]

Théophile OHLMANN
Université de Grenoble

I. INTRODUCTION

Ce chapitre sera axé autour d'une seule hypothèse: *la forme et l'amplitude de la variabilité intra-individuelle observables lors de certaines activités cognitives sont associées à un style de fonctionnement: la dépendance-indépendance à l'égard du champ.*

Nous serons conduit, d'une part, à situer cette hypothèse dans le cadre de la problématique générale de la variabilité intra-individuelle (Vii) et, d'autre part, à la justifier à partir de multiples définitions de la dépendance-indépendance à l'égard du champ visuel (D.I.C.).

L'étude de la Vii n'est pas nouvelle, des synthèses méthodologiques (Cattell, 1944), des recherches appliquées (Piéron, 1945) en attestent. Mais ce secteur suscite depuis une dizaine d'années un intérêt croissant. Un des moteurs en a été la surprenante hétérogénéité des sujets examinés sur un ensemble d'épreuves piagétiennes censées appartenir à un même stade de développement logique. La théorie opératoire de l'intelligence, étudiée sur des groupes de sujets indépendants, tirait

[1] Cette étude a été réalisée grâce aux moyens fournis par l'Université des Sciences Sociales de Grenoble et le C.N.R.S. (U.A. 665).

du synchronisme des acquisitions une confirmation de ses lois générales. Les acquisitions régionales (Reuchlin, 1964) ou les décalages individuels (Longeot, 1978) constatés sur la quasi-totalité des sujets (Longeot, 1967) sont inexplicables par ces lois générales qu'ainsi ils remettent en cause.

Dans un tout autre domaine, on connaît l'incertitude qui règne à propos du caractère amodal ou supramodal des perceptions. Par ailleurs, en cas de supramodalité la nature du médiateur intermodal reste à préciser. Hatwell (1981: 198) souligne l'abondance d'une littérature où les observations apparaissent peu cohérentes voire franchement contradictoires et propose, dans le cadre de la psychologie générale un certain nombre de solutions. Une approche différentielle de ces problèmes pourrait aider à les clarifier. La Vii intermodale non seulement ne serait peut-être pas identique pour tous les sujets mais encore pourrait renvoyer à des processus de recodage intersensoriel différents : certains passeraient par l'image, d'autres par la proprioception, etc. Nous proposerons plus loin des résultats en mesure d'appuyer ce point de vue.

L'un des intérêts majeurs de la Vii, les deux exemples précédents le soulignent, est d'amener le psychologue à se placer d'un point de vue intersituationnel et interindividuel. Cette double exigence explique le caractère tardif dans le domaine de la Vii, de travaux autres que descriptifs. L'intersituationnel relève d'abord de la psychologie générale, l'interindividuel de la psychologie différentielle. Il suffit alors de donner aux mêmes sujets des situations différentes pour découvrir les différences interindividuelles de Vii.

La Vii, dans une première approximation, peut être considérée comme une erreur au sens fisherien du terme (Reuchlin, 1969), qui par définition n'est pas explicable. En dehors de cette position conventionnelle, trois attitudes sont possibles :

1. *La Vii est l'expression d'un comportement aléatoire adapté.* Il ne s'agit plus d'une erreur, d'un hasard inexplicable mais d'une conduite, très élémentaire certes, présentant un réel intérêt notamment pour l'animal. Les comportements moteurs d'animaux très simples ou même celui de certains mammifères sont compatibles avec ce type d'hypothèse (Bovet, 1984). La poule qui picore cases vides et cases pleines de manière aléatoire éviterait ainsi de se fixer définitivement sur une case qui finira bien, hélas, par se vider. Le classique phénomène de la tendance à l'alternation chez le rat (Tolman, 1925; Fowler, 1959) qui explore même les branches non renforcées d'un labyrinthe constitue un autre exemple de cette Vii comportementale.

2. *La Vii est considérée comme une dimension psychologique.* Il existerait alors à ce niveau des différences interindividuelles stables. Longeot, Fuzelier, Roulin et Valenzi-Zarpas (1982) et Longeot dans le même ouvrage argumentent cette thèse. L'absence de recours à des variables additionnelles plus ou moins «explicatives» caractérise cette démarche.

3. *La Vii n'aurait pas directement de signification ou de valeur adaptive.* Elle pourrait être cependant «expliquée» à l'aide d'autres variables dont on connaît par ailleurs la signification. Parfois des hypothèses concurrentes sinon contradictoires sont alors invoquées. Ainsi la Vii des structures opératoires pourrait être en rapport avec des difficultés du développement affectif (Gibello, 1970, 1976) ou avec certains styles cognitifs (Pascual-Leone, 1969, pour citer le précurseur de cette problématique).

Tout au long de ce chapitre, nous nous placerons dans cette troisième perspective : la Vii est l'expression de fonctionnements en rapport avec des styles cognitifs. Parmi eux, la D.I.C. pourrait rendre compte de certaines formes de Vii.

Une présentation, non pas de l'ensemble des travaux sur la D.I.C., mais des différentes significations attribuées à cette dimension va nous permettre de préciser notre hypothèse.

Les premiers travaux (Asch et Witkin, 1948a et b; Witkin et Asch, 1948a et b) centrés sur la dissociation des informations visuelles et posturales lors de la perception de la verticale, débouchent sur un style bipolaire visuo-postural. Toutes les épreuves présentées au sujet ont un point commun : trouver la verticale dans un contexte perturbateur. Quand les données visuelles sont perturbées, Body Adjustment Test[2] (B.A.T.), Rod and Frame Test[3] (R.F.T.), il est raisonnable de supposer que ceux qui ajustent la verticale avec le plus de précision ont eu recours à des indices posturaux. Il s'agit bien d'un style et non d'une aptitude à trouver la verticale car ces mêmes «posturaux» commettent plus d'erreurs que les «visuels» dans le Room Rotating Test[4] (R.R.T.). En conséquence la corrélation entre le B.A.T. et le R.R.T. est négative. On s'aperçoit ici que les posturaux — que Witkin, Dyk,

---

[2] Body Adjustment Test (Test de l'ajustement du corps) : le sujet dans une pièce inclinée doit remettre son corps à la verticale.
[3] Rod and Frame Test (Test de la baguette et du cadre). C'est une baguette qu'il faut remettre à la verticale soit dans un cadre incliné ou dans un tunnel incliné.
[4] Rotating Room Test (Test de la pièce centrifugée). Le sujet doit mettre son corps à la verticale dans une pièce droite mais soumise à la force centrifuge.

Faterson, Goodenough et Karp (1962) appelleront indépendants à l'égard du champ visuel — utilisent des informations relatives à la gravité, quasiment constantes, alors que les dépendants à l'égard du champ s'appuient sur des informations visuelles plus changeantes quoique présentant des régularités telles que les horizontales et les verticales. Ceci ne sera pas sans conséquence pour certains types de Vii.

Dès 1954, Witkin, Lewis, Hertzman, Machover, Meissner et Wapner trouvent un lien entre B.A.T., R.F.T. d'une part et Embedded Figures Test[5] (E.F.T.) d'autre part. Comment l'expliquer? B.A.T., R.F.T. relèvent bien d'un conflit intermodal précis (vision/proprioception) mais dans les E.F.T. le conflit est intramodal: il n'y a plus de gravité, plus de postural. Plusieurs lignes d'explications se constituent alors.

La première ramène les caractéristiques des indicateurs à composante proprioceptive à celles des E.F.T. Ainsi dans ces dernières, il faut isoler un élément dans un champ complexe, dans le B.A.T. son corps dans le champ de la pièce, dans le R.F.T. une baguette dans le champ créé par le cadre ou le tunnel. Ces rapports de partie à tout ou de forme à fonds se situent dans le cadre de la Gestalttheorie. Cette capacité à se soustraire à un champ complexe ou perturbateur aura plusieurs dénominations: maîtrise des contextes intriqués, capacité de destructurer/restructurer le champ, de l'articuler, d'en avoir une approche analytique.

Quelle que soit la définition adoptée, les indépendants à l'égard du champ (I.C.) sont peu soumis aux caractéristiques générales du champ externe, donc à ses variations éventuelles. Les références internes: informations gravitaires pour les indicateurs à composante proprioceptive, image mentale pour les E.F.T. jouent alors un rôle d'invariant par rapport aux fluctuations éventuelles de ce champ.

Une deuxième explication est centrée sur le style visuo-postural. Ses liens avec les E.F.T. et les tâches spatio-visuelles passeraient par l'activité oculo-motrice.

Compte tenu de leur mode de résolution des conflits vision-proprioception, il est légitime de supposer que les I.C. assurent plutôt leur équilibration et leur orientation à l'aide des indices proprioceptifs alors que les dépendants à l'égard du champ (D.C.) auraient plutôt recours

---

[5] Embedded Figures Test (Test des figures enchâssées). Le sujet doit trouver une figure simple dans une figure complexe. Il n'a jamais simultanément sous les yeux la forme complexe et la forme simple, cette dernière pourrait alors être stockée sous forme d'image mentale.

à des indices visuels. Il paraît bien établi chez l'adulte que c'est principalement la vision périphérique qui intervient dans les processus d'équilibration, la vision fovéale n'y jouant qu'un rôle additionnel (voir notamment Amblard et Carblanc, 1980). Par ailleurs Ebenholtz (1977), grâce un dispositif voisin du R.F.T., met en évidence que l'effet cadre est d'autant plus important que sa projection rétinienne est périphérique. Si on éloigne les sujets du cadre jusqu'à ce que sa projection ne soit plus que fovéale, son effet devient pratiquement nul. Donc si pour leur équilibration les dépendants utilisent préférentiellement leurs informations visuelles périphériques ils leur accordent une importance permanente. Dans le R.F.T., le cadre perçu en vision périphérique sera pris en compte et perturbe l'ajustement de la baguette à la verticale.

On peut supposer que chez les I.C. l'appareil oculo-moteur est moins sollicité pour l'équilibration et l'orientation, il est alors plus disponible pour les tâches d'exploration visuelle, les centrations ou fixations fovéales sur la tâche seront plus nombreuses, plus en rapport avec elle. Cette plus grande disponibilité de l'appareil oculo-moteur pourrait rendre compte de la moindre soumission des I.C. au champ visuel et de leur meilleure efficacité dans les tâches perceptivo-spatiales. La forte valeur d'appel des stimulations périphériques pourrait conduire les D.C. à une exploration extensive du spectacle, caractérisée par une forte dispersion des points de fixation. Chez eux, tout se passe comme si le champ organisait leurs mouvements oculaires, perturbant ainsi leur fonctionnement, alors que les I.C. organiseraient leurs mouvements oculaires en fonction de la tâche. On s'aperçoit qu'on a glissé de la notion de style à celle d'aptitude expliquant la supériorité des I.C. dans la plupart des tâches visuelles perceptivo-spatiales.

L'opposition interne/externe apparue à partir de 1977 (Witkin et Goodenough) permet de se soustraire à la notion d'aptitude et de rebipolariser la dimension. C'est l'introduction des conduites sociales qui a permis cette transformation.

«On peut assimiler successivement l'opposition générale entre les référents internes et les référents externes à une série d'autres oppositions qui peuvent se manifester dans des domaines particuliers de la conduite: opposition entre les informations corporelles et les informations visuelles, entre les informations en provenance de soi et les informations en provenance d'autrui, entre les formes et les contenus» (Huteau 1981: 611-612). On voit la grande généralité de cette opposition externe/interne, elle englobe le style visuo-postural comme les conduites opératoires. Toutefois cette opposition externe/interne apparaît, a priori, comme un peu générale et certains points en sont discutables.

Tout d'abord est-il possible de ramener l'opposition informations corporelles/informations visuelles à celle concernant les champs internes et externes ? Parmi les informations proprioceptives figurent celles relatives à la gravité qui est bien une donnée externe et les informations visuelles passent notamment par la rétine qui est bien interne (Reuchlin, 1982). Il est possible de répondre, comme nous l'avons dit plus haut, que les informations gravitaires sont tellement stables et intégrées à l'organisme que le sujet se les approprie comme étant une caractéristique personnelle tandis que le spectacle visuel fluctuant est perçu comme extérieur au sujet.

Il existe également des définitions économiques applicables surtout aux situations cognitives sans être en contradiction avec les situations sociales. Mac Canne et Sandman (1976) supposent que les indépendants *privilégient certaines informations du champ* sans que ce soient nécessairement les informations les plus pertinentes pour le problème posé. Les informations retenues étant alors en rapport avec des caractéristiques relativement permanentes du sujet, on en revient ainsi aux informations internes. Une autre définition est voisine de celle de Mac Canne et Sandman d'une part et Witkin et Goodenough d'autre part, les indépendants *ont tendance à transformer le champ*, évidemment ces transformations s'appuient sur des repères internes, de plus elles ne seront exécutées qu'en cas de nécessité et en fonction de facteurs motivationnels.

Les deux groupes de définitions, l'un basé sur l'opposition vision/posture, l'autre sur l'approche analytique du champ visuel, sont bien sûr compatibles. *Dans tous les cas, le sujet I.C. se soustrait aux fluctuations du champ par un recours à des invariants internes*. Désormais, notre hypothèse de base se précise : la dispersion des performances d'un même sujet ne serait pas un phénomène aléatoire mais associé au style cognitif du sujet. La D.I.C. rendrait, en partie, compte de la forme et de l'amplitude de la Vii. Ohlmann et Mendelsohn (1982 : 132-133) décrivent l'hypothèse en ces termes : « les dépendants seraient sensibles aux particularités du champ extéroceptif, sa structuration ou restructuration leur étant parfois difficile. Les sujets indépendants, à l'aide de références internes, structureront ou restructureront plus facilement le champ extéroceptif si cela est nécessaire. On conçoit alors que des variations de situations pour des tâches cognitives relativement voisines soient moins perturbatrices pour les indépendants à l'égard du champ.

Un bon exemple de cette variabilité situationnelle est justement fourni par les épreuves opératoires. La réussite d'un ensemble d'items caractéristiques du stade opératoire concret requiert l'application ou l'attribution d'une même structure opératoire à des situations variées. (...) En conséquence, ces situations où l'activité opératoire doit s'exercer sur des données exigeant une structuration ou une restructuration du champ seront surtout difficiles pour les dépendants à l'égard du champ. Les variations de performances de ce type de sujet les conduiront à manifester sur un échantillon de tâches structurellement voisines, une variabilité particulièrement importante». Nous avions limité aux aspects opératoires l'hypothèse d'une plus grande variabilité intra-individuelle intertâche des dépendants (Ohlmann, 1975). Witkin et Goodenough (1977a: 5) l'étendent à l'ensemble des activités cognitives: *«un individu différencié (indépendant à l'égard du champ)*[b] *garderait un même niveau d'aptitude à restructurer à travers des tâches impliquant différentes modalités sensorielles, aussi bien qu'à travers des tâches nécessitant un matériel spatial et un matériel symbolique».*

Witkin et Goodenough expliqueraient donc la moindre variabilité intersensorielle des I.C. par leur aptitude à restructurer. Nous proposons pour ce type de variabilité une autre hypothèse plus conforme à la nature stylistique de la D.I.C. Il est possible qu'en présence d'un message sensoriel de nature quelconque les sujets les plus indépendants puissent privilégier la composante proprioceptive alors que les plus dépendants seraient réceptifs à la composante extéroceptive. Ce type d'hypothèse s'accorde avec l'opposition interne/externe. On ne décrit plus la D.I.C. en terme de canal sensoriel (par ex. vision/proprioception) mais à partir de ce qui est privilégié dans un canal quelconque. On sait (Gibson, 1966) que la proprioception intervient dans toutes les modalités sensorielles, nous supposons que le traitement du message sensoriel sera alors affecté par le style cognitif du sujet. Les dépendants retiendraient particulièrement les caractéristiques spécifiques du message sensoriel — ce sont d'ailleurs souvent les plus saillantes — alors que les indépendants seraient sensibles aux aspects proprioceptifs. Il pourrait y avoir chez ces derniers *une supramodalité* — *ou une amodalité* — des messages sensoriels leur assurant ainsi un caractère plus universel. En langage factoriel, les messages sensoriels des dépendants seraient plus spécifiques alors que ceux des indépendants

---

[b] Ajouté par nous.

seraient unifiés par une sorte de facteur général de nature proprioceptive. On voit ainsi que la moindre variabilité des I.C. dans le domaine perceptif s'étaie sur des arguments différents de ceux avancés à propos de la variabilité opératoire mais tous sont en rapport direct ou indirect avec des informations posturales.

Il ne serait pas toutefois légitime de généraliser la plus forte variabilité des D.C. à toutes les conduites. Nous l'avons limitée, à dessein, à des productions, des performances : ajustement de longueurs, activités opératoires, points de fixations fovéales par exemple. Pour certaines activités, particulièrement les procédures, c'est à l'hypothèse inverse qu'il faut avoir recours. Ainsi pour que la qualité des performancess se stabilise malgré les modifications de la situation, le sujet doit varier ses procédures[7], tout comme l'artisan change ses outils en fonction des matériaux. Nous verrons plus loin (Ohlmann, 1981) que la stabilité des ajustements tactilo-kinesthésiques de longueurs est obtenue chez les I.C., grâce à des procédures qu'ils modifient en fonction de la longueur des baguettes. L'utilisation d'une procédure unique conduit les sujets les plus D.C. à d'importantes variations de la qualité des estimations.

Ce chapitre comprendra deux parties. La première sera consacrée aux aspects méthodologiques de l'étude de la Vii. Après un bref rappel historique, nous envisagerons les différentes sources de Vii ainsi que les différentes formes qu'elle est susceptible de prendre. C'est au cours de la deuxième partie que nous essaierons de vérifier notre hypothèse dans les différents secteurs cognitifs (perception, opérations intellectuelles, représentation) et à propos des différentes sources de variations possibles.

II. QUELQUES ASPECTS METHODOLOGIQUES DE LA VARIABILITE INTRA-INDIVIDUELLE

Les mesures de Vii nécessitent une méthodologie particulière adaptée aux échelles ordinales ou d'intervalles. Cattel (1944) distingue trois principaux types de mesures : interactives (notes brutes), normatives (en référence à la moyenne du groupe) et ipsatives (en référence à la moyenne du sujet). Ces mesures ipsatives sont donc une appréciation directe de la Vii. Elles se compliquent à loisir selon qu'elles sont

---

[7] Communication personnelle de J.L. Roulin (thèse en cours).

complètement ou partiellement ipsatives, normatives/ipsatives, que les notes sont centrées, réduites ou non, que cette centration et cette réduction sont établies à partir des seules notes du sujet ou de celles de l'ensemble des sujets (pour une revue voir Hicks, 1970). L'intérêt des chercheurs pour ce type de mesures paraît avant tout méthodologique, les travaux sont souvent descriptifs sans hypothèses organisatrices. Broverman (1960, 1962) a souligné à plusieurs reprises l'intérêt d'une telle méthodologique à propos des styles cognitifs. Les adeptes ont été rares! A notre connaissance, le seul travail français récent de ce type est celui de Benoit (1981) mais là aussi l'approche de la Vii à travers des mesures ipsatives paramétriques n'est pas clairement associée au style cognitif étudié par cet auteur: la D.I.C.

Notons encore qu'en analyse factorielle, le plan P constitue un véritable plan ipsatif puisqu'un même sujet est examiné sur plusieurs variables en des occasions répétées (ou périodes). N'Guyen Xuan (1977) souligne les avantages de l'usage combiné pour une même recherche des plans R (le plan classique) et P. Là encore, les adeptes ne sont pas légion.

Les approches récentes de la Vii ont un autre objectif, l'intérêt n'est plus focalisé sur une méthodologie quantitative qui peut être très lourde (par exemple, les analyses factorielles des mesures ipsatives doivent être faites sur les matrices de covariance et non des corrélations afin de ne pas uniformiser les différences de dispersion intra-individuelle), il est plutôt centré sur la signification psychologique de la forme et de l'intensité de la Vii et sur ses implications quant aux lois générales et différentielles mises en jeu. Ainsi Lautrey (1980); Lautrey, de Ribaupierre et Rieben (1981 a, b; 1983); de Ribaupierre, Rieben et Lautrey (sous presse); Rieben, de Ribaupierre et Lautrey (1983) utilisent la Vii comme un véritable outil susceptible de mieux cerner les rapports entre les aspects figuratifs et opératifs décrits par la théorie piagétienne. Ils ont proposé de distinguer différents types de variabilité dans le domaine des structures opératoires:

1. Les décalages horizontaux (variations intra-individuelles, intersituationnelles relevant d'une loi générale).
2. Les décalages individuels (variations interindividuelles des formes de Vii).
3. Les décalages collectifs hétérogènes (variations interindividuelles de l'amplitude de la Vii mais non de sa forme).

Là aussi les problèmes méthodologiques ne sont pas minces et les distinctions entre ces formes de variabilité sont basées sur la comparaison d'indices de hiérarchisation et de corrélations interépreuves.

A. Les sources de la variabilité intra-individuelle

Elles sont nombreuses et emboîtées et nécessitent que nous convenions d'un certain nombre de termes.

I. La tâche. C'est une activité demandée au sujet: faire des permutations, trouver une verticale, estimer une longueur. Elle est censée mettre en jeu un certain nombre de processus connus par le psychologue. Une forte variabilité intra-individuelle entre deux tâches indépendantes ne surprendrait personne. Il n'est possible alors d'étudier la Vii se manifestant sur plusieurs tâches qu'à condition d'être en mesure de leur trouver une partie commune. Autrement dit l'étude de la Vii n'a de sens que dans le cadre d'une hypothèse de variabilité nulle justifiée par la présence de corrélations positives (obervées ou supposées) entre les tâches. Ainsi le psychologue aura souvent recours à des hypothèses fortes suggérant la possibilité de puissants processus stabilisateurs de la variabilité. C'est pourquoi l'étude de la variabilité entre tâches opératoires n'a de sens que par l'existence de structures d'ensemble; le caractère supramodal des perceptions se justifierait par la présence d'un médiateur susceptible de les unifier; les styles cognitifs impliquent eux aussi des systèmes stabilisant le sujet à travers des conduites diverses, fédérant ainsi des pans entiers de la personnalité.

II. Les contenus de la tâche. A ce niveau nous parlerons d'une variabilité intratâche intercontenu. Toute tâche a nécessairement un contenu et constitue alors un échantillon; permuter des lettres, chiffres ou jetons ne devrait pas affecter la stabilité des performances d'un même sujet. L'hypothèse d'une variabilité nulle est fondée sur la présence d'une activité combinatoire qui est théoriquement indépendante du matériel sur lequel elle s'exerce. On peut à partir de variations de contenus étudier la stabilité structurale ou procédurale (voir Longeot dans ce même ouvrage). Huteau (1980b) montre, entre autres, que les performances de certains adultes sont modifiées quand les lettres à permuter donnent des syllabes familières ou non. Dans le domaine de la perception de la verticale, le Body Adjustment Test et le Rod and Frame constituent un bon exemple de variations d'une même tâche.

III. La condition. Pour une tâche et un contenu il y a une infinité de variables conditionnelles combinées ou non. Il s'agit principalement des consignes, des modalités d'exécution de la tâche (visuelle ou tactilo-kinesthésique), des modalités de fourniture de la réponse (verbale, dessinée, gestuelle, etc.), de la présence ou non d'un distracteur, de l'utilisation d'un matériel réel ou symbolique, d'un ordinateur ou non.

IV. Enfin à tâche, contenu, condition égaux, l'ultime source de variations sera *l'occasion ou période.* Elle correspond à au moins une répétition du stimulus.

Nous conviendrons d'appeler situation la combinaison tâche × contenu × condition × occasion.

Les quatre facteurs susceptibles de provoquer une Vii sont donc emboîtés comme des poupées gigognes. En passant de l'interoccasionnel à l'intertâche, le psychologue doit appuyer son hypothèse de variabilité nulle sur des processus stabilisateurs de plus en plus lourds. Ainsi la stabilité interoccasionnelle suppose une cristallisation ou fidélité de la variable mesurée; la stabilité interconditionnelle, par exemple intermodale, impliquera la présence de recodages perceptifs ou supposera l'amodalité des canaux perceptifs. La stabilité intercontenu requiert la mise en œuvre d'une logique de la tâche relativement autonome pour ne pas être déstabilisée par des éléments qui, en théorie en sont indépendants. Nous avons vu que la stabilité intertâche exigeait les hypothèses les plus coûteuses en rapport avec des processus centraux (facteur général, structures communes, etc.).

Notons encore que les différentes sources emboîtées de Vii ne sont pas cloisonnées et des modifications de contenus peuvent entraîner celles de la tâche. Par exemple la diminution de la taille du cadre dans le R.F.T. change la nature de l'épreuve : dès que le cadre peut être traité en vision fovéale, il perd tout caractère perturbateur. Cette contamination d'un niveau à l'autre augmente donc les sources de variations et se manifeste par une Vii plus grande que celle supposée, ce qui en général alerte le psychologue et lui fait prendre conscience du phénomène.

B. Les différentes formes de variabilité intra-individuelle

Après avoir ébauché quelques caractéristiques de la Vii, nous allons en aborder les différents types qui se divisent en deux groupes. Dans le premier groupe, la source de variation est constituée par la pluralité des situations offertes au sujet qui alors pourra se disperser, se montrer hétérogène. Dans le second groupe, l'origine de la Vii est à chercher dans le sujet lui-même en face soit d'une même situation, soit d'un changement de situation, nous distinguerons deux cas : celui des vicariances et celui de la flexibilité.

I. La dispersion. Le terme est ici synonyme de fluctuations, d'instabilité autour d'une valeur de base. Elles sont apparemment inexplicables et peuvent être parfois considérées comme un bruit. La dispersion nous paraît surtout s'appliquer à des comparaisons interoccasionnelles : la situation se répète et le sujet fluctue. La dispersion des temps de réaction d'un même sujet, la dispersion des points de fixations fovéales sur une cible, constituent des exemples connus. En règle générale seule l'amplitude de la dispersion à un sens, sa forme, compte tenu qu'un seul domaine est en jeu, n'a pas de signification.

En présence de variation interconditionnelle, il est encore possible de parler de dispersion. Par exemple le sujet a-t-il sa conduite modifiée par un distracteur ou par un changement de consignes ? En fait on parlera d'une dispersion quand une seule variable dépendante est répétée ou non, modifiée ou non par des variables indépendantes.

II. L'hétérogénéité. Cette expression va s'appliquer préférentiellement à la variabilité intertâche ou intercontenu. Il y a, cette fois, plusieurs variables dépendantes qui permettent de donner un profil au sujet. Ainsi la Vii sera étudiée pour sa forme et pour son amplitude. A amplitude égale, deux sujets pourront présenter des patrons d'hétérogénéité inversés. On parlera volontiers de l'hétérogénéité des aptitudes intellectuelles, des structures opératoires, etc. Si à partir de leurs performances les sujets sont caractérisés par une forme d'hétérogénéité (par exemple supériorité ipsative du verbal sur le spatial), ces formes à leur tour peuvent rendre compte des conduites des sujets dans d'autres domaines. De variable dépendante l'hétérogénéité prend le statut de variable indépendante. Dans cette perspective, nous essaierons de mettre en lumière quelques conséquences comportementales de l'hétérogénéité observable sur les indicateurs d'une même dimension.

III. Les vicariances. Dans les deux points précédents nous nous sommes placés du point de vue des variations des productions du sujet. Ici il s'agit de variations des processus du sujet manifestées ou non par une variabilité procédurale. Nous avons souligné plus haut qu'il pouvait y avoir une relation inverse entre la variabilité des performances et celles des processus ou des procédures. En effet, les êtres vivants pourraient disposer de plusieurs processus pour fournir une réponse dans une situation donnée. En cas de situation déterminée un sujet a tendance à utiliser préférentiellement un des processus bien qu'il ne soit pas toujours le plus efficace (Reuchlin, 1978). Les variations de la situation conduisent le sujet à évoquer des processus inhabituels pour conserver une qualité constante de ses productions. C'est à ce prix qu'il y aura une stabilité intersituationnelle des performances. Ainsi la perception de la verticale ou plus généralement l'équilibre et l'orientation sont assurés à l'aide de trois systèmes largement redondants: le système labyrinthique, la vision périphérique et les informations proprioceptives tactilo-kinesthésiques et plus généralement intéroceptives. Des sujets, yeux bandés, tête droite, font un ajustement tactile de la verticale équivalent à celui d'aveugles de naissance; par contre tête inclinée la supériorité des aveugles est manifeste (Bitterman et Worchel, 1953). Tout se passe comme si, en situation normale et tête droite, les voyants utilisaient plutôt le système labyrinthique, mais si les informations gravitaires sont un tant soit peu perturbées, ils ont recours à la vision pour corriger. Cette vicariance entre deux modalités sensorielles permet bien au sujet de stabiliser une performance dans des conditions différentes.

IV. La flexibilité. Cette notion est le symétrique de celle de dispersion. En effet, le sujet doit manifester une variation de ses performances alors que la situation non seulement est stable mais encore pousse le sujet vers une réponse type dont il doit justement s'écarter. En conséquence la plus forte variabilité intersituationnelle des D.C. devrait s'accompagner corollairement d'une moindre flexibilité.

Nous allons, au cours de la deuxième partie, envisager notre hypothèse générale dans le cadre de ces quatre formes de variabilité. Les sujets plutôt dépendants à l'égard du champ devraient se montrer plus dispersés, plus hétérogènes, et inversement présenter une moins bonne évocabilité de leurs processus vicariants ainsi qu'une moindre flexibilité. Ces difficultés de D.C. sont en rapport avec leurs moins bons rendements dans certaines tâches cognitives, notamment celles en rapport avec des structurations perceptivo-spatiales. Nous discuterons dans la conclusion des avantages et des inconvénients d'une plus ou moins grande hétérogénéité comportementale en notant dès à présent qu'elle est avant tout compatible avec la supériorité que manifestent les D.C. dans le domaine social voire nécessaire à celle-ci.

III. LA VARIABILITE INTRA-INDIVIDUELLE ET LA DEPENDANCE A L'EGARD DU CHAMP VISUEL

A. La dispersion

I. Variabilité interoccasionnelle

Cette étude (Ohlmann, Cian et Mendelsohn, 1984) est centrée sur les mouvements oculaires enregistrés lors de l'ajustement d'une baguette à la verticale dans un contexte visuel perturbateur (Rod and Frame Test). La majorité des travaux (voir la revue de questions de Rozestraten, 1981) basée sur des caractéristiques métriques des mouvements oculaires (nombre et durée des fixations, longueurs et saccades, mouvements horizontaux ou verticaux) n'ont pas mis en évidence de différences nettes entre D.C. et I.C. au cours de l'exécution d'un R.F.T. Nous supposons que c'est surtout la localisation des fixations qui différencie ces deux groupes de sujets. Effectivement chez des enfants (ici, des fillettes de 12 ans)[x] plutôt D.C., les fixations se répartissent aléatoirement sur le spectacle constitué par la baguette et le cadre. Chez les I.C., la plupart des fixations sont concentrées sur le secteur utile, c'est-à-dire la surface comprise entre la position initiale de la baguette et la verticale réelle (voir Fig. 1).

Il s'agit bien ici d'une variabilité interoccasionnelle ou interpériode puisque nous avons réalisé un échantillonnage temporel de la tâche. Toutes les deux secondes, les coordonnées polaires des fixations sont

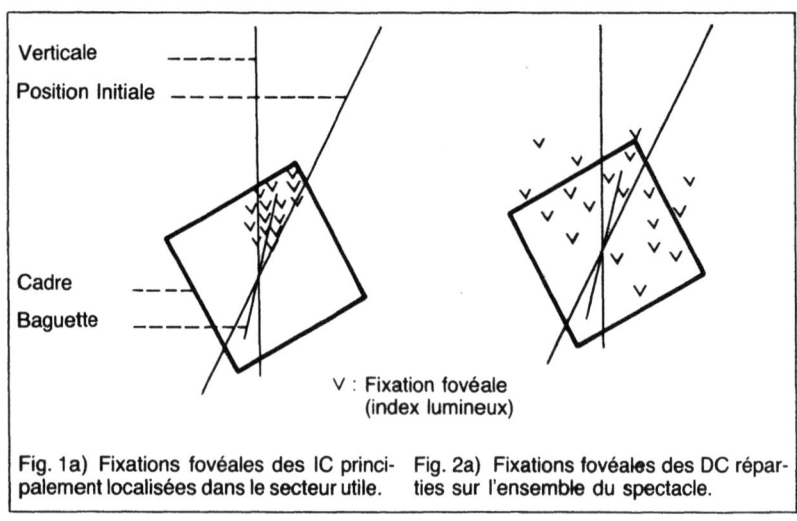

Fig. 1a) Fixations fovéales des IC principalement localisées dans le secteur utile.
Fig. 2a) Fixations fovéales des DC réparties sur l'ensemble du spectacle.

Fig. 1. Fixations fovéales au cours de la mise à la verticale d'une baguette dans un contexte visuel pertubateur (s. à p = .006; 10 DC, 9).

---

[x] Dans les activités visuo-posturales, l'étude séparée des sexes nous paraît préférable, les garçons sont en cours d'études. Les mouvements oculaires sont enregistrés à l'aide du Eye Nac Recorder au cours de la passation d'un Rod and Frame Oltman (estimations approchées).

relevées. Cet échantillonnage nous paraît justifié par le fait que le sujet lui-même en a déjà pratiqué un. Ses points de fixation sont un sous-ensemble de l'ensemble des points de fixations pouvant couvrir tout le spectacle. Cette procédure nous a paru préférable, lorsqu'on s'intéresse aux localisations des fixations, à celle qui consiste à étudier exhaustivement les dix premières secondes. Conformément à notre hypothèse (voir supra), les D.C. présentent bien une labilité de leurs mouvements oculaires, dispersés ainsi sur l'ensemble du spectacle alors que les I.C. les centrent dans le secteur utile.

II. Variabilité interconditionnelle sur tâche simple et tâche complexe (Ohlman, Idée et Lesbros, 1981)

1. Tâche simple: temps de réaction visuel

Quels sont les facteurs responsables de la Vii des temps de réaction visuels simples d'un même sujet? Il en existe vraisemblablement deux groupes:

a) les fluctuations d'origine interne concernant les modifications du niveau de vigilance en rapport ou non avec des modifications physiologiques (Requin, 1969);

b) les perturbations d'origine externe telles que les bruits ou des distracteurs quelconques. Nous n'avons pas ici d'hypothèses spécifiques concernant l'amplitude de la Vii selon le style des sujets.

Cette recherche n'est donc pas directement dans le thème de ce chapitre, mais elle éclaire l'expérience suivante. Notre hypothèse concerne l'origine de la perturbation. Les I.C. seraient plus sensibles à des modifications du champ interne, par exemple à des perturbations métaboliques alors que les D.C. seraient sensibles à des variations du champ externe. La perturbation appelée conventionnellement interne est produite par le sujet lui-même; il doit effectuer la tâche en apnée. Cette situation produit rapidement des modifications métaboliques sérieuses: chute de la pression alvéolaire pulmonaire, vaso-dilatation des artères cérébrales, bradycardie vagale, etc.

La perturbation externe est constituée par l'audition d'une bande sonore riche en significations. Les résultats sont complètement opposés aux hypothèses! En effet la variabilité interoccasionnelle (temps de réaction sans perturbation contre perturbation interne ou externe) la plus forte est provoquée chez les I.C. par la perturbation externe alors que l'interne gêne avant tout les D.C.

2. Tâche complexe : estimations angulaires

Avec cette expérience, nous nous replaçons dans le cadre de notre hypothèse générale : moindre fluctuation des I.C. lors de variations de la situation non pertinente avec la tâche, quelle que soit la nature de cette perturbation (interne ou externe). La situation précédente, tâche simple, nous sert donc de référence : I.C. et D.C. au cours de tâches simples sont perturbés.

Ici[9] le sujet doit égaliser un angle «réponse» avec un angle «stimulus» présentant une orientation différente, les dix essais sont effectués au tachytoscope avec un temps d'exposition de deux secondes. Cette activité est relativement complexe puisqu'il est nécessaire de faire tourner mentalement les angles pour mieux les comparer avec l'angle «réponse». Au cours de cette tâche les effets des distracteurs seront moins perturbateurs que dans le cas des temps de réaction qu'un rien peut modifier.

Au cours des ajustements d'angles, les D.C. ont leurs performances dégradées par les perturbations interne (apnée) ou externe (bande sonore). Les I.C. fluctuent significativement moins ($p. < 01$) quand ils passent d'une situation normale à une situation perturbée.

On constate bien au cours de tâches complexes une moindre Vii des I.C., moins sensibles aux variations du champ, interne ou externe, non pertinentes avec la tâche. Soulignons encore que c'est bien sur la Vii que s'établit la différence entre les deux styles puisqu'il n'y a aucun lien entre l'ajustement des angles et la D.I.C.

B. L'hétérogénéité

I. L'hétérogénéité des variables dépendantes

1. Activités perceptives : variabilité interconditionnelle

Nous avons demandé à des enfants de 8 ans (Ohlmann, 1981) d'estimer des longueurs en modalité visuelle et en modalité tactilo-kinesthésique. C'est une tranche d'âge où les structurations perceptives visuelles qui permettent l'estimation des longueurs sont largement acquises par tous car très fréquemment utilisées au cours des activités

---

[9] L'échantillon comprend 46 étudiants, 28 femmes et 18 hommes, âgés de 20 à 30 ans. La D.I.C. a été examinée à l'aide du Rod and Frame Test Oltman en auto-ajustement. Pour les deux expériences, tâche simple ou complexe, les résultats décrits ici sont significatifs à $p < .01$.

quotidiennes alors que les estimations tactilo-kinesthésiques des longueurs sans l'aide de la vision sont encore relativement exceptionnelles. La variable dépendante retenue est développée dans la formule suivante :

$$\frac{\sum_{i=1}^{6} x_{ij}v \left[\left|\frac{(x_{ij}vco + x_{ij}vcf)}{2} - J\right|\right] - \sum_{i=1}^{6} x_{ij}t \left[\left|\frac{(x_{ij}tco + x_{ij}tcf)}{2} - J\right|\right]}{3}$$

v : visuel, t : tactile. J : longueur de la baguette stimulus,
x_{ij} : estimation i par le sujet x de la longueur J,
co : curseur ouvert, cf : curseur fermé,
VD (en millimètres) = écart algébrique entre l'estimation tactile et l'estimation visuelle des longueurs.

C'est l'écart entre l'estimation visuelle et l'estimation tactilo-kinesthésique. Il s'agit d'un écart intermodal ipsatif puisque la qualité générale des estimations des longueurs est neutralisée.

Deux résultats sont compatibles avec notre hypothèse de base :

a) *L'amplitude* de l'écart intermodal est significativement associée au style cognitif. Elle est plus faible chez les I.C. que chez les D.C. (s à p = .04). Cet écart intermodal présente une valeur constante d'une baguette à l'autre chez les I.C. alors que chez les D.C. il varie en fonction de la longueur de celles-ci. Nous avons donc une double variabilité chez les sujets les plus dépendants (Fig. 2).

b) *La forme* de l'écart intermodal est également associée au style. A une exception près seuls les I.C. ont des estimations tactiles égales ou supérieures aux visuelles (s. à p. = 025) sur la baguette de 110 mm. La littérature (Hatwell, 1981) souligne qu'en général, les estimations tactiles sont très inférieures aux estimations visuelles.

Trois approches possibles de la D.I.C. engendrent trois interprétations compatibles entre elles.

a) Les I.C. ont une orientation posturale. Les informations vestibulaires et proprioceptives sont alors privilégiées et conséquemment les activités tactilo-kinesthésiques. Cette explication stylistique peut rendre compte, chez les I.C., du curieux avantage de leur modalité tactilo-kinesthésique sur leur modalité visuelle. Cet avantage devrait s'amenuiser lors d'estimations tactiles passives puisque ainsi les informations proprioceptives sont minimisées.

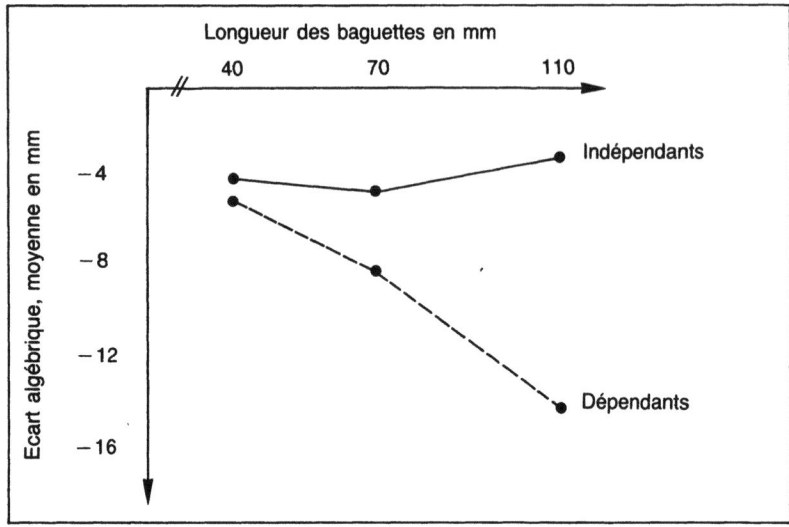

Fig. 2. Effets de la longueur des baguettes et du style cognitif sur l'écart intermodal (d'après Ohlmann 1981).

b) L'approche analytique à l'égard du champ ne se manifesterait pas seulement dans le domaine visuel. Ainsi les E.F.T. visuelles sont corrélées avec des E.F.T. tactiles (Axelrod et Cohen, 1961) ou auditives (Whites, 1953). Il nous semble cependant peu probable que seule l'approche analytique du champ tactilo-kinesthésique puisse rendre compte des résultats précédents. Estimer une longueur en tactile revient bien à structurer un champ mais ici il n'y a pas de destructuration préalable comme dans les E.F.T., pas de champ perturbateur. Or, en tactilo-kinesthésique même quand ce type de champ est présent, il n'est pas nécessairement perçu par le sujet, les prises d'information étant surtout focales dans cette modalité (Hatwell, 1981).

c) On sait que les I.C. sont capables de décorréler, de dissocier des informations habituellement liées (informations familières). En situation «normale», les informations tactilo-kinesthésiques et les informations visuelles concernant les longueurs sont effectivement associées, leur dissociation est tout aussi exceptionnelle que celle introduite dans le R.F.T. entre les informations labyrinthiques et visuelles.

2. Activités opératoires

• *Les hypothèses*

Les rapprochements entre la théorie de Witkin et celle de Piaget ont donné lieu à une littérature abondante. Pascual-Leone (1969) en a jeté les premières bases et Huteau (1980) en a établi la revue de questions. Witkin et al. (1962) avaient souligné que la D.I.C. n'était associée qu'à certaines formes d'activités intellectuelles. Parallèlement la plupart des chercheurs en psychologie génétique montreront, avec une belle convergence, que certaines formes seulement d'activités opératoires sont associées à la D.I.C. Ces liens partiels entre la D.I.C. et les activités intellectuelles donnent à celle-là une relative autonomie par rapport à celles-ci, mais aussi conduisent nécessairement à des hypothèses quant à la forme et à l'amplitude de la Vii des activités opératoires ou intellectuelles en fonction du style. Ces hypothèses présentent des variantes que nous allons examiner mais tous les auteurs, sauf un, supposent une plus forte hétérogénéité opératoire des D.C.

a) Les D.C. ont une plus grande susceptibilité aux variations du champ qui accompagnent nécessairement les variations de tâches opératoires structuralement identiques mais à contenus différents (Ohlmann, 1975; Witkin et Goodenough, 1977a). Cette hypothèse n'implique rien quant à la forme de la variabilité et les D.C. utilisant avec bénéfice les structurations présentes dans le champ pourraient réussir des épreuves où les aspects figuratifs sont facilitateurs.

b) Les difficultés électives dans les traitements des aspects figuratifs perturbateurs se manifestent chez les D.C. Il pourrait y avoir chez eux un décalage entre les épreuves à configurations perceptives gênantes et celles où ces aspects sont absents. Dans ce cas, non seulement les D.C. présentent une plus grande hétérogénéité que les I.C. mais sa forme en est prévisible: les situations où les aspects figuratifs sont perturbateurs sont moins bien réussies que celles où ils sont neutres (Huteau, 1980a; Huteau et Rajehenbach, 1978).

c) La distinction entre opérations logico-mathématiques et infralogiques est susceptible de compléter l'hypothèse précédente. Les premières ont pour contenu des objets discrets alors que les secondes s'exercent sur un objet continu, spatio-temporel qu'il faut fractionner. Les opérations infralogiques demandent donc simultanément d'appliquer ou d'attribuer un schème opératoire et de structurer/restructurer ou simplement structurer un champ perceptif ou imagé. Ces activités perceptivo-imagées sont entièrement nécessaires à la bonne conduite des opérations infralogiques, les difficultés qu'elles posent particulièrement aux D.C. pourraient être ainsi expliquées. Ainsi deux tâches quoique structuralement identiques pourraient donner lieu à des réussites différentes chez les D.C., d'où une forme caractéristique de la Vii assortie d'une amplitude plus grande que chez les I.C. (Ohlmann et Mendelsohn, 1982).

Un exemple nous permettra de mieux saisir les nuances entre les hypothèses b et c. Le pendule est une épreuve logico-mathématique de niveau formel où il faut isoler parmi quatre facteurs le seul qui soit responsable de modifications de vitesse. Le sujet pour mener à bien l'expérimentation doit contrôler différentes variables physiques qui constituent des aspects figuratifs susceptibles de le perturber. Huteau (1981) suppose qu'en donnant aux sujets la possibilité de neutraliser physiquement ces aspects figuratifs par une mesure réelle des angles, des longueurs de ficelle et des hauteurs de chute, les différences entre D.C. et I.C. devraient s'amenuiser puisque l'épreuve est réduite à ses seuls aspects opératoires. Par contre dans une épreuve comme les courbes mécaniques [1], il n'est pas possible de neutraliser physiquement les éléments perturbateurs qui sont partie prenante de l'opération elle-même.

Un seul auteur prend le contrepied de ce groupe d'hypothèses et suppose que les I.C. devraient être particulièrement hétérogènes. En effet, Essbaï (1983) tente de coordonner deux modèles de différenciation, celui de Garrett (1946) et celui de Witkin et al. (1962). Pour Garrett, les productions cognitives des sujets devraient se différencier avec l'âge et donc le facteur général diminuer au profit des facteurs de groupes. Cette loi n'a pas été vérifiée (autant de recherches favorables que de défavorables). Pour Witkin (et al., 1962; et Goodenough, 1979) le terme différenciation ne porte pas sur les *productions* du sujet mais sur son *fonctionnement*. Les sujets les plus I.C. sont les plus différenciés: forte coupure moi/non-moi, séparation des composantes affectivo-émotionnelles et des composantes cognitives d'un message ou d'un problème, meilleure latéralisation hémisphérique, etc. C'est justement cette meilleure spécialisation en tous domaines qui conduirait les sujets les plus I.C. à se montrer particulièrement homogènes dans leurs productions cognitives. Witkin et Goodenough (voir supra)

---

[1] Un crayon peut se déplacer sur un cylindre. Le sujet devra tracer les résultats des mouvements combinés ou non du cylindre et du crayon sur une feuille de papier identique à celle enroulée sur le cylindre, mais posée à plat devant lui. Les mouvements du cylindre et du crayon ne sont pas exécutés, le sujet doit les imaginer.

le disent explicitement. Il nous semble qu'Essbaï assimile, à tort, différenciation des *productions* (donc hétérogénéité des résultats) et différenciation des *moyens* de productions (hétérogénéité et spécialisation dans les processus et procédures des sujets). La différenciation des productions que suppose le modèle de Garrett varie justement en raison inverse de la différenciation psychologique qui conduit alors le sujet à unifier sa production. Nous avons montré précédemment que la variabilité procédurale (et donc du sujet) permettait une stabilisation de ses productions.

Examinons maintenant les résultats. Pour chacune des études nous indiquerons le nombre de sujets, leur sexe, leur âge, la nature des épreuves opératoires et les indicateurs de D.I.C.

- *Huteau et Rajchenbach (1978) :*

a) 29 garçons âgés de 13;8 ans. Dissociation poids/volume, quantification des probabilités, permutations. Rod and Frame Test, Embedded Figures Test. Entre autres résultats, on remarque l'amorce d'une plus grande hétérogénéité des D.C. provoquée surtout par leurs difficultés à l'épreuve de dissociation poids/volume ;

b) 23 fillettes âgées de 6;8 ans. Sériation de longueurs et conservation de la quantité de liquide. Child Embedded Figures Test et dessin du bonhomme[11]. Les D.C., là aussi, ont plus particulièrement des difficultés à l'épreuve infralogique de conservation.

Pour ces deux recherches forme et amplitude de variabilité intraindividuelle sont bien associées au style cognitif : les sujets les plus dépendants sont les plus hétérogènes. Leur réussite dans le domaine logico-mathématique est supérieure à celle qu'ils manifestent dans le domaine infralogique.

- *Ohlmann et Verjat (1981).* 84 garçons âgés de 12 ans. Courbes mécaniques, quantification des probabilités, permutations, conservations du poids et du volume. Rod and Frame Test. Pour chaque épreuve un stade est attribué au sujet, on peut alors exprimer en stades le plus grand écart interépreuve rencontré chez un sujet donné : le minimum est, bien sûr, zéro et le maximum trois : par exemple un sujet peut être préopératoire en courbes mécaniques alors qu'il est formel en quantification des probabilités.

---

[11] Le dessin du bonhomme peut être utilisé comme un indicateur de D.I.C. moyennant une cotation spéciale à trois critères (Witkin et al., 1962).

Les variances intracolonnales sont inégales (rapport de 1 à 10) interdisant une analyse de la variance, mais les déviations au R.F.T. s'ordonnent strictement en fonction de l'hétérogénéité opératoire (tableau I) (p = .04). Par contre la forme la variabilité n'est pas ici associée au style.

Tableau 1: Moyenne au R.F.T. en fonction de l'hétérogénéité: 84 garçons de 12 ans
(d'après Ohlmann et Verjat, 1981)

	Aucun écart	Ecart d'un stade	Ecart de deux stades	Ecart de trois stades
Moyenne	2,54	3,92	4,24	6,59
Effectif	16	30	28	10

NB: Plus la moyenne est élevée plus le sujet est dépendant.

Ces résultats conformes à l'hypothèse de base appellent toutefois des réserves en rapport avec la métrique des épreuves opératoires. En effet, toute la littérature souligne une avance dans le développement opératoire global des indépendants (Neimark, 1975; Huteau, 1980; Ohlmann et Mendelson, 1982; Essbaï, 1983). On constate dans la présente recherche que tous les sujets qui sont homogènes sont formels et parmi eux deux seulement sont dépendants. On conçoit alors que ces sujets formels soient soumis à des effets de plafond qui leur interdisent une dispersion par le haut. Ce ne serait plus directement le style cognitif qui rendrait compte de l'homogénéité mais l'avance qu'indirectement il permet.

• *Ohlmann et Mendelsohn (1982).* 110 garçons âgés de 9;6 ans. Courbes mécaniques, quantifications des probabilités, permutations, conservations du poids et du volume. Rod and Frame Test. Afin d'éviter les effets de plafond signalés plus haut, nous avons travaillé avec des sujets dont le stade canonique se situe à la fin des opérations concrètes. Ils peuvent alors se disperser en tous sens sans qu'interviennent des effets plancher et plafond.

Ici, contrairement à l'expérience précédente, les sujets les plus homogènes sont aussi les plus D.C. (tableau II), la quasi-totalité est au stade concret, tous les items concrets infralogiques ou logico-mathématiques sont alors réussis. Nous avons rappelé précédemment que les

Tableau II: Moyenne au R.F.T. en fonction de l'hétérogénéité:
110 garçons de 9;6 ans
(d'après Ohlmann et Mendelsohn, 1982)

	Aucun écart	Ecart d'un stade	Ecart de deux stades	Ecart de trois stades
Moyenne	11,69	10,80	5,31	7,19
Effectif	18	66	21	5

$\frac{3}{106}$ F = 3,14 significatif à p = .028

I.C. avaient une avance opératoire sur les D.C. Ces derniers sont en phase d'achèvement du stade concret alors que les premiers sont en phase de préparation du stade préformel voire formel. Or l'homogénéité des sujets en phase d'achèvement est supérieure à celle des sujets en phase de préparation. «Par conséquent, lorsque les comparaisons entre dépendants et indépendants ne sont pas faites à stade égal, ce qui est le cas ici, il se peut que (...) les I.C. soient plus dispersés, non pas directement à cause de leur style cognitif mais à cause de l'avance opératoire qu'il permet» (Ohlmann et Mendelsohn, 1982: 149).

Il devient alors nécessaire d'étudier la Vii à stade constant. Dans ce cas, on ne trouve plus de lien entre le style cognitif et l'amplitude de la Vii. Par contre, la forme de la variabilité est nettement associée à la D.I.C. Les plus indépendants ont un niveau infralogique supérieur à leur niveau logico-mathématique alors que c'est le patron inverse qui caractérise les plus dépendants (s. à p = .0025, test unilatéral). Le style cognitif est donc lié à la forme de l'hétérogénéité et non pas à son amplitude. Cette forme est peut-être en rapport avec des trajectoires individuelles privilégiées d'accès aux stades terminaux du développement opératoire.

- *Marendaz (1984).* 80 hommes âgés de 72;5 ans. Courbes mécaniques, quantifications des probabilités, permutations, conservations du poids et du volume. Rod and Frame Test.

L'ampleur de la Vii est associée à la D.I.C., les plus I.C. sont les plus homogènes (tableau III). Ces résultats sont à rapprocher de ceux d'Ohlmann et Verjat (1981). En effet les sujets les plus I.C. parmi les retraités ont un niveau opératoire plus élevé que les D.C. (à même niveau socioculturel) ce qui peut les conduire également à plafonner.

Tableau III: *Moyenne au R.F.T. (effet-cadre) en fonction de l'hétérogénéité:
80 hommes d'un âge moyen de 72;6 ans*
(d'après Marendaz, 1984)

	Aucun ou un stade d'écart	Deux ou trois stades d'écart
Moyenne	5,70	7,98
Effectif	40	40

t (78 dl) = 1,84; p = .034 (unilatéral).

- *Essbaï (1983).* 10 garçons et 10 filles par tranche d'âge. Quatre tranches d'âge: 10, 11, 12 et 13 ans. Permutations, pendule et cahier n° IV de l'Echelle Collective de Développement Intellectuel (E.C.N.I.). Embedded Figures Test, Rod and Frame Test. L'homogénéité des réponses est étudiée sur l'ensemble des épreuves, opératoires et traditionnelles, à l'aide d'une méthodologie basée sur l'analyse en cluster. Contrairement aux hypothèses de l'auteur — inversées par rapport au courant général de recherches — les I.C. se montrent particulièrement homogènes sur l'E.C.N.I. L'étude des décalages entre les épreuves opératoires n'est pas possible ici car l'échec à l'épreuve du pendule ne renvoie pas à un stade précis.

- *Bajard (1984).* 47 garçons et 62 filles âgés de 13;8 ans. Echelle collective de Développement Logique (E.C.D.L.). Group Embedded Figures Test. L'auteur signale que «d'une façon générale, les patterns d'ensemble des échantillons étaient plus hétérogènes à mesure que leur degré de dépendance augmentait» (1984: 363).

Enfin nous citerons une étude (Huteau, 1980b) différente des précédentes pour deux raisons. Tout d'abord c'est une même tâche proposée avec deux contenus différents, ensuite la Vii ne peut y être abordée que de manière indirecte puisque les groupes de sujets sont indépendants.

- *Huteau (1980b).* 99 étudiants en psychologie. Combinaisons de lettres. Rod and Frame Test et Group Embedded Figures Test. Les combinaisons de quatre dans cinq sont proposées soit avec cinq consonnes (s, x, t, z, r), soit avec voyelles et consonne (e, u, a, o, n). Les I.C. trouvent un nombre de combinaisons supérieur à celui des D.C., mais seuls ces derniers sont sensibles au changement de contenu: ils produisent plus de combinaisons avec le matériel voyelle/consonne. L'auteur suppose que dans la langue les associations de consonnes et de voyelles étant plus nombreuses, elles favorisent alors la recherche des combinaisons. C'est un des rares cas où les aspects familiers facilitent la performance des dépendants par rapport à une situation où ces aspects sont plutôt neutres.

En définitive, sur 8 études englobant des indicateurs variés et couvrant une vaste échelle d'âge, 7 confirment l'hypothèse d'une plus grande hétérogénéité des sujets les plus dépendants (Huteau et Rajchenbach, 1978a et b; Ohlmann et Verjat, 1981; Essbaï, 1983; Marendaz, 1984; Bajard, 1984 et indirectement Huteau, 1980b). Une seule (Ohlmann et Mendelsohn, 1982) met en évidence, à stade contrôlé, une hétérogénéité d'amplitude équivalent chez les I.C. et D.C. mais de forme opposée. Nous aurons l'occasion de revenir sur ce problème à propos des processus vicariants.

Nous avons jusqu'à présent considéré l'hétérogénéité comme une variable dépendante tant pour les conduites perceptives qu'opératoires. Les différentes formes d'hétérogénéité peuvent à leur tour être considérées comme des variables indépendantes susceptibles d'éclairer certaines conduites des sujets.

II. Hétérogénéité intra-indicateurs: deux indicateurs, quatre comportements?

Nous l'avons vu plus haut, c'est la présence d'une corrélation entre les Embedded Figures Test et les indicateurs à composante proprioceptive (B.A.T., R.F.T., R.R.T.) qui a orienté la D.I.C. vers la définition «approche analytique du champ». Ces corrélations ne sont jamais très élevées, elles fluctuent en fonction de l'âge, du sexe et de facteurs socio-éducatifs. Elles sont en général plus fortes chez les hommes que chez les femmes et, à facteur intellectuel contrôlé, plus fortes chez les adultes que chez les enfants, nulles chez les danseurs professionnels et dans certaines populations africaines. Il semblerait que pour ces groupes la dimension visuo-posturale ne se confonde pas complètement avec la dimension approche analytique du champ. Ces liaisons variables entre indicateurs ont peut-être pour origine la pluralité des procédures utilisables dans chacun d'eux.

Nous avons fait passer à 50 filles de 9;6 ans (Ohlmann, Cian et Muzet, 1983) et à 87 garçons du même âge (Ohlmann, Béjean, Bouscarel, Dubourdeau, Mourier et Verchère, 1984) un Rod and Frame Test ainsi que les Child Embedded Figures Test. Dans chacun des deux sexes à partir d'une division médiane des indicateurs, nous avons

distingué quatre groupes de sujets:
1. *Les indépendants à l'égard du champ:* réussite au R.F.T. et au E.F.T.
2. *Les posturaux:* réussite au R.F.T., échec aux E.F.T.
3. *Les analytiques:* échec au R.F.T., réussite aux E.F.T.
4. *Les dépendants à l'égard du champ:* échec aux R.F.T. et E.F.T.

Marendaz (1981) avait observé au R.F.T. qu'à performance égale, certains sujets étaient rapides, d'autres lents paraissant davantage analyser la situation. Nous avons fait l'hypothèse que les sujets *«posturaux»* utilisaient directement leurs informations vestibulaires sans analyse particulière agissant ainsi de manière réflexe et auraient en conséquence des difficultés pour mettre une baguette à la verticale non pas avec la tête droite mais inclinée à $28°$ [12].

Chez les garçons comme chez les filles, les I.C. diffèrent significativement des autres groupes (p < .05, test unilatéral) y compris et surtout des *posturaux*. On remarque (tableau IV) que ces derniers, quoique réussissant particulièrement bien le R.F.T. normal, ont effectivement des difficultés pour analyser leurs informations vestibulaires et proprioceptives en situation inhabituelle.

Certaines formes d'hétérogénéité sont incompatibles avec les lois générales qui n'ont pu les prévoir. En ce sens, ce sont des indicateurs de fonctionnements insoupçonnés ou négligés. Ainsi la supériorité des estimations tactiles des longueurs sur les estimations visuelles chez les I.C. suppose chez eux une organisation perceptive originale. De même, la présence dans la moitié de la population (Lautrey, 1980; Ohlmann et Mendelsohn, 1982) d'une avance ipsative des opérations infralogiques sur les opérations logico-mathématiques exclut l'hypothèse d'une précédence génétique de celles-ci sur celles-là. Enfin des performances identiques sur le Rod and Frame seraient obtenues au moyen de processus d'efficacité inégale dans d'autres dispositifs apparemment voisins; nous avons montré que l'hétérogénéité intra-indicateur permet de distinguer des processus différents.

Les processus vicariants, eux aussi, permettent la mise à jour des fonctionnements plus complexes que ceux supposés par les lois générales. Nous allons étudier les liens entre les opérations infralogiques et la D.I.C. dans cette perspective.

---

[12] Dans le R.F.T. portable d'Oltman, le cadre est vu sous un angle de 28° et est incliné de 28° par rapport à la verticale.

Tableau IV: *Moyenne au R.F.T. incliné en fonction des performances au R.F.T. et aux E.F.T.*

	Filles	Effectif	Garçons	Effectif
Indépendants	20,08	17	11,00	26
Posturaux	26,65	8	20,84	16
Analytiques	27,21	8	18,00	16
Dépendants	26,91	17	22,46	29

C. Processus vicariants, opérations infralogiques et dépendance-indépendance à l'égard du champ

Une même opération infralogique pourrait être exécutée à l'aide de processus différents. Au cours de l'activité connaissante, le sujet intègre aspects opératifs et aspects figuratifs. Les premiers permettent des transformations d'objets, les seconds sont nécessaires à des prises d'informations ausi précises que possible du réel. Il peut donc y avoir un conflit entre cette nécessité de transformer et de conserver. Ce conflit entre des données statiques — ou à conserver — et les éléments dynamiques — ou à transformer — constitue un point de ressemblance entre les activités intellectuelles ou opératoires et celles mises en jeu par les indicateurs de D.I.C. Un point important de divergence réside dans la nature des transformations. Pour les processus intellectuels, les transformations sont coordonnées en des touts caractérisés par leur fermeture. Pour des activités typiques de la D.I.C. tels que les E.F.T., R.F.T. ou les figures réversibles de Rubin (Piaget préfère «renversables», 1961), le conflit entre ce que le sujet perçoit et ce qu'il doit transformer est net dans les trois situations. Mais en aucun cas, il n'y a application de structures réversibles contrôlées par une certitude logique. Dans le R.F.T., les sujets savent qu'il faut s'écarter du cadre, cela ne suffit pas pour estimer correctement la verticale, de même dans les E.F.T., un haut niveau logique, à lui seul, ne permet pas d'isoler la figure simple. Un critère relativement simple permet de distinguer ces trois exemples des activités opératoires: celles-ci peuvent être réussies les yeux fermés alors que ceux-là nécessitent une exploration active du spectacle. Le facteur appelé par Thurstone (1944) «souplesse de structuration» pourrait être assimilé à un facteur de mobilité des activités figuratives associé à la D.I.C., les indépendants ayant alors une note élevée sur ce facteur, les dépendants une note plus faible.

De notre point de vue, les opérations infralogiques auraient un caractère composite, elles comprendraient:

a) *les opérations proprement dites;*

b) *les structurations perceptives et spatiales* concernant les parties de l'objet indépendamment de la position de cet objet dans l'espace. Ces structurations perceptives (figuro-imagées) *intra-objectales* permettent le découpage du tout en parties;

c) éventuellement *des transformations et des rotations spatiales* (facteur S de Thurstone) qui ne concerne que les rapports de l'objet et des lieux dans lequel il se situe. C'est la composante b qui pourrait être traitée par des processus vicariants.

Reuchlin (1978: 134) suppose que «chaque individu disposerait de plusieurs processus vicariants pour s'adapter à la situation dans laquelle il se trouve. Mais certains de ces processus seraient plus facilement évocables que d'autres. La hiérarchie d'évocabilité serait en général différente d'un individu à l'autre».

Nous pensons que les sujets indépendants ont la possibilité de traiter les activités décrites ci-dessus en b en évoquant des processus perceptifs (P) complétant leurs activités opératoires (O), il leur est ainsi possible d'obtenir des réussites précoces dans le domaine de l'infralogique. Les sujets D.C. ne pourraient parvenir à résoudre ces mêmes tâches infralogiques qu'avec des activités opératoires (O+) suffisamment équilibrées et puissantes pour prendre en charge à la fois les transformations et les partitions à effectuer. Autrement dit le processus (P) n'est ni nécessaire ni suffisant pour réussir, (O) est nécessaire mais non suffisant et (O+) d'apparition plus tardive est suffisant mais pas nécessaire. On conçoit alors que des sujets capables d'évoquer (P) avec niveau opératoire (O) parviendront à maîtriser plus rapidement les opérations infralogiques que ceux qui doivent attendre la mise en place d'(O+). Les sujets I.C. auraient mis en jeu successivement au cours de leur développement deux processus différents: (P et O) ou (O+) pour traiter un même type d'opération infralogique.

Si, au cours du développement les opérations peuvent prendre en charge des problèmes qui précédemment relevaient d'autres processus, *la liaison entre D.I.C. et activités infralogiques doit varier tout au long de ce développement.*

Nous prendrons deux épreuves infralogiques :
1. les conservations du poids et du volume;
2. les courbes mécaniques.

Les premières nous paraissent en rapport avec les composantes a et b décrites plus haut alors que les secondes présentent en outre la composante c: passage de deux à trois dimensions, déplacements imagés du cylindre et du crayon, développement, etc.

La liaison entre épreuves infralogiques et D.I.C. devrait suivre une courbe en U : corrélation chez les plus jeunes et les plus âgés, absence de liens lorsque les opérations sont suffisamment constituées pour traiter tous types de problèmes.

Nous allons comparer, bien entendu, des recherches qui utilisent des dispositifs voisins en passation individuelle et dont l'indicateur de D.I.C. est le Rod and Frame Test. Les E.F.T. ayant à la fois une composante intellectuelle et spatiale présenteraient alors des liens systématiques avec des épreuves infralogiques.

1. *Conservation du poids, conservation du volume et dissociation poids/volume*[13]

a) Ohlmann et Mendelsohn (1982): 110 garçons de 9;6 ans (tableau V).

Les sujets qui ont soit conservé le volume (même en utilisant une argumentation basée sur le poids, argumentation exacte quand il s'agit de matériau de même nature et non creux), soit dissocié le poids et le volume, soit encore réussi les deux sont classés préformels. Longeot (1966) a montré par la comparaison des indices interstades et intrastades que la conservation du volume et la dissociation du volume étaient de même niveau opératoire. Les sujets classés «concrets» ont conservé le poids, les préopératoires n'ont conservé ni le volume ni le poids.

b) Ohlmann et Verjat (1981): 84 garçons de 12 ans (tableau VI).

c) Huteau et Rajchenbach (1978): 29 garçons de 13;7 ans (tableau VII).

Ici le niveau préformel désigne uniquement les sujets qui ont réussi la dissociation poids/volume. Ceux qui l'ont échouée sont classés concrets à condition d'avoir conservé le poids. Mais ces mêmes sujets auraient pu réussir la conservation du volume et être alors classés également préformels. Les critères retenus ici ne sont pas directement

---

[13] Les techniques de passation sont celles de l'Echelle de la Pensée Logique (Longeot, 1974).

Tableau V: Moyenne au R.F.T. en fonction du stade atteint aux conservations du volume et du poids chez les garçons de 9;6 ans
(d'après Ohlmann et Mendelsohn, 1982)

	Préopératoire	Concret	Préformel
Moyenne	12,29	10,91	5,94
Effectif	18	61	31

$\frac{2}{107}$ F Stades = 5,28 significatif à p = .007

Tableau VI: Moyenne au R.F.T. en fonction du stade atteint aux conservations du volume et du poids chez les garçons de 12 ans
(d'après Ohlmann et Verjat, 1981)

	Préopératoire et concret	Préformel 1 *	Préformel 2 et 3 *
Moyenne	3,23	4,94	3,75
Effectif	6	26	52

$\frac{2}{81}$ F Stades = 0,69 significatif à p = .50

* Préformel 1 : conservation du volume; Préformel 2 : conservation du volume et dissociation poids/volume.

Tableau VII: Moyenne au R.F.T. en fonction du stade atteint aux conservations du volume et du poids chez les garçons de 13;7 ans
(d'après Huteau et Rajchenbach, 1978)

	Concret	Préformel
Moyenne	8,63	2,91
Effectif	9	20

comparables à ceux des autres études. Ainsi 31 % des sujets de Huteau et Rajchenbach sont concrets contre 7 % pour Ohlmann et Verjat. Longeot (1974: 10) indique pour le stade global concret 7 % des sujets de 14 ans.

d) *Marendaz (1981), 40 adultes* littéraires et scientifiques: aucun lien avec la D.I.C., 98 % sont conservants.

e) *Marendaz (1984), 80 sénescents* (tableau VIII).

Si l'on envisage l'ensemble des résultats — et si l'on met à part les résultats de Huteau et Rajchenbach — la liaison entre la D.I.C. et les conservations du volume fluctue en fonction du niveau opératoire général atteint par les sujets. Chez les enfants de 9 ans 6 mois et chez les sénescents le style intervient, l'indépendance à l'égard du champ est un facteur de réussite mais dès l'âge de 12 ans (âge d'accès canonique pour le stade préformel) et bien sûr chez l'adulte, les seules opérations suffisent.

Tableau VIII: Moyenne au R.F.T. (effet-cadre) en fonction du stade atteint aux conservations du volume et du poids chez les sénescents de 72;6 ans
(d'après Marendaz, 1984)

	Concret	Préformel
Moyenne	13,63	6,09
Effectif	8	72

$\frac{1}{78}$ F Stades = 15,28, significatif à p = .0002.

2. Les courbes mécaniques[14]

Ici également le lien entre la D.I.C. et l'activité infralogique disparaît sur la population dont le stade canonique est le stade formel (tableau IX).

On peut toutefois, à propos des courbes mécaniques se demander si les liens observés ne sont pas également dû à la 3e composante:

---

[14] La technique et les consignes sont celles de l'Echelle de la Pensée Logique (Longeot, 1974).

Tableau IX: *Moyenne au R.F.T. en fonction du stade atteint aux courbes mécaniques*

	Préopératoire	Concret	Préformel	Formel A	Formel B	
Ohlmann et Mendelsohn, 1982	11,75	11,81	6,17	3,5		$\frac{3}{106}$ F Stades = 4,99 significatif à p = .003
Ohlmann et Verjat, 1981	/	6,99	3,1	2,88	2,9	$\frac{3}{80}$ F stades = 6,13 significatif à p = .0008
Marendaz, 1981	/	/	/	2,11*	1,76*	NS
Marendaz, 1984	/	12,52*	8,21*	5,44*	4,07*	$\frac{3}{76}$ F stades = 6,20 significatif à p = .0008

* Effet-Cadre
Les barres transversales (/) indiquent que tous les sujets ont atteint ce stade.

déplacements et rotations. Nous avons tenté de la supprimer partiellement (Longeot, Ohlmann, Brenet et Versace, 1980). L'épreuve des courbes à été simplifiée, le cylindre est devenu plateau. Or à l'âge de 10 ans, cette épreuve continue à faire une distinction aussi nette entre les I.C. et les D.C. que le cylindre traditionnel. En accord avec l'hypothèse de vicariance, la différence entre les deux styles quel que soit le dispositif, n'apparaît à 10 ans que sur les items préformels et formels, les items concrets ne différencient plus D.C. et I.C.

Courbes et conservations ne sont plus associées aux styles cognitifs quand le niveau opératoire de la population étudiée correspond au stade maximum exigé par l'épreuve. Ainsi les liens entre conservations et D.I.C. disparaissent au stade préformel, ceux des courbes persistent jusqu'au stade formel. Ces décalages nous paraissent en conformité avec l'hypothèse de vicariance, la modélisation proposée par Reuchlin (1978: 137) envisage la succession des processus dans le temps pour traiter une même situation.

Nous avons successivement envisagé trois formes de Vii: la dispersion, l'hétérogénéité et les vicariances. Les deux premières renvoyaient à une variabilité des productions ou performances du sujet, la troisième est en rapport avec une variabilité interne du sujet (processuelle ou procédurale) de façon à justement stabiliser ses productions. Nous allons maintenant envisager une quatrième forme de variabilité: la flexibilité.

D. La flexibilité

Les sujets dits *« flexibles »* parviennent soit à fournir plusieurs réponses différentes à partir d'une situation (classer des objets de plusieurs manières), soit à produire une réponse différente de celle que la situation ou l'habitude impose (utiliser un outil de manière inhabituelle). Les liens entre la flexibilité (changement à partir d'une contrainte initiale), la fluidité (quantité produite), la créativité (l'une et/ou l'autre des variables précédentes assorties de l'originalité) et la D.I.C. ne sont pas systématiques. Si Harris (cité par Witkin et al., 1962) trouve un rapport très net entre les E.F.T. et les problèmes de Duncker, si le facteur flexibilité adaptative de Guilford entretient également des rapports avec la D.I.C. (Witkin et al., 1962), d'autres études par contre vont dans le sens d'une indépendance des deux dimensions (Huteau et Carouana, 1976; Gundlach et Gesell, 1978; Carlier, 1983).

Nous nous sommes proposé d'étudier la flexibilité des sujets à partir de classifications sur objets réels. Quand[15] on demande aux sujets de regrouper des objets réels chargés de significations (par exemple, des jouets usuels ou des images de tels objets) par opposition à de simples objets ou figures géométriques colorés, les sujets fournissent deux types de classifications très différents:

1. L'un d'eux s'appuie sur l'aspect global et concret des objets à classer. Il consiste à rassembler les éléments d'un même tout empirique. Par exemple, réunir tous les objets en rapport avec la montagne: les alpinistes, les arbres, les torrents, les truites, la montagne elle-même, etc. Ces classes «naturelles» ou «habituelles» ont reçu des noms divers d'un auteur à l'autre. Kagan et al. (1983) parlent de classes relationnelles, Worden (1976) de classes thématiques, Markman (1973) de collections, etc. Pour notre part, nous nous situerons dans la perspective de Carbonnel (1978, 1979) qui emprunte au logicien Lesniewski la notion de *classe collective*. La classe collective est un concept de base de la méréologie, théorie de la relation «être partie de» ou «être ingrédient de». Tous les éléments d'une classe collective sont ingrédients d'un même tout, sans avoir nécessairement d'autres propriétés communes.

2. L'autre classification, appelée *ensembliste*, consiste à réunir les objets sur la base d'une ou plusieurs propriétés communes, inférées ou non. Ainsi, le rassemblement d'objets à partir de la couleur constitue un bon exemple de classe ensembliste.

Carbonnel (op. cit.) a mis en évidence que dans une population d'enfants de 9 ans, ces deux types de classes apparaissent en proportions approximativement égales. Un problème de psychologie différentielle est alors soulevé. Quelles sont les raisons qui orientent un enfant vers la réalisation de l'un ou l'autre de ces deux types de classes?

Nous devons supposer que chaque mode de classification implique la mise en jeu d'un processus spécifique.

1. Lorsque le sujet produit une classe collective, les objets à classer sont considérés dans leur *globalité* avec toutes leurs significations empiriques. Ils sont réunis en fonction de leurs relations réelles (spatiales, de convenance, etc.).

2. Au cours de la construction d'une classe ensembliste, l'objet est *analysé*. Le sujet isole une ou plusieurs propriétés communes. Certai-

---

[15] Ce passage grâce à l'aimable autorisation de la SFECA reprend largement le texte de l'exposé du Colloque de Tours (Ohlmann, 1982).

nes caractéristiques de l'objet sont donc retenues, extraites, d'autres au contraire négligées.

Ces processus, on le conçoit sont assez voisins de ceux mis en jeu par la D.I.C. Si les objets présentés constituent une classe collective à structure très forte, parce que très connue, très souvent rencontrée, la flexibilité consistera à fournir une autre réponse que celle directement imposée par le matériel. Elle n'apparaîtra pas forcément au premier essai. C'est pourquoi toutes nos expériences en comportent deux. La tendance des I.C. à décorréler des informations habituellement liées, à destructurer le champ pour le restructurer à l'aide de données internes, à prêter attention sélectivement à une partie du champ tandis que simultanément d'autres parties en sont exclues devraient les conduire, en présence d'objets significatifs regroupables en une classe collective prégnante, à fournir plutôt des classes ensemblistes alors que pour les raisons inverses les D.C. produisent plutôt des classes collectives.

Ainsi les indépendants, en n'utilisant pas systématiquement les objets dans le cadre de leurs significations habituelles, manifesteraient une plus grande flexibilité. Néanmoins, cette liaison entre la D.I.C. et l'activité classificatoire n'est apparue que sous certaines contraintes.

Nous avions demandé (Ohlmann et Carbonnel, 1983) à une population de 78 garçons et 82 filles, âgés de 10 à 11 ans, de faire deux rangements successifs et différents (R1 et R2) avec le matériel de la Gare [16] (Carbonnel, op. cit.). L'indicateur de D.I.C. était le R.F.T. Un contrôle du niveau intellectuel était nécessaire pour deux raisons. Tout d'abord il existe des liens entre la D.I.C. et les conduites intellectuelles, ensuite Carbonnel (op. cit.) a montré que certaines classes collectives précèdent génétiquement les classes ensemblistes. Il n'est pas impossible alors que les enfants dont le développement intellectuel est le moins rapide, produisent alors des classes collectives. Dans ce cas, elles ne seraient plus l'expression d'un style cognitif, mais d'un niveau intellectuel. Les performances intellectuelles furent appréciées à l'aide du test de facteur g de Cattel, niveau 2, formes A ou B.

---

[16] Il est composé d'objets de type jouets: gare miniature, locomotive électrique rouge, locomotive à vapeur noire, wagon de voyageurs gris, wagon de voyageurs vert, wagon de marchandises noir, 3 rails, camion vert, voiture verte, avion vert, bicyclette verte, chariot rouge, moto noire. On donne les consignes suivantes: «Mets sur cette table les objets qui vont le mieux ensemble, qui se ressemblent le plus, qui sont un peu pareils. Tu laisses sur l'autre table les autres objets. Tu fais comme tu as l'idée, il n'y a pas de réponse juste ou fausse». On demande à l'enfant d'expliquer son rangement. Un deuxième rangement différent du premier lui est également demandé.

Nous constatons sur le tableau X que, chez les garçons, R1 et R2 ne sont en rapport ni avec le style cognitif, ni avec le niveau intellectuel. Par contre, chez les filles, *le deuxième rangement est associé au style cognitif*, alors que le premier rangement est en rapport avec le niveau intellectuel.

Tableau X: Epreuve de la Gare - Corrélations entre les différents indicateurs, tests unilatéraux; âge: 10 à 11 ans
(Ohlmann et Carbonnel, 1983; avec l'aimable autorisation des P.U.F.)

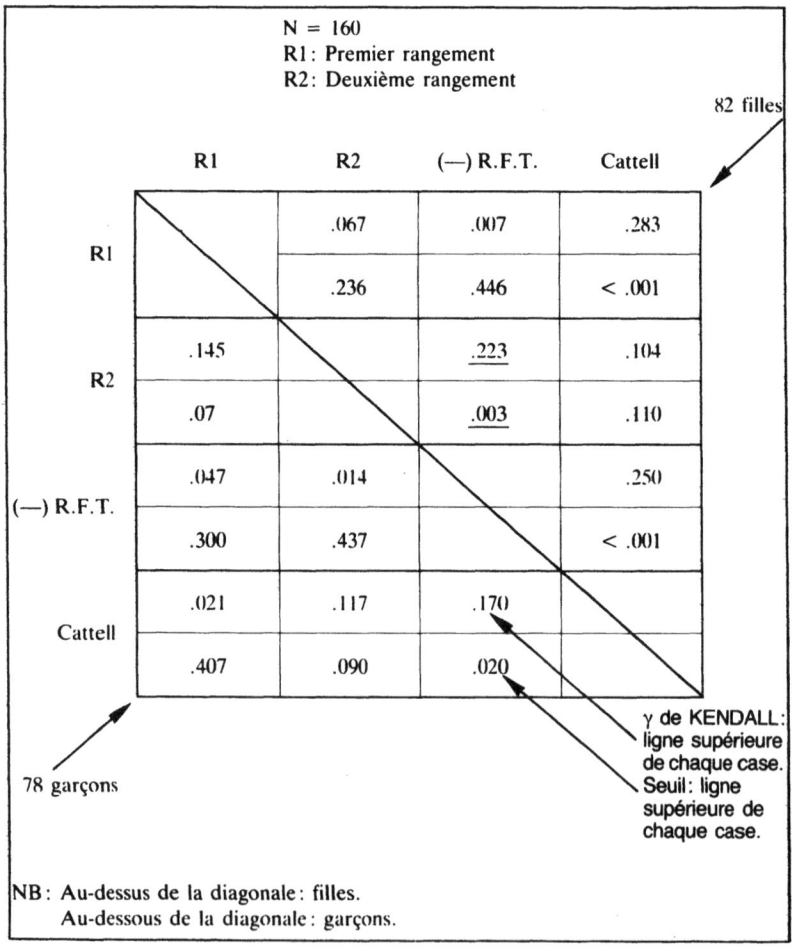

N = 160
R1: Premier rangement
R2: Deuxième rangement

82 filles

	R1	R2	(—) R.F.T.	Cattell
R1		.067	.007	.283
		.236	.446	< .001
R2	.145		.223	.104
	.07		.003	.110
(—) R.F.T.	.047	.014		.250
	.300	.437		< .001
Cattell	.021	.117	.170	
	.407	.090	.020	

78 garçons

γ de KENDALL: ligne supérieure de chaque case.
Seuil: ligne supérieure de chaque case.

NB: Au-dessus de la diagonale: filles.
Au-dessous de la diagonale: garçons.

Ces résultats inattendus nous ont obligé à corriger nos hypothèses initiales. Comment expliquer que le style classificatoire n'est associé à aucune autre variable chez les garçons ? Et pourquoi, chez les filles, seul le deuxième rangement est lié au style cognitif ?

A la première question, on peut avancer, entre autres, que le matériel proposé n'est pas neutre vis-à-vis des habitudes de jeux de chacun des sexes. En effet, la Gare est composée exclusivement de jouets en rapport avec les transports. Il n'est pas impossible, que chez les garçons, ces jouets réactualisent des habitudes de jeux et perturbent ainsi une liaison éventuelle entre le style classificatoire et la D.I.C. A la seconde question, on peut répondre que le matériel présenté pousse le sujet vers la classe collective de la Gare (R1 et constitué de 62 % de classes collectives et 19 % seulement de classes ensemblistes, le reste correspond à des classes mixtes). La classe logique «concurrente», les véhicules, n'est pas assez nette. Des variables annexes, telle que l'impulsivité, peuvent conduire un sujet à produire des classes collectives et corrélativement, entraîner des mauvaises réponses au test d'intelligence.

Nous avons présenté à 25 garçons et 25 filles âgés également de 10 à 11 ans, un nouveau matériel et de nouvelles consignes.

Epreuve de la Maison : **voiture**, bloc cuisine, *skis*, assiette, piano, bol, chaise rayée, chaîne haute fidélité, *table, vélo*, femme, chaise bleue, homme, *table de nuit*, patins à glace, *chaise rouge*, cheval, luge assiette, lit, valise, tabouret.

Les objets sont présentés comme indiqués ci-dessus. Ceux inscrits en caractères gras sont peints d'un rouge-orangé uniforme. La majorité de ces jouets sont plutôt proches des habitudes de jeux des filles, une partie du matériel est neutre (voiture, équipements de sports d'hiver, cheval, vélo). A la classe collective de la «maison» s'opposent nettement des classes ensemblistes : meubles, éléments en rapport avec le sport, moyens de déplacement, etc.

Les nouvelles consignes sont les suivantes : «Tu vas faire un seul tas (petit ou grand, ça n'a pas d'importance) sur cette table là, à côté, des objets qui vont le mieux ensemble, qui sont un peu pareils. Tu laisseras en place les autres objets. Tu fais comme tu as l'idée, il n'y a pas de réponses justes ou fausses. Quand tu auras fini ton tas, tu me le diras. Pour l'instant, tu réfléchis un peu en regardant les objets» (on fait attendre 15 secondes).

Ce délai devrait affaiblir la part due à l'impulsivité. Comme précédemment, nous avons procédé à un contrôle du niveau intellectuel et repéré le style cognitif à l'aide du R.F.T. Mais afin d'éviter une corrélation entre ces deux variables, nous avons retenu des tests logiques verbaux (Ohlmann, 1979).

Le tableau XI nous conduit à plusieurs constats :

1. Le premier rangement présente une liaison avec le R.F.T. Les sujets les plus indépendants auront tendance à produire, quel que soit

Tableau XI : *Epreuve de la Maison. Corrélations entre les différents indicateurs, tests unilatéraux ; âge : 10 à 11 ans*
(Ohlmann, 1982 ; avec l'aimable autorisation du Bulletin de la Société Française d'Etude du Comportement Animal)

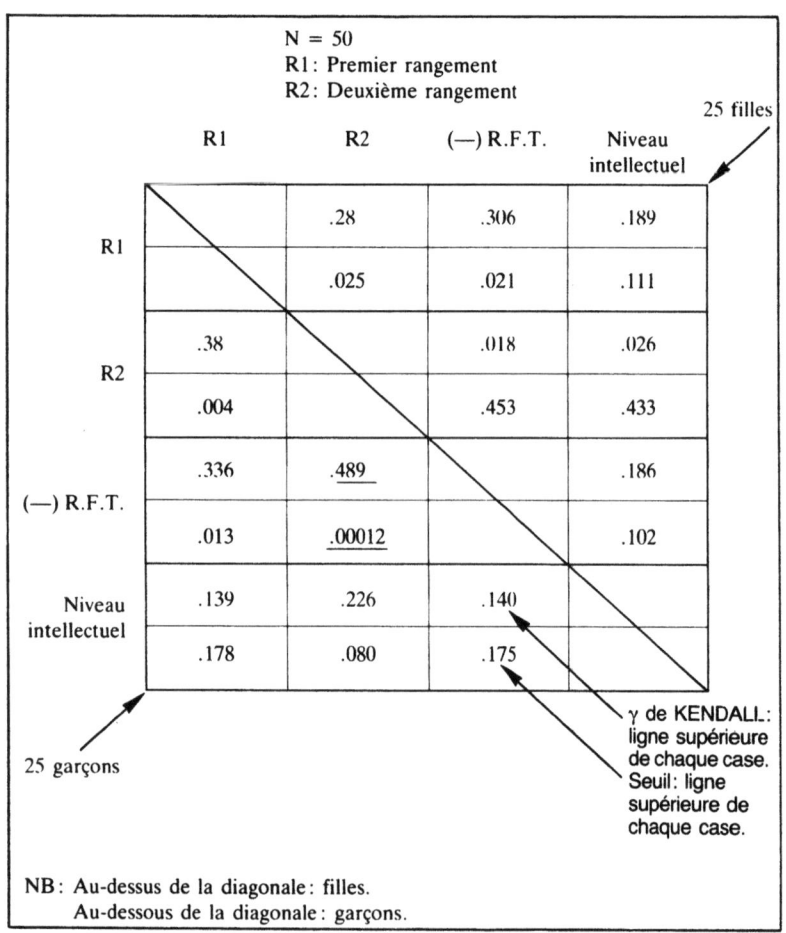

NB : Au-dessus de la diagonale : filles.
Au-dessous de la diagonale : garçons.

leur sexe, des classes ensemblistes, et les dépendants des classes collectives. Le délai imposé de 15 secondes, en gommant l'impulsivité permet peut-être au sujet d'exprimer son style classificatoire dès le premier rangement.

2. Le deuxième rangement corrèle avec le R.F.T. chez les garçons uniquement. Il faut souligner que la liaison est très forte, compte tenu du coefficient utilisé (Siegel, 1956). Ce deuxième rangement pourrait être un véritable indicateur de D.I.C. Nous pouvons admettre que dans les deux recherches, celle concernant «la gare» et celle concernant «la maisons», les deuxièmes rangements sont comparables. En effet, lorsqu'il ne s'agit plus du rangement spontané (qu'on ait minimisé ou non le rôle de l'impulsivité) il nous semble que l'on peut parler d'une *flexibilité à deux étages* :

a) ne pas reprendre les significations directes et immédiates de l'objet ;
b) faire une classification différente de la première.

On remarque alors que les liens entre la D.I.C. et le style classificatoire exprimé par le deuxième rangement sont en interaction avec la nature du matériel et le sexe des sujets. En effet, avec un matériel proche des habitudes de jeux des garçons, la Gare, la liaison attendue entre la D.I.C. et le style classificatoire n'apparaît que chez les filles. Avec un matériel proche des habitudes de jeux de filles, la liaison ne se manifeste que chez les garçons.

Pour tirer des conclusions plus nettes, il est nécessaire de mieux comprendre la nature du premier rangement et de cerner davantage le rôle du matériel en fonction du sexe. En admettant qu'il existe un matériel neutre vis-à-vis du sexe, garçons et filles classent-ils de manière identique ?

Dans une troisième recherche, nous avons eu recours à un matériel que nous supposons relativement neutre vis-à-vis des habitudes de jeu des filles comme des garçons. Des animaux domestiques et sauvages, maisons, grilles, véhicules tous terrains sont proposés aux enfants. De nombreuses classes ensemblistes ainsi que des classes collectives variées (zoo, ferme, jungle) sont possibles. Sur une population de 60 garçons et filles de 10;6 ans, nous n'avons trouvé aucune relation entre la D.I.C. et le style classificatoire.

1. Il n'y aurait de lien entre la D.I.C. et la classifications que sur un matériel éloigné des habitudes de jeu des sujets. Le matériel de cette épreuve est neutre parce que familier à chacun des sexes. Il nous faudrait travailler sur un matériel neutre et non familier, ce serait nécessairement autre chose que des jouets.

2. Les animaux sont très connus des enfants. La majorité des contes, les dessins animés ou non, les jouets eux-mêmes prennent pour thème les animaux. Il se peut alors que les classes ensemblistes (dans ce cas des pseudo-classes logiques) des animaux soient très accessibles aux enfants voire plus spontanées et moins construites que les classes collectives du zoo, de la ferme ou de la jungle. Pour trouver les liens attendus avec la D.I.C., il faut donc que la classe collective soit particulièrement prégnante.

3. Enfin, et ce point est compatible avec le deuxième, il se peut que des aspects infralogiques se glissent dans ces activités classificatoires et viennent en perturber la réalisation. Nous avons remarqué (recherche en cours) que les sujets à l'aise dans l'épreuve des courbes mécaniques faisaient plutôt des classes logiques. Quand nous présentons aux sujets un matériel avec une classe collective prégnante, c'est le cas de la Gare, pour construire une classe ensembliste il doit faire un double découpage: tout d'abord découper le tout de la classe collective (représentée) en parties puis découper chacune de ces parties, les objets, en sous-parties (couleurs, caractéristiques visibles ou non). Cette activité de découpage nous paraît proche de l'infralogique. Ce sont peut-être ces liens complexes entre la D.I.C., l'infralogique et leurs interactions avec le sexe qui perturbent ceux existant entre la D.I.C. et les classifications.

En définitive, les liens entre D.I.C. et flexibilité apparaissent moins nets que ceux que nous avions relevés avec d'autres formes de Vii. Dans ce domaine, les facteurs contextuels ou situationnels sont peut-être plus puissants que dans les autres secteurs cognitifs?

IV. CONCLUSION

Quatres formes de Vii ont été étudiées. Les deux premières, la *dispersion* (a) et *l'hétérogénéité* (b), traduisent des variations, souvent inopportunes, des performances du sujet. La dispersion ne met en jeu qu'une seule variable dépendante répétée et parfois perturbée alors que l'hétérogénéité s'exprime sur plusieurs variables nécessairement coordonnées par un processus général (stade pour les opérations, médiateur intermodal pour les perceptions, etc.). Les deux autres formes de Vii requièrent du sujet une modification active de sa conduite. *Les processus vicariants* (c) impliquent que le sujet stabilise ses productions d'une situation à l'autre en évoquant un processus nouveau objectivable ou non par une procédure également nouvelle. Enfin *la flexibilité* (d) exprime les capacités de variations du sujet alors que tout concourt à fixer sa production. Les deux groupes de Vii s'opposent complètement puisque les processus vicariants et/ou la flexibilité sont susceptibles de limiter la dispersion et l'hétérogénéité.

Par ailleurs la *situation* à laquelle est confronté le sujet se décompose en quatre sources emboîtées de Vii : *la tâche, le contenu, la condition et l'occasion* (ou période). La sensibilité à ces sources serait associée à des caractéristiques fonctionnelles des sujets. Ainsi les indépendants à l'égard du champ visuel stabiliseraient leurs productions cognitives par un recours quasi permanent à des invariants internes, les dépendants suivraient davantage les fluctuations du champ externe. Nous avons pu montrer que la dispersion interoccasionnelle et interconditionnelle, que l'hétérogénéité interconditionnelle, intercontenu et intertâche étaient associées au style cognitif : les plus D.C. étant les plus hétérogènes ou les plus dipersés. Par la mise en œuvre de processus vicariants, les I.C. précéderaient les D.C. dans la mise en place des opérations infralogiques. Enfin, sous certaines conditions les I.C. seraient également plus flexibles.

La relative convergence des résultats et de l'hypothèse ne nous autorise cependant pas à affirmer que la D.I.C. entretient des liens avec toutes les formes de Vii et pour toutes ses sources. C'est à la lumière des processus supposés en jeu par ce style que nous avons sélectionné nos expériences; toutes sont en rapport avec les structurations perceptivo-spatiales : mouvements oculaires, activités proprioceptives, opérations infralogiques, saillance des indices. Par ailleurs, la Vii est un phénomène multidéterminé, par exemple les liens privilégiés qu'entretiennent les opérations infralogiques et la D.I.C. sont modulés par l'âge des sujets, leur niveau opératoire et leur sexe.

La Vii par les interrogations qu'elle suscite est un champ de recherches en plein développement. Parallèlement nous devons affiner la connaissance des processus mis en jeu par la D.I.C. notamment l'approche analytique à l'égard du champ. Dans cette perspective Marendaz[17] travaille sur les rapports entre la D.I.C. et la «précédence globale» (Pomerantz, 1983; Navon, 1983).

Si dans le domaine cognitif le réglage des rapports de parties à tout assure une nette supériorité aux I.C., c'est dans celui des conduites sociales que les D.C. dominent. En effet, dans ce secteur, leur plus forte Vii témoigne de leur prise en compte pertinente d'éléments contextuels (Witkin et Goodenough, 1976b). Par exemple, en situation

---

[17] Recherche en cours.

ambiguë, ils moduleront leur recours aux experts en fonction de la qualité de ces derniers; à l'opposé, les I.C. useraient des experts de façon rigide. Au cours d'entretien les D.C. modifient leur attitude en fonction de celle de leur interviewer, les I.C. restant relativement insensibles au changement de ce dernier.

La faible Vii des I.C. témoigne de leur ancrage sur des invariants internes bénéfiques pour les activités spatiales. Au contraire les D.C. au prix d'une Vii plus forte tirent partie des fluctuations du champ augmentant ainsi leurs compétences interpersonnelles. La D.I.C. se caractérise par deux formes opposées d'adaptation, efficaces dans des domaines nécessairement différents.

BIBLIOGRAPHIE

AMBLARD (B.), CARBLANC (A.), Role of foveal and peripheral visual informations in maintenance of postural equilibrium in man, *Perceptual and Motors Skills*, 1980, *51*, 903-912.
ASCH (S.E.), WITKIN (H.A.), Studies in space orientation (I): Perception of the upright with displaced visual fields, *Journal of Experimental Psychology*, 1948, *38*, 325-337, (a).
ASCH (S.E.), WITKIN (H.A.), Studies in space orientation (II): Perception of the upright with displaced field and body tilted, *Journal of Experimental Psychology*, 1948, *38*, 455-477, (b).
AXELROD (S.), COHEN (L.D.), Senescence and embedded figures performance in vision and touch, *Perceptual and Motor Skills*, 1961, *12*, 238-283.
BAJARD (J.), Dépendance-indépendance à l'égard du champ et pensée opératoire chez les filles et les garçons, *L'Année Psychologique*, 1984, *84*, 347-367.
BENOIT (D.), *Variabilité intra-individuelle et style cognitif: l'hétérogénéité de la dépendance à l'égard du champ*, Paris, Université de Paris V, thèse de 3ᵉ cycle, 1981.
BITTERMAN (M.E.), WORCHEL (P.), The phenomenal vertical and horizontal in blind and sighted subjects, *Annual Journal of Psychology*, 1953, *66*, 598-602.
BOVET (J.), Le pseudo-hasard: un enrichissement capital de l'automatique et de l'intelligence artificielle, Colloque «Les apports de l'intelligence artificielle et de l'automatique à la psychologie», Grenoble, mars 1984.
BROVERMAN (D.M.), Cognitives styles and intra-individual variations in abilities, *Journal of Personnality*, 1960, *28*, 240-256.
BROVERMAN (D.M.), Normative and ipsative measurements in psychology, *Psychological Review*, 1962, *69*, 295-305.

CARBONNEL (S.), Classes collectives et classes logiques dans la pensée naturelle, *Archives de Psychologie*, 1978, *46*, 1-19.
CARBONNEL (S.), *Rôle des objets dans la genèse des activités classificatoires*, Grenoble, Université des Sciences Sociales, thèse de 3e cycle, 1979.
CARLIER (M.), *Etude différentielle d'une modalité de la créativité, la flexibilité*, Paris, Monographie, du C.N.R.S., 1973.
EBENHOLTZ (S.M.), Determinants of the rod and frame effect: the role of retinal size, *Perception and Psychophysics*, 1977, *22*, 531-538.
ESSBAI (A.), *Style cognitif et accès à la pensée formelle*, Nancy, Université de Nancy II, thèse de 3e cycle, 1983.
FOWLER (H.), FOWLER (D.E.), DEMBER (W.N.), The influence of reward on alternation behavior, *Journal of comparative physiological Psychology*, 1959, *52*, 220-224.
GARRETT (H.E.), A developmental theory of intelligence, *American Psychologist*, 1946, *1*, 372-378.
GIBELLO (B.), Inadaptation et dysharmonie cognitive, *Perspectives Psychiatriques*, 1970, *4*, 27-38.
GIBELLO (B.), Etude différentielle de l'élaboration de la pensée logique dans une population d'adolescents inadaptés sociaux et notion de dysharmonie, *Psychologie Française*, 1971, *21*, 191-204.
GIBSON (J.J.), *The senses considered as perceptual systems*, Boston, Houghton Mifflin, 1966.
GUNDLACH (R.H.), GESELL (G.P.), Extent of psychological differentiation and creativity, *Perceptual and Motor Skills*, 1979, *48*, 319-333.
HATWELL (Y.), *La fonction perceptive de la main: perception tactile de l'espace et intégration de la vision et du toucher*, Paris, Université de Paris V, thèse de Doctorat d'Etat, 1981.
HICKS (L.E.), Some properties of ipsative, normative and forced-choice normative measures, *Psychological Bulletin*, 1974, *74*, 167-184.
HUTEAU (M.), Dépendance-indépendance à l'égard du champ et développement de la pensée opératoire, *Archives de Psychologie*, 1980, *184*, 1-40, (a).
HUTEAU (M.), Style cognitif et pensée opératoire, *Bulletin de Psychologie*, 1980, *33*, 668-674, (b).
HUTEAU (M.), *Cognition et personnalité, la dépendance-indépendance à l'égard du champ*, Paris, Université de Paris V, thèse de Doctorat d'Etat, 1981.
HUTEAU (M.), CAROUANA (R.), Etude des liaisons entre la dépendance-indépendance à l'égard du champ et la créativité, 1976, non publié.
HUTEAU (M.), RAJCHENBACH (F.), Hétérogénéité du niveau de développement opératoire et dépendance-indépendance à l'égard du champ, *Enfance*, 1978, *45*, 185-189.
KAGAN (S.), MOSS (H.A.), SIGEL (I.E.) Psychological significance of styles of conceptualization in Wright (J.C.), Kagan (S.), Basic cognitive processes in children, *Monographs of the Society for Research in Child Development*, 1963, *28*, 73-112.
LAUTREY (J.), La variabilité intra-individuelle du niveau du développement opératoire et ses implications théoriques, *Bulletin de Psychologie*, 1980, *345*, 685-696.
LAUTREY (J.), DE RIBAUPIERRE (A.), RIEBEN (L.), Le développement opératoire peut-il prendre des formes différentes chez des enfants différents? *Journal de Psychologie*, 1981, *4*, 421-443, (a).
LAUTREY (J.), DE RIBAUPIERRE (A.), RIEBEN (L.), Lois générales et différences individuelles dans le développement opératoire, Colloque du C.N.R.S., les niveaux d'explication en psychologie, Paris, octobre 1981, (b).

LAUTREY (J.), DE RIBAUPIERRE (A.), RIEBEN (L.), Quelques problèmes méthodologiques posés par l'analyse de la forme du développement cognitif, *Psychologie et Pédagogie*, 1983, *13*, 53-64.

LONGEOT (F.), Aspects différentiels de la psychologie génétique, *Bulletin de l'Institut national d'orientation professionnelle*, 1967, *23*, numéro spécial.

LONGEOT (F.), *L'échelle de la pensée logique*, Issy-les-Moulineaux, Editions scientifiques et psychotechniques, 1974.

LONGEOT (F.), *Les stades opératoires de Piaget et les facteurs de l'intelligence*, Grenoble, Presses Universitaires de Grenoble, 1978.

LONGEOT (F.), FUZELIER (B.), ROULIN (J.L.), ZARPAS (A.), La sensibilité du fonctionnement de la pensée à la signification des contenus, considérée comme un style cognitif, *L'Année Psychologique*, 1982, *82*, 337-352.

LONGEOT (F.), OHLMANN (T.), BRENET (F.), VERSACE (R.), Rôle du cylindre dans l'épreuve des courbes mécaniques, ses liens avec la dépendance-indépendance à l'égard du champ, *Laboratoire de Psychologie Expérimentale*, Grenoble, 1980, non publié.

Mac CANNE (T.R.), SANDMAN (C.A.), Operant autonomic conditioning and Rod and Frame Test performance, *Journal of Personality and Social Psychology*, 1976, *34*, 821-829.

MARENDAZ (C.), *Dépendance-indépendance à l'égard du champ, pensée opératoire et sénescence*, Grenoble, Université de Grenoble II, thèse de 3e cycle, 1981.

MARENDAZ (C.), Dépendance-indépendance à l'égard du champ, activités opératoires et sénescence, *L'Année Psychologique*, 1984, *84*, 185-205.

MARKMAN (E.M.), The facilitation of part-whole comparisons by use of the collective noun «family», *Child Development*, 1983, *44*, 837-840.

NAVON (D.), How many trees does it take to make a forest? *Perception*, 1983, *12*, 239-254.

NEIMARK (E.), Longitudinal development of formel operations thought, *Genetic Psychological Monographs*, 1975, *91*, 171-225.

N'GUYEN XUAN (A.), Utilisation de deux plans d'analyse factorielle complémentaire R et P, *Le Travail Humain*, 1977, *40*, 123-130.

OHLMANN (T.), Recherche sur les styles cognitifs, in *Problèmes de Psychologie Cognitive*, rapport scientifique au C.N.R.S., Laboratoire de Psychologie Expérimentale, 1975.

OHLMANN (T.), Différence de sensibilité de 12 tests verbaux à quatre catégories socio-économiques, *Bulletin de Psychologie*, 1979, *340*, 487-500.

OHLMANN (T.), Dépendance-indépendance à l'égard du champ et inégalité des estimations visuelle et tactile des longueurs, *L'Année Psychologique*, 1981, *81*, 7-21.

OHLMANN (T.), Plasticité des activités classificatoires, *Bulletin de la Société Française pour l'Etude du Comportement Animal*, 1982, *2*, 371-380.

OHLMANN (T.), BEJEAN (M.), BOUSCAREL (M.), DUBOURDEAU (G.), MOURIER (G.), VERCHERE (M.), Perception et représentation de l'horizontale et de la verticale chez les garçons de 9 ans 6 mois, *Laboratoire de Psychologie Expérimentale de Grenoble*, 1984, non publié.

OHLMANN (T.), CARBONNEL (S.), Dépendance-Indépendance à l'égard du champ et activités classificatoires sur objets significatifs in *« La Pensée Naturelle »*, Rouen, Presses Universitaires de France, 1983.

OHLMANN (T.), CIAN (C.), MENDELSOHN (P.), Caractéristiques des mouvements oculaires lors d'une tâche de découverte de la verticale dans un contexte perturbateur, *Laboratoire de Psychologie Expérimentale de Grenoble*, 1984, non publié.

OHLMANN (T.), CIAN (C.), MUZET (E.), Perception et représentation de l'horizontale et de la verticale chez les filles de 9 ans 6 mois, Colloque «L'utilisation de variables différentielles dans la recherche fondamentale», Paris, janvier 1983, résumé in *Psychologie Française*, 1984, *29*, 59.

OHLMANN (T.), IDEE (R.), LESBROS (J.), La dépendance-indépendance à l'égard du champ et la variabilité intra-individuelle intratâche, *Laboratoire de Psychologie Expérimentale de Grenoble*, 1981, non publié.

OHLMANN (T.), MENDELSOHN (P.), Variabilité intra-individuelle des activités opératoires et dépendance-indépendance à l'égard du champ, *L'Année Psychologique*, 1982, *82*, 131-154.

OHLMANN (T.), VERJAT (I.), Variabilité intra-individuelle des activités opératoires et dépendance-indépendance à l'égard du champ, *Laboratoire de Psychologie Expérimentale de Grenoble*, 1981, non publié.

PASCUAL-LEONE (J.), Cognitive development and cognitive style : a general psychological integration, Genève, Université de Genève, thèse, 1969.

PIAGET (J.), *Les mécanismes perceptifs*, Paris, Presses Universitaires de France, 1961.

PIAGET (J.), INHELDER (B.), Les opérations intellectuelles et leur développement, in P. FRAISSE, J. PIAGET, *Traité de Psychologie Expérimentale*, t. 7, Paris, Presses Universitaires de France, 1963, 109-153.

PIERON (H.), L'hétérogénéité normale des aptitudes, *L'Année Psychologique*, 1945, *41-42*, 1-13.

POMERANTZ (J.R.), Global and local precedence : selective attention in form and motion, *Perception*, 1983, *112*, 516-540.

REQUIN (J.), La signification des indices physiologiques; problèmes posés par les fluctuations du niveau de base, *Bulletin de Psychologie*, 1969, *276*, 596-613.

REUCHLIN (M.), L'intelligence : conception génétique opératoire et conception factorielle, *Revue suisse de Psychologie pure et appliquée*, 1964, *23*, 113-134.

REUCHLIN (M.), *Les méthodes en psychologie*, Paris, Presses Universitaires de France, 1969.

REUCHLIN (M.), Processus vicariants et différences individuelles, *Journal de Psychologie*, 1978, *2*, 133-145.

REUCHLIN (M.), Commentaires lors de la soutenance de thèse de M. Huteau, janvier 1982.

RIBAUPIERRE (A. de), RIEBEN (L.), LAUTREY (J.), Horizontal decalages and individual differences in the development of concrete operations. A paraître in BUTLER (L.), RESTAIND (L.), ROSNER (R.), SKULMAN (V.), Eds, *The future of piagetian theory : the neo-piagetians*, Plenum Press.

RIEBEN (L.), RIBAUPIERRE (A. de), LAUTREY (J.), *Le développement opératoire de l'enfant entre 6 et 12 ans. Elaboration d'un instrument*, Paris, Editions du C.N.R.S., 1983.

ROZESTRATEN (R.), Les mouvements des yeux et les mesures de dépendance-indépendance à l'égard du champ, *L'Année Psychologique*, 1981, *81*, 511-534.

SIEGEL (S.), *Nonparametric statistics for the behavioral Sciences*, Kogakusha, Mc Graw Hill, 1956.

TOLMAN (E.C.), Purpose and cognition : the determiners of animal learning, *Psychological Review*, 1925, *32*, 285-297.

THURSTONE (L.L.), *A factorial study of perception*, Chicago, University, Press, 1944.

WHITE (B.W.), Visual and auditory closure, *Journal of Experimental Psychology*, 1953, *48*, 234-240.

WITKIN (H.A.), ASCH (S.E.), Studies in space orientation (III) : Perception of the upright in the absence of visual field, *Journal of Experimental Psychology*, 1948, *38*, 603-614, (a).

WITKIN (H.A.), ASCH (S.E.), Studies in space orientation (IV) : Further experiments on perception of the upright with displaced visual fields. *Journal of Experimental Psychology*, 1948, *38*, 762-782, (b).

WITKIN (H.A.), DYK (R.B.), FATERSON (H.F.), GOODENOUGH (D.R.), KARP (S.A.), *Psychological Differentiation*, New York, Wiley, 1962.

WITKIN (H.A.), GOODENOUGH (D.R.), Field dependence revisited, *Research Bulletin*, *77-16*, Princeton, E.T.S., 1977, (a).

WITKIN (H.A.), GOODENOUGH (D.R.), Field dependence and interpersonal behavior, *Psychological Bulletin*, 1977, 84, 661-689, (b).

WITKIN (H.A.), GOODENOUGH (D.R.), OLTMAN (P.K.), Psychological differentiation: current status, *Journal of Personality and Social Psychology*, 1979, *37*, 1127-1145.

WITKIN (H.A.), LEWIS (H.B.), HERTZMAN (M.), MACHOVER (K.), BRETNALL-MEISSNER (P.), WAPNER (S.), *Personality through perception*, New York, Harper and Brothers, 1954.

Table des matières

Introduction: Signification de la différence
par Jean Drévillon 5

Chapitre I: Différenciation cognitive et individuation
par Jean Drévillon 17
   I. Différenciation épigénétique 17
   II. Variation autour d'un modèle général de l'activité cognitive 19
   III. Modalités du fonctionnement cognitif 22
   IV. Vers un modèle pluriel du fonctionnement cognitif 26
   V. Styles cognitifs et individuation 30
   VI. En guise de conclusion 33
Bibliographie 38

Chapitre II: Dimensions des différences individuelles dans le domaine intellectuel et processus de traitement de l'information
par Michel Huteau 41
   I. Définition des dimensions et analyse des processus: une intégration nécessaire 41
   II. A la recherche des opérations élémentaires: les corrélats des dimensions . 44
      1. Principe de la méthode: les travaux de Hunt et le facteur verbal ... 44
      2. Résultats généraux 48
      3. L'interprétation des corrélations 51
      4. Jensen et l'étude des temps de réaction 54
      5. Conclusions 58
   III. La modélisation de l'activité mentale: les composantes des dimensions . 59
      1. Le principe de la méthode 59
      2. R.J. Sternberg et le raisonnement analogique 59

> 3. Autres travaux 65
> 4. Conclusions 70
> IV. Stratégies 71
>   1. Définitions 71
>   2. Représentations figurative et linguistique 72
>   3. Traitement global et traitement analytique 77
>   4. Quelques autres grandes stratégies 81
> V. Conclusions 82
> Bibliographie 84

Chapitre III: L'interdépendance des modes de fonctionnement et des contenus de la pensée
par François Longeot 89

> I. L'approche de la psychologie du développement 91
>   A. Forme et contenu des situations dans le fonctionnement intellectuel . 95
>   B. Registres de fonctionnement, formalisation et réalisation 103
> III. L'approche différentielle 109
>   A. Les différences interindividuelles dans la formalisation et la réalisation . 112
>   B. Les différences interindividuelles de sensibilité aux contenus 115
>   C. Les différences interindividuelles dans la dépendance-indépendance à l'égard des objets 117
>   D. Dépendance-indépendance de l'objet et dépendance-indépendance du champ 124
> III. Conclusion 125
> Bibliographie 128

Chapitre IV: Raisonnement et langage, structure, procédure et logique du sujet
par Michel Moscato 131

> I. Introduction 131
> II. L'apport de la psychologie classique 133
>   A. Quelques définitions 133
>   B. Mécanismes en jeu dans le raisonnement syllogistique 134
> III. Raisonnement et logique opératoire 141
>   A. Les fondements de la déduction selon Piaget 141
>   B. Logique classique et logique opératoire 146
> IV. Pluralité des processus d'exécution 149
>   A. Les modèles explicatifs non linguistiques 150
>   B. Le modèle linguistique de Clark 158
>   C. Discussion 163
> V. Langage, raisonnement déductif et logique du sujet 171
>   A. Déduction pratique et champ lexico-sémantique 171
>   B. L'évolution de la stratégie 173
>   C. La dépendance-indépendance à l'égard du langage dans le raisonnement 175
> Bibliographie 182

Chapitre V: Variabilité intra-individuelle et dépendance-indépendance à l'égard du champ visuel
par Théophile Ohlmann 185

> I. Introduction 185

II. Quelques aspects méthodologiques de la variabilité intra-individuelle . . .	192
A. Les sources de la variabilité intra-individuelle	194
B. Les différentes formes de variabilité intra-individuelle	195
III. La variabilité intra-individuelle et la dépendance-indépendance à l'égard du champ visuel	197
A. La dispersion	197
B. L'hétérogénéité	200
C. Processus vicariants, opérations infralogiques et dépendance-indépendance à l'égard du champ	211
D. La flexibilité	217
IV. Conclusion	224
Bibliographie	226

PSYCHOLOGIE ET SCIENCES HUMAINES
collection publiée sous la direction de MARC RICHELLE

1 Dr Paul Chauchard : LA MAITRISE DE SOI, 9ᵉ éd.
5 François Duyckaerts : LA FORMATION DU LIEN SEXUEL, 9ᵉ éd.
7 Paul-A. Osterrieth : FAIRE DES ADULTES, 16ᵉ éd.
9 Daniel Widlöcher : L'INTERPRETATION DES DESSINS D'ENFANTS, 9ᵉ éd.
11 Berthe Reymond-Rivier : LE DEVELOPPEMENT SOCIAL DE L'ENFANT ET DE L'ADOLESCENT, 9ᵉ éd.
12 Maurice Dongier : NEVROSES ET TROUBLES PSYCHOSOMATIQUES, 7ᵉ éd.
15 Roger Mucchielli : INTRODUCTION A LA PSYCHOLOGIE STRUCTURALE, 3ᵉ éd.
16 Claude Köhler : JEUNES DEFICIENTS MENTAUX, 4ᵉ éd.
21 Dr P. Geissmann et Dr R. Durand : LES METHODES DE RELAXATION, 4ᵉ éd.
22 H. T. Klinkhamer-Steketée : PSYCHOTHERAPIE PAR LE JEU, 3ᵉ éd.
23 Louis Corman : L'EXAMEN PSYCHOLOGIQUE D'UN ENFANT, 3ᵉ éd.
24 Marc Richelle : POURQUOI LES PSYCHOLOGUES ?, 6ᵉ éd.
25 Lucien Israel : LE MEDECIN FACE AU MALADE, 5ᵉ éd.
26 Francine Robaye-Geelen : L'ENFANT AU CERVEAU BLESSE, 2ᵉ éd.
27 B.F. Skinner : LA REVOLUTION SCIENTIFIQUE DE L'ENSEIGNEMENT, 3ᵉ éd.
28 Colette Durieu : LA REEDUCATION DES APHASIQUES
29 J.C. Ruwet : ETHOLOGIE : BIOLOGIE DU COMPORTEMENT, 3ᵉ éd.
30 Eugénie De Keyser : ART ET MESURE DE L'ESPACE
32 Ernest Natalis : CARREFOURS PSYCHOPEDAGOGIQUES
33 E. Hartmann : BIOLOGIE DU REVE
34 Georges Bastin : DICTIONNAIRE DE LA PSYCHOLOGIE SEXUELLE
35 Louis Corman : PSYCHO-PATHOLOGIE DE LA RIVALITE FRATERNELLE
36 Dr G. Varenne : L'ABUS DES DROGUES
37 Christian Debuyst, Julienne Joos : L'ENFANT ET L'ADOLESCENT VOLEURS
38 B.-F. Skinner : L'ANALYSE EXPERIMENTALE DU COMPORTEMENT, 2ᵉ éd.
39 D.J. West : HOMOSEXUALITE
40 R. Droz et M. Rahmy : LIRE PIAGET, 3ᵉ éd.
41 José M.R. Delgado : LE CONDITIONNEMENT DU CERVEAU ET LA LIBERTE DE L'ESPRIT
42 Denis Szabo, Denis Gagné, Alice Parizeau : L'ADOLESCENT ET LA SOCIETE, 2ᵉ éd.
43 Pierre Oléron : LANGAGE ET DEVELOPPEMENT MENTAL, 2ᵉ éd.
44 Roger Mucchielli : ANALYSE EXISTENTIELLE ET PSYCHOTHERAPIE PHENOMENO-STRUCTURALE
45 Gertrud L. Wyatt : LA RELATION MERE-ENFANT ET L'ACQUISITION DU LANGAGE, 2ᵉ éd.
46 Dr Etienne De Greeff : AMOUR ET CRIMES D'AMOUR
47 Louis Corman : L'EDUCATION ECLAIREE PAR LA PSYCHANALYSE
48 Jean-Claude Benoit et Mario Berta : L'ACTIVATION PSYCHOTHERAPIQUE
49 T. Ayllon et N. Azrin : TRAITEMENT COMPORTEMENTAL EN INSTITUTION PSYCHIATRIQUE
50 G. Rucquoy : LA CONSULTATION CONJUGALE
51 R. Titone : LE BILINGUISME PRECOCE
52 G. Kellens : BANQUEROUTE ET BANQUEROUTIERS
53 François Duyckaerts : CONSCIENCE ET PRISE DE CONSCIENCE
54 Jacques Launay, Jacques Levine et Gilbert Maurey : LE REVE EVEILLE-DIRIGE ET L'INCONSCIENT
55 Alain Lieury : LA MEMOIRE
56 Louis Corman : NARCISSISME ET FRUSTRATION D'AMOUR
57 E. Hartmann : LES FONCTIONS DU SOMMEIL

58 Jean-Marie Paisse: L'UNIVERS SYMBOLIQUE DE L'ENFANT ARRIERE MENTAL
59 Jacques Van Rillaer: L'AGRESSIVITE HUMAINE
60 Georges Mounin: LINGUISTIQUE ET TRADUCTION
61 Jérôme Kagan: COMPRENDRE L'ENFANT
62 Michael S. Gazzaniga: LE CERVEAU DEDOUBLE
63 Paul Cazayus: L'APHASIE
64 X. Seron, J.L. Lambert, M. Van der Linden: LA MODIFICATION DU COMPORTEMENT
65 W. Huber: INTRODUCTION A LA PSYCHOLOGIE DE LA PERSONNALITE, 2e éd.
66 Emile Meurice: PSYCHIATRIE ET VIE SOCIALE
67 J. Château, H. Gratiot-Alphandéry, R. Doron et P. Cazayus: LES GRANDES PSYCHOLOGIES MODERNES
68 P. Sifnéos: PSYCHOTHERAPIE BREVE ET CRISE EMOTIONNELLE
69 Marc Richelle: B.F. SKINNER OU LE PERIL BEHAVIORISTE
70 J.P. Bronckart: THEORIES DU LANGAGE
71 Anika Lemaire: JACQUES LACAN, 2e éd. revue et augmentée
72 J.L. Lambert: INTRODUCTION A L'ARRIERATION MENTALE
73 T.G.R. Bower: DEVELOPPEMENT PSYCHOLOGIQUE DE LA PREMIERE ENFANCE
74 J. Rondal: LANGAGE ET EDUCATION
75 Sheila Kitzinger: PREPARER A L'ACCOUCHEMENT
76 Ovide Fontaine: INTRODUCTION AUX THERAPIES COMPORTEMENTALES
77 Jacques-Philippe Leyens: PSYCHOLOGIE SOCIALE, 2e éd.
78 Jean Rondal: VOTRE ENFANT APPREND A PARLER
79 Michel Legrand: LE TEST DE SZONDI
80 H.J. Eysenck: LA NEVROSE ET VOUS
81 Albert Demaret: ETHOLOGIE ET PSYCHIATRIE
82 Jean-Luc Lambert et Jean A. Rondal: LE MONGOLISME
83 Albert Bandura: L'APPRENTISSAGE SOCIAL
84 Xavier Seron: APHASIE ET NEUROPSYCHOLOGIE
85 Roger Rondeau: LES GROUPES EN CRISE?
86 J. Danset-Léger: L'ENFANT ET LES IMAGES DE LA LITTERATURE ENFANTINE
87 Herbert S. Terrace: NIM, UN CHIMPANZE QUI A APPRIS LE LANGAGE GESTUEL
88 Roger Gilbert: BON POUR ENSEIGNER?
89 Wing, Cooper et Sartorius: GUIDE POUR UN EXAMEN PSYCHIATRIQUE
90 Jean Costermans: PSYCHOLOGIE DU LANGAGE
91 Françoise Macar: LE TEMPS, PERSPECTIVES PSYCHOPHYSIOLOGIQUES
92 Jacques Van Rillaer: LES ILLUSIONS DE LA PSYCHANALYSE, 2e éd.
93 Alain Lieury: LES PROCEDES MNEMOTECHNIQUES
94 Georges Thinès: PHENOMENOLOGIE ET SCIENCE DU COMPORTEMENT
95 Rudolph Schaffer: COMPORTEMENT MATERNEL
96 Daniel Stern: MERE ET ENFANT, LES PREMIERES RELATIONS
97 R. Kempe & C. Kempe: L'ENFANCE TORTUREE
98 Jean-Luc Lambert: ENSEIGNEMENT SPECIAL ET HANDICAP MENTAL
99 Jean Morval: INTRODUCTION A LA PSYCHOLOGIE DE L'ENVIRONNEMENT
100 Pierre Oleron et al.: SAVOIRS ET SAVOIR-FAIRE PSYCHOLOGIQUES CHEZ L'ENFANT
101 Bernard I. Murstein: STYLES DE VIE INTIME
102 Rondal/Lambert/Chipman: PSYCHOLINGUISTIQUE ET HANDICAP MENTAL
103 Brédart/Rondal: L'ANALYSE DU LANGAGE CHEZ L'ENFANT
104 David Malan: PSYCHODYNAMIQUE ET PSYCHOTHERAPIE INDIVIDUELLE
105 Philippe Muller: WAGNER PAR SES REVES

106 John Eccles: LE MYSTERE HUMAIN
107 Xavier Seron: REEDUQUER LE CERVEAU
108 Moreau/Richelle: L'ACQUISITION DU LANGAGE
109 Georges Nizard: ANALYSE TRANSACTIONNELLE ET SOIN INFIRMIER
110 Howard Gardner: GRIBOUILLAGES ET DESSINS D'ENFANTS, LEUR SIGNIFICATION
111 Wilson/Otto: LA FEMME MODERNE ET L'ALCOOL
112 Edwards: DESSINER GRACE AU CERVEAU DROIT
113 Rondal: L'INTERACTION ADULTE-ENFANT
114 Blancheteau: L'APPRENTISSAGE CHEZ L'ANIMAL
115 Boutin: FORMATION ET DEVELOPPEMENTS
116 Húsen: L'ECOLE EN QUESTION
117 Ferrero/Besse: L'ENFANT ET SES COMPLEXES
118 R. Bruyer: LE VISAGE ET L'EXPRESSION FACIALE
119 J.P. Leyens: SOMMES-NOUS TOUS DES PSYCHOLOGUES?
120 J. Château: L'INTELLIGENCE OU LES INTELLIGENCES?
121 M. Claes: L'EXPERIENCE ADOLESCENTE
122 J. Hayes et P. Nutman: COMPRENDRE LES CHOMEURS
123 S. Sturdivant: LES FEMMES ET LA PSYCHOTHERAPIE
124 A. Pomerleau et G. Malcuit: L'ENFANT ET SON ENVIRONNEMENT
125 A. Van Hout et X. Seron: L'APHASIE DE L'ENFANT
126 A. Vergote: RELIGION, FOI, INCROYANCE
127 Sivadon/Fernandez-Zoïla: TEMPS DE TRAVAIL, TEMPS DE VIVRE
128 Born: JEUNES DEVIANTS OU DELINQUANTS JUVENILES?
129 Hamers/Blanc: BILINGUALITE ET BILINGUISME
130 Legrand: PSYCHANALYSE, SCIENCE, SOCIETE
131 Le Camus: PRATIQUES PSYCHOMOTRICES
132 Lars Fredén: ASPECTS PSYCHOSOCIAUX DE LA DEPRESSION
133 Mount: LA FAMILLE SUBVERSIVE
134 Magerotte: MANUEL D'EDUCATION COMPORTEMENTALE CLINIQUE
135 Dailly / Moscato: LATERALISATION ET LATERALITE CHEZ L'ENFANT
136 Bonnet / Tamine-Gardes: QUAND L'ENFANT PARLE DU LANGAGE
137 Bruyer: LES SCIENCES HUMAINES ET LES DROITS DE L'HOMME
138 Taulelle: L'ENFANT A LA RENCONTRE DU LANGAGE
139 de Boucaud: PSYCHOLOGIE DE L'ENFANT ASTHMATIQUE
140 Duruz: NARCISSE EN QUETE DE SOI
141 Feyereisen / de Lannoy: PSYCHOLOGIE DU GESTE
142 Florin et Al.: LE LANGAGE A L'ECOLE MATERNELLE

Hors collection

Paisse: PSYCHOPEDAGOGIE DE LA LUCIDITE
Paisse: ESSENCE DU PLATONISME
Collectif: SYSTEME AMDP
Boulangé/Lambert: LES AUTRES, L'EXPRESSION ARTISTIQUE CHEZ LES HANDICAPES MENTAUX

Manuels et Traités

2 Thinès: PSYCHOLOGIE DES ANIMAUX
3 Paulus: LA FONCTION SYMBOLIQUE ET LE LANGAGE
4 Richelle: L'ACQUISITION DU LANGAGE
5 Paulus: REFLEXES-EMOTIONS-INSTINCTS
Droz-Richelle: MANUEL DE PSYCHOLOGIE
Hurtig-Rondal: MANUEL DE PSYCHOLOGIE DE L'ENFANT (Tome 1)
Hurtig-Rondal: MANUEL DE PSYCHOLOGIE DE L'ENFANT (Tome 2)
Hurtig-Rondal: MANUEL DE PSYCHOLOGIE DE L'ENFANT (Tome 3)

Rondal-Seron: LES TROUBLES DU LANGAGE (DIAGNOSTIC ET REEDUCATION)
Fontaine/Cottraux/Ladouceur: CLINIQUES DE THERAPIE COMPORTEMENTALE

Philosophie et langage

Anscombre/Ducrot: L'ARGUMENTATION DANS LA LANGUE
Maingueneau: GENESES DU DISCOURS
Casebeer: HERMANN HESSE
Dominicy: LA NAISSANCE DE LA GRAMMAIRE MODERNE
Borillo: INFORMATIQUE POUR LES SCIENCES DE L'HOMME